Wilfried Erdmann

NORDSEE BLICKE

Eine Segelreise im Gezeitenmeer

Delius Klasing Verlag

Die Deutsche Bibliothek – CIP-Einheitsaufnahme

Erdmann, Wilfried:
Nordsee-Blicke: eine Segelreise im Gezeitenmeer /
Wilfried Erdmann. – 2. Aufl. – Bielefeld: Delius Klasing, 1997
ISBN 3-7688-1021-6

2. Auflage
ISBN 3-7688-1021-6

© Copyright by Delius, Klasing & Co.,
Siekerwall 21, 33602 Bielefeld
Schutzumschlaggestaltung: Kym Erdmann
Fotos: Wilfried und Kym Erdmann
außer Seite 231: Sigmundt von Heydekampf
Druck: Clausen & Bosse, Leck
Printed in Germany 1997

FÄRÖER

SHETLAND

ORKNEY

NORWEGEN

BERGEN

STAVANGER

HEBRIDEN

SCHOTTLAND

NORDSEE

SKAGERRAK

LIMFJORD

DÄNEMARK

HOLY

WHITBY

HELGOLAND

KIEL

SCHLEI

IRLAND

ENGLAND

TEXEL

HOLLAND

LONDON

BELGIEN

DÜNKIRCHEN

FRANKREICH

NORDSEE - ROUTE
KATHENA INA
APRIL - OKT. '96

Inhaltsverzeichnis

1 Leicht anspruchsvoll – Einführung

Am besten geht es mir, wenn ich die Schlei achteraus im Kielwasser sehe. Die Schlei ist ein kleiner schmaler Fjord, an dem ich wohne, der sich künstlich zur Ostsee hin öffnet. Am 28. April '96 habe ich wieder dieses fabelhafte Gefühl. Melitta, die Hafenmeisterin, bekommt zum Abschied einen Schmatzer auf die Wange. Die Festmacher klatschen ins Wasser. Hand an die Pinne. Los geht's.

Ich schlage das Logbuch auf, und es ist wie ein Erwachen: Sofort notiere ich Daten, Fakten, wende mich der Umgebung zu. Das Normale wird plötzlich wichtig oder zumindest seltsam. Was macht der Arnisser Segelmacher mit seinem Boot auf der Sandbank? Der alte, feine Holzkutter an Steuerbord, ist das nicht DIRK IV mit Svante Domizlaff? Warum segelt der fast so schnell wie wir? Die Schwingbrücke Kappeln, wozu eigentlich die Eile, dort durchzukommen? Am Ufer werben Schilder für Milch, Fisch und Werften. Wenn man reist und Notizen macht, ist man aufmerksamer, neugieriger, kritischer. Vor Schleimünde drehen viele Segler ab. Ihr Samstagstörn ist schon beendet. Ich segle weiter – meiner hat gerade erst begonnen.

Ich bin nicht allein unterwegs. Mit an Bord ist Astrid, meine Frau. Sie führt kein Tagebuch, niemals. Sie erzählt gerne und erinnert sich. Zusammen haben wir schon manchen gewaltigen Törn gesegelt. Beispielsweise 1971 von Madagaskar nach England ums Kap der Guten Hoffnung: 121 Tage ununterbrochen auf See. Mit einem schweren, nur 8,90 Meter langen Stahlrundspanter. Es war die Fahrt, bei der eine Menge Unvorhergesehenes passierte. Astrid wurde unterwegs schwanger, eine Sturmsee drückte zwei Fenster ein, das Trinkwasser ging zur Neige. Es gab Tage, an denen ich das aufgefangene Regenwasser lieber hatte als meine schwangere Frau, der es über lange Strecken kotzelnd ging. – Nun, diesmal soll es mit unserer Neuerwerbung KATHENA INA rund um die Nordsee gehen. Sozusagen das Pendant zur Ostsee, die wir 1993 umrundeten. Also eine Segelreise in kurzen Etappen. Küste und Landschaft stehen im Vordergrund. Ich freue mich auf das Vorhaben. Astrid ist begeistert von dem Umstand, dies mit einem modernen, sportlichen Segelboot von nur zehn Metern Länge zu tun. Zu meiner großen Überraschung, denn die Wirklichkeit sieht anspruchsvoll aus. Gezeiten, Stürme, Sände, Verkehr, Bojenwege machen die Nordsee zu einem der schwierigsten Meere der Welt.

Das Schlimmste, was uns dann wettermäßig passierte: Wir kamen in einen Sturm, bei dem Wind und Meeresströmung gegeneinander prallten. Doch wir hatten Glück, uns ist nichts Schreckliches widerfahren.

Die Route: Von der Schlei gelangten wir in die Eider. Von dort in die Nordsee. Und dann gleich das klare, kraftgebende Helgoland. Hier entschieden wir uns auf Grund der aktuellen Wetterlage, die Nordsee rechts herum zu machen. Entlang den friesischen Inseln über Holland und Belgien nach Frankreich war es mehr ein Marina-Törn. Viel Abwechslung bot uns Einhandsegler Herbert, der parallel segelte. Die Themsemündung und London waren der erste Höhepunkt der sommerlichen Reise. Häfen und Buchten an der Ostküste Englands bis hinauf nach Schottland mit erschreckend flachem Wasser und infolgedessen riskant. Verzaubert von der Stille, von den Bergen und der Fremdartigkeit, durchfuhren wir den Kaledonien-Kanal. Die Inneren und Äußeren Hebriden, das ist schon der Atlantik, ein einsames, wildes und weites Revier für Fahrtensegler. An der Nordküste Schottlands entledigten wir uns üblem Wetter. Unsere Begegnungen mit Orkney, Fair und Shetland bleiben als dunkle, windige, nasse Vogelparadiese in Erinnerung. Über die nördliche Route stießen wir auf die norwegische Küste. Tiefe Fjorde, schroffe Felsen, einsame Dörfer, schweigsame Menschen, die, wie es scheint, alle Geld haben. Auf die Wochen in Norwegen folgte die gefahrvolle Westküste Dänemarks. Hier stand das Zittern ums Wetter im Vordergrund. Am 1. Oktober waren wir dann wieder via Cuxhaven, Nord-Ostsee-Kanal und Ostsee in der Schlei an unserem Liegeplatz unterhalb des Missunder Fährhauses.

3400 Seemeilen. 154 Tage. 287 Reffvorgänge – allein mit dem Großsegel. 672 Bojen und Seezeichen. 29 Regentage. Diese letzte Angabe deutet auf einen gräßlichen Sommer. So schlimm war es jedoch nicht. Gut, es war nicht durchweg der Sommer für gemütliches Segeln. Daß wir die Nordsee dennoch äußerst positiv in Erinnerung behalten werden, liegt natürlich an den Menschen der sieben Anrainerstaaten. Ferner an der fantastischen abwechslungsreichen Landschaft, der Geschichte und auch daran, daß man schwierige Seestücke schlichtweg intensiver erlebt und sie einem deshalb unverwechselbar im Kopf bleiben. So mal eben geht in der Nordsee nichts. Jeder Schlag muß sorgfältig vorbereitet sein. Und daß es ein schöner Törn war, lag auch an Astrid. Sie, die sich jahrzehntelang nicht um Navigation gekümmert hat, nahm diesmal die gesamten Gezeitenberechnungen in die Hand. Tagtäglich. Überhaupt legte sie unterwegs einen aktiven Drang an den Tag, als wäre es eine letzte längere Fahrt.

Stichwort letzte: Einen ordentlichen Teil unseres Lebens haben wir in Büchern verpackt. Dies wird das letzte sein. Zumindest in dieser Form, als bebilderten Erlebnisbericht, wird es kein weiteres Buch geben. Das ist mein Wunsch. Von Zeit zu Zeit sollte (muß) man etwas Neues versuchen, um nicht der Schablonisierung zu verfallen. Präziser: um sich selbst bei der Stange zu halten. Natürlich werde ich weiter segeln.

2   Sex on the beach: das achte Boot

Das richtige Schiff für die jeweilige Reise zum optimalen Preis. Wie kommt man da ran? Für manche ein Teufelskreis, der Jahre in Anspruch nimmt. Es wird überlegt, gerechnet und sich informiert. Für andere eine Augenblicksache oder ganz schlicht Zufall.

Anläßlich der Düsseldorfer Bootsmesse wurde ich zur Einführung des neuen Wellenreitermagazins „Wave" eingeladen. Die Veranstaltung fand in einem mexikanischen Lokal, Name „Poco Loco", in der

Düsseldorfer Altstadt statt. An den Wänden flimmerten natürlich atemberaubende Bilder der Wellenreiterszene: Hawaii, Barbados, Australien. Surfweltmeisterin Jutta Müller, die große, blonde, langsträhnige Surfweltmeisterin, war auch anwesend. Die Erfolgreiche unterhielt sich mit dem Verleger und knabberte an den Nägeln.

Ich schaute in die Runde. Auf dem Buffet angerichtet: Nachos (knackige Tortillachips) mit feuriger Salsa, Chili con carne und Taco salad. In hochgeschossigen Gläsern wurde ein Mixgetränk angeboten: Sex on the beach. Der Cocktail bestand aus Wodka, Apricot Brandy, Limejuice, Cherryjuice und schwamm in jeder Menge Eiswürfeln. Das kühle Getränk tat gut bei der heißen Musik, die live gespielt wurde. Es war fürchterlich laut, und man konnte sich nur verständigen, wenn man laut sprach. Irgendwann stand ich neben Jörn Bock. Bock ist Chefredakteur der „Yacht". Die Gespräche: Irland, Fahrtensegler, Messebesuch, Reviere. „Bist du schon mal in Neuengland gesegelt?" Und schließlich: „Wohin soll die nächste Fahrt gehen? Was hast du in diesem Jahr vor?" „Ich?" fragte ich überrascht. Vom Chef der „Yacht" hatte ich soviel Neugierde nicht erwartet. „Eigentlich habe ich nichts Besonderes vor. Genaugenommen müßte ich nun endlich meine alte KATHENA NUI fertigstellen, die steht noch immer hinter unserem Haus ..." Aber das interessierte den Regattasegler Bock schon nicht mehr sonderlich. Er hatte eine ganz andere Idee:

Jörn Bock:

Besorg dir mal eine Dehler. Diese neue 33 mit dem geraden Steven, langer Wasserlinie und tiefliegendem Ballast. Steht in Halle 14. Guck sie dir an. Oder besser, wenn du einmal die Möglichkeit hast, sie zu segeln, nutze sie. Die Segeleigenschaften sind einfach Klasse. Du wirst es jetzt nicht glauben, aber die 33 ist der neue Atem in der Kreuzerszene. Ihr Weltumsegler, die ihr es gewohnt seid, mit schweren Schiffen umzugehen, werdet verblüfft sein, mit welcher Leichtigkeit so ein schmales Schiff Wind und Wellen wegsteckt. Als wir es neulich beim Test segelten, waren wir Redakteure perplex, wie es beschleunigte, statt sich auf die Seite zu legen, und sich vor dem Wind mühelos auf Kurs halten ließ, ohne zu gieren, das war schlicht-

weg Supersegeln. Das Boot wird dich auch bei Seegang nicht ent-
täuschen. Das schmale Vorschiff sieht auf den ersten Blick aus, als
würde es jede Welle schaufeln, tut es aber nicht. Das ist paradox,
aber es steckt überhaupt nicht den Bug in anlaufende Seen. Das flach
gehaltene Unterwasserschiff verhindert tiefes Eintauchen. Da kannst
du ohne weiteres einen Atlantiktörn machen. Wir haben das Ding mit
Spinnaker und 15 Knoten gesegelt. In der Regel muß man bei sol-
cher Konstellation die Crew aufs Achterschiff schicken, damit der
Bug nicht unterschneidet, aber nix da bei dieser Neukonstruktion.
Ernsthaft: Diese aggressiv gestylte Dehler ist ein Schiff mit hohen
Segelleistungen. So was mußt du mal segeln. Läßt sich bestens hand-
haben. Auf See wie im Hafen.

Als letztes bot Jörn Bock mir an, das Schiff einzutrimmen. – Ça
colle. Das klebt! Es durchzuckte mich. Gegen Mitternacht verließ ich
das „Poco Loco". Auf so ein Schiff war ich neugierig. Einerseits:
Begeisterung und Ansichten eines Regattaseglers, der das Schiff zwei
Tage gesegelt hatte. Andererseits: Der aggressive Stil könnte mich
beeindrucken. Zudem hatte ich seglerisch nichts vor. Damit könnte
ich die Nordsee machen. Zusammen mit Astrid. Sozusagen als
Gegenpart zur Ostsee. Hier und da einen Abstecher, Hebriden,
Färöer, London, um mehr Vielfalt hineinzukriegen.

Zu Hause: Orderte Prospekt und Preisliste der „Cruising 33". Sor-
tierte Seekarten. Blätterte in Nordseebüchern. Auf einer Liste stellte
ich mir Informationen über unser Meer vor der Haustür zusammen.
Die Nordsee firmiert als Mordsee, german ocean, silbernes Meer,
Gezeitenmeer, graues Meer und so weiter. Grundtendenz: Die Nordsee ist kein Meer, von dem man träumt. Aber es bietet mehr als es
vermuten läßt. Würden sonst mehr Menschen an seinen Küsten urlau-
ben als im Mittelmeer? Norwegens Küste, die schottischen Inseln,
Ostküste England, das Wattenmeer, alles gegensätzliche Ziele, die
viel Abwechslung bieten. Rundum wird englisch gesprochen, was
Unterhaltungen einfacher macht als in der Ostsee. Gut, es herrscht
viel Verkehr, das Wetter ist zu berücksichtigen, alles wird organisiert
und erschlossen sein, aber mit ein bißchen Suchen und Glück wird
es kein langweiliger Sommertörn. Just das wollte ich.

Einen Monat später liefen wir, Astrid und ich, dem nächsten überzeugten Regattafreak in die Arme. Karl Dehler, Mitinhaber der Traditionswerft im Sauerland. Ein Typ, der noch heftiger an den 33er Schoten riß als Bock. „Auf diesem Boot werden Sie nicht seekrank, Frau Erdmann." Das hörte sich nett an, war aber ernst gemeint. Ich werde an diese Bemerkung unterwegs noch häufig denken. Herr Dehler war überzeugt, auf Grund der Linien schaukele sich das Boot beim Segeln nicht auf und fahre niemals zu den üblichen Schlingerbewegungen.

Dehler hatte seinen Verkaufschef dabei. Man spürte, Herr Feldmann ist schon lange im Geschäft. Er wirkte ruhig und ausgeglichen. Handy und Taschenrechner seine Merkmale. Beide Herren begegneten uns mit einer Mischung aus Neugier und Emphase. Eigentlich wollten wir das moderne Design in aller Beschaulichkeit genießen, uns entscheiden und vor allem vermessen. Breite der Kojen, Länge des Kartentisches, Höhe der Achterkabine ... Zollstock, Block und Bleistift lagen bereit, aber uns wurde keine Muße gegönnt. Beide bestückten uns nach ihrer Auffassung mit sinnvollen Informationen, demonstrierten Pinnenausleger, Lazy Jacks, Lattengroß und etwas Dehlertypisches – das Maindropsystem, das zusammenschiebbare Niedergangsschott sowie den Klappsitz vor dem Kartentisch. Die Firma ist ja über Jahrzehnte hinweg in der Branche bekannt für solche Spielereien. Pardon: für technische Innovation. Nicht, daß uns die beiden in marineblauen Anzügen mit rotgrundigen Schlipsen überreden wollten, nein, sie waren bestrebt, uns zu informieren, schließlich waren wir die weite Strecke nach Freienohl ins Sauerland extra gefahren.

Zum Verkaufsgespräch gab's drei große Kalte Platten mit Lachs-, Käse- und Schinkenbrötchen, dekoriert mit Tomaten und Salatblättern. Dazu Kaffee mit Frischmilch. Das beeindruckte. Karl Dehler interessierte sich fürs Büchermachen. Fragte, wie lange man daran schreibe, wie viele Auflagen sie erzielen, was sie einbringen. Verblüffte mich. Regattasegler lesen meines Wissen selten mehr als drei Seiten von dem, was Fahrtensegler zu Papier bringen. Später gab es Sekt. Da hatten wir das Boot schon gekauft. Aus der Baunummer 013 wurde noch schnell eine 010 gemacht. Karl Dehler: „Das 13. Monats-

14

gehalt mögen sie alle, aber bei der Baunummer 13 sträuben sich die Menschen." Herr Feldmann ergänzte ironisch: „Erfolgsgewohnte kennen keinen Aberglauben."

Unser 8. Boot war gekauft. „Die Acht?" Sie ist eine chinesische Glückszahl. Also dann – auf in die Nordsee. Mit einer schneeweißen Yacht, die zwei blaue Streifen auf dem Rumpf zieren.

Liefertermin ist Mitte April. Aber wir wurden schon in Freienohl „beliefert": Astrid bekam einen Packen weißer Frotteehandtücher mit dem roten Firmenemblem in den Arm gedrückt. „Damit Sie schon morgens an uns denken". Ich stand da mit einer wunderschönen Segeltuchtasche des italienischen Designers Matteo Thun, Innengestalter der 33, in der einen Hand und einer Flasche Sekt in der anderen. Die Werft, genauer die fast 300 Werftbeschäftigten, haben wir nicht gesehen. Als wir soweit klar waren, die Werkhallen zu besichtigen, war Feierabend. So konnten wir in dem durchorganisierten Betrieb nur die ausgezeichneten Formen bewundern, in denen die Rumpf- und Deckschalen gebaut werden. Dehler fertigt seine Schiffe aus den wohl besten und aufwendigsten Formen Europas. 10 000 Kajütboote hat die Werft in ihren Verkaufslisten.

3   Die Eider, einmal ein Fluß

Was wir fürs erste zu sehen bekommen, ist Wasser wie Tinte. Es ist Morgen auf der spiegelglatten Eider. Beidseitig des Ufers blattlose Bäume, die geisterhaft in einen blassen Himmel ragen und gleichzeitig ins Wasser tauchen.

Wir sind auf dem Fluß mit uns und der Stille allein. Weit und breit kein Mensch. Das Land hinter der Böschung flach und schachbrettartig mit Wassergräben durchzogen. Überhaupt: Die Landschaft wirkt ernst, rauh, zerzaust. Und es ist bitterkalt. In den Ecken der Eider schwimmen Reste von Eisschollen. Überbleibsel des harten und langen Winters '96.

Astrid hockt neben der Pinne. Ich hinterm Spritzschutz. Beide sind wir bis über die Ohren in Wolle und wie heutzutage üblich in Synthetikkleidung eingepackt. Unter dem Plichtboden tuckert der Diesel. 2200 Umdrehungen bringen 5,5 Knoten Fahrt. Den Kurs diktieren vereinzelte rote Tonnen. Sie bleiben in dem 100 Meter breiten Fluß an Steuerbord liegen. Wir orientieren uns an Kilometertafeln, die zum Teil mit dem Ufergebüsch verwachsen sind.

Die Eider ist ein melancholisches Gewässer mit manchmal sehr viel Tiefe. Derzeit haben wir bis zu 15 Meter. Die Quelle der Eider ist irgendwo bei Kiel. Ihr Oberlauf bis zur Stadt Rendsburg ist zum Nord-Ostsee-Kanal verarbeitet worden. Kurz danach geht es über den Gieselaukanal mit zwei Schleusen in die Eider. Aber auch ab hier wurde sie wieder vergewaltigt. Mit der Schleuse Nordfeld und dem Eidersperrwerk, das die Eider seit 1972 von der See abschließt – und wiederum nicht. Bei normalem Wetter bleibt das Sperrwerk geöffnet, die Flut läuft bis Nordfeld, zirka 28 Kilometer. Trotzdem ist die Eider ein größtenteils aufgestauter Fluß, der kaum fließt. Oder verständlicher: ein stillgelegter Fluß. Die Wikinger haben ihn natürlich noch als Fluß benutzt, um über die Treene und Schleswig-Haithabu in die Ostsee zu kommen oder umgekehrt in die Nordsee.

Dann, hinter einer der vielen Biegungen: uralte Holzstege, eine zementierte Anlegestelle, eine Fähre, eine Ortschaft. Hohner Fähre, Thielen, Pahlhude. Nur noch nicht festmachen, solange der Unternehmungsgeist brennt und die Motorkraft vorhält.

Es ist der erste Tag auf der Eider, die in die Nordsee führt. Für uns praktisch schon Nordsee. Wir sind voller Euphorie. Hier und heute beginnt unsere Nordseeumrundung.

Bargen, Delve. Die Eider schlängelt sich weiter durchs pfannkuchenflache Land. An ihren Ufern dümpeln kleine Motorboote mit buntgemusterten Gardinen.

Süderstapel. Es ist bereits später Nachmittag, als wir in einer Kurve Masten und eine Steganlage sehen. Wir fahren einen Bogen, legen Leinen und Fender bereit. Machen mit Bug und Heck an Pfählen und Steg beim Segelverein Süderstapel fest. Das war ein feines Anlegemanöver. Endlich haben wir es raus, daß der Schub im Leichtgewicht KATHENA INA lange vorhält. Bei Süderstapel erweitert sich die Eider zu einer 300 Meter breiten Schleife, über der auf dem Steilufer – dem einzigen in den Gestaden des Flusses – der Ort liegt.

Astrid, die die gesamte Flußdistanz gesteuert hat, stürzt, um sich zu bewegen, gleich die Böschung vom Hafen hinauf in die Ortschaft. Ich koche uns derweil einen Pott Kaffee auf dem Gasherd. Doch sie ist bald zurück: „Darf ich vorstellen: Kreis Schleswig-Flensburg", und deutet auf Süderstapel. „Ich dachte, was machen hier all die Autos mit SL-Kennzeichen, bis ich merkte, das ist ja wieder unser Landkreis." Eine echte Landgangsüberraschung. In der Tat: Da fahren wir drei Tage bei Wind und Kälte über Ostsee, Kielkanal und Eider und sind immer noch oder genauer schon wieder in unserem Landkreis Schleswig-Flensburg. Astrid ist nicht gerade erschüttert,

Am Anfang und am Ende der Nordseefahrt: der Leuchtturm von Schleimünde. Einige Meilen fjord-einwärts haben wir unseren Bootsliegeplatz.

aber sie kann es irgendwie nicht fassen und wundert sich noch lange. An unseren Freund Jann in Brodersby schreibt sie auf einer Postkarte: „Dein selbstgebackenes Brot zum Abschied (fast so lang wie unser Schiff breit), hat gerade gereicht, um uns ans Ende unseres Landkreises zu bringen."

Natürlich reisen wir mit der innovativen „Dehler 33" ohne Kühlmöglichkeit, auch haben wir weder eine Rollfockanlage noch Heizung installiert; Dinge, die jeder Charterer heutzutage als Pflicht ansieht. Für die Wärme holen wir uns rasch beim Edekahändler in der Stadt ein Dutzend Spiritusflaschen. Damit wollen wir unser Boot heizen. Ein eimergroßer transportabler Ofen, Marke Origo, steht uns dafür zur Verfügung. Simpel, geruchsfrei, geräuschlos und weitgehend ungefährlich. Ein Liter Brennstoff pro Tag reicht, um unsere Kajüte warm zu halten.

So aufgeheizt machen wir uns endlich daran, Ordnung in unser Schiffchen zu bringen: Alle Ecken sind noch mit Kleidung, Proviant und Ausrüstung vollgestopft. Ein Seemann braucht einige Tage Bordleben, um die Dinge an den rechten Platz zu stauen. Speziell Bücher, die in Kartons auf dem Fußboden stehen, müssen eingeräumt werden. Doch wir finden kaum Platz für sie. Wir reisen wohl mit zu großformatigen Exemplaren. Die Borde wurden in unserem Boot nur für Taschenbücher konstruiert. „Denken die etwa, es fahren Analphabeten damit rum?" erbost sich Astrid. All die schönen, wertvollen Handbücher, Romane und Reiseführer kommen zurück in den Karton und ab in die Backskiste unter die Koje. Zu der Buchstabensuppe.

Süderstapel ist ein schönes Dorf. Es scheint viele Ferienwohnungen zu geben, auch Frührentner, die ihren Lebensabend hier verbringen. Das Dorf hat eine Kirche mit Rundturm aus dem 12. Jahrhundert und ein Storchennest. Das Storchenpaar auf dem Dach macht ein Dorf erst richtig schön. Hier ist die Welt in Ordnung. Eine ganze Plakettenreihe „Schönes Dorf" weist darauf hin. Ich vermute, es ist das sauberste und ordentlichste Dorf in unserem gesamten Kreis. Auf alle Fälle das gepflegteste auf unserer Nordseefahrt.

Bei soviel Dorfordnung trauen wir uns in keine Kneipe, trinken also unser Bier an Bord und planen den nächsten Tag.

18

Der 1. Mai beginnt mit Kälte, ein bißchen Ostwind und Sonne. Aber ja, auch mit einem hohen blauen Himmel. Leider auch mit Plätschern unterm Heck. Dieses Geräusch holt mich am „Tag der Arbeit" früher aus der Koje, als mir lieb ist. Astrid brüht Kaffee auf. Ich koche Porridge, richtig englisch mit Wasser und Salz. Dann frühstücken wir ausgiebig. Wir haben Zeit, denn erst nachmittags können wir weiter. Heute beginnt nämlich unsere Gezeitenfahrt. Mit der Schleuse Nordfeld, die ein paar Meilen entfernt liegt, müssen wir die Tide wegen unseres Tiefganges und des Stromes errechnen. Eine Aufgabe, die gewissenhaft gemacht werden muß und demzufolge Zeit erfordert. Ich resigniere bald ob der vielen Möglichkeiten: Bei Hochwasser Nordfeld kommt man nicht bis Tönning, also Stop in Friedrichstadt. Aber von dort wieder bei Hochwasser aus der Eider, dann schafft man nicht die auslaufende Tide hinter dem Sperrwerk. Also, es dreht sich im Kreis. Ich greife bald zu meinem Werkzeug, montiere lieber ein paar Haken, fertige eine Schlingerleiste für mein Fotoschapp und räume.

Astrid schnappt sich derweil den „MacMillan" und rechnet offensichtlich besser. Sie legt die Abfahrt für 14.30 Uhr fest, dann sind wir bei Hochwasser Nordfeld-Schleuse, und es klappt mit Friedrichstadt. Tags drauf plant sie die Abfahrt Friedrichstadt für 10.30 Uhr, um die auslaufende Tide in der Eidermündung und danach auf See zu haben. Weil es so zutreffen könnte, gibt sie den „MacMillan", einen 900-Seiten-Wälzer, nicht mehr aus der Hand. Der „Nautical Almanac" enthält unter anderem Sicherheits- und Wetterinformationen und die Tidenangaben der gesamten Nordsee. Natürlich auch – weil britisch – Westküste Englands und Irlands. Es wird Astrids liebstes Buch; selbst wenn es ihr schlechtgeht, versorgt sie mich mit den vermeintlich richtigen Daten.

Dort, wo die Treene in die Eider fließt, liegt Friedrichstadt, das früher, als es das Sperrwerk noch nicht gab, ein richtiger Handelshafen war. Heute machen dort im gezeitenfreien Hafen hauptsächlich Segel- und Motoryachten fest. 1000 und mehr, wie uns der Hafenmeister nicht ohne Stolz berichtet. Es ist eine gute Anlage mit typischem deutschem Klubhaus: Dusche und Toilette, Bier und Würstchen. Auf den Tischen Fachzeitschriften und Stander. Wir tun das,

was viele Segler machen: Rundgang. Duschen. Trinken. Schlafen.
Friedrichstadt, wer denkt da nicht an Holland. Nach dem 30jährigen
Krieg wurde die Stadt von Holländern, die aus religiösen Gründen
aus ihrer Heimat vertrieben wurden, gegründet. Hier ließen sie sich
typisch holländisch nieder: Grachten, Kopfsteinpflaster und kleine,
niedrige Treppengiebelhäuser zeugen davon, und auch das Rathaus
erinnert daran. Friedrichstadt – ein Museum, in dem 3000 Menschen
wohnen. Wir werden ganz ähnliches ja noch in den Niederlanden
wiedersehen. Also bleiben wir jetzt nur eine Nacht. Es ist schrecklich kalt, und ein zugiger Wind weht durch die Häuserzeilen.

Um Friedrichstadt zu verlassen, müssen wir wiederum schleusen.
Kosten: fünf Mark. Dafür ist dann das Schleusen durchs Eidersperrwerk kostenfrei. Doch bis dahin haben wir 15 Seemeilen durch einen
recht flachen Bojenweg mit schlechter Sicht vor uns. Zum Glück sind
die Bojen frisch gemalt und zeichnen sich gut ab. Schon hier spüren
wir, 1,75 Meter Tiefgang ist verdammt viel für Tidengewässer. Bei
Niedrigwasser hat's im Fahrwasser kaum mehr Wassertiefe. Wir
geben zunächst unser Vorhaben, Föhr, Amrum und andere nordfrie-
sische Inseln zu besuchen, auf. Das ist uns mit diesem tiefen Kurz-
kiel zu riskant. Lieber erst mal in anderen Gezeitengewässern Erfahrungen sammeln.

Nachdem wir das Sperrwerk, eine kalte Betonpracht, kalte Mikro-
fonstimme per Rufsäule „Steuerbord festmachen. Woher? Wohin?
Schiffsname?" passiert haben, befinden wir uns bei Hochwasser auf
See. Endlich richtig auf der Nordsee. Wir motoren uns frei. Werfen
noch einen Blick auf den Bau mit Schleuse, Klappbrücke, mehreta-
gigem Leitstand und den zweieinhalb Seemeilen langen Damm. Das
Sperrwerk dient dem Hinterland, indem es Sturmfluten fernhält und
Deichbaukosten spart. Es ist schon ein eindrucksvolles Bauwerk.

Nun, unser Ziel liegt auf dem freien Wasser – Helgoland. Eine
Insel. Es nieselt, und der Wind ist auch nicht ohne. Hastig reißen wir
die Segel hoch, und los geht es durchs Südfahrwasser. Die See wechselt ihre Farbe. Das Wasser hellt auf. Wir rasen an den Tonnen nur
so vorbei. Ich hake sie in der Seekarte ab. Zu Anfang. Später habe
ich einfach zuviel an Deck zu tun. Der Ost nimmt auf 6 zu. Eine
Halse steht an. Dann wird die Fock ausgebaumt, ein Reff kommt ins

Großsegel. Alles das erste Mal mit KATHENA INA. So dauert es seine Zeit. Und das Paradoxe, trotz aller Reffs rasen wir mit zweistelligen Zahlen auf dem Speedometer weiter – vor dem Komma. Irrsinnig. So schnell habe ich mir das Segeln mit diesem doch noch kleinen Boot nicht vorgestellt. Die brandneue „Dehler 33 Cruising", an der wir keinerlei Änderungen, Verstärkungen oder dergleichen vornahmen, nur beidseitig des Rumpfes den Namen KATHENA INA mit blauen Buchstaben aufklebten, ist unser erstes echtes Serienboot.

4   Helgoland statt Sansibar

Es ist eigenartig, die kleinsten Dinge machen den größten Eindruck. Wir sausen eilig übers Meer. Dunst macht sich breit. Nebel hebt sich vom Wasser empor. Die Sicht wird sehr schlecht. Doch Bedenken habe ich keine. Überhaupt keine Sorge, daß ich unser Ziel nicht finden könnte. Das kleine Ding in meiner Hand gibt mir die Sicherheit. Alle paar Sekunden spuckt das handflächengroße GPS-Gerät den genauen Standort aus. Und alle paar Meilen übertrage ich die Breiten- und Längengrade in die Seekarte. Eine Gewohnheit aus der Zeit, als ich noch total mechanisch navigierte. Also mein Handwerkszeug Sextant, Uhr und nautische Tafeln waren.

Erinnerungen kommen auf. Zwei von meinen drei Helgoland-Ansteuerungen waren wettermäßig katastrophal. Die erste von einer anhaltenden Flaute bestimmt: Motorlos und mit flappenden Segeln trieb ich einen ganzen Tag und eine Nacht vor der Insel. Das war 1968, als ich allein von meiner ersten Weltumseglung zurückkam. Das Helgoländer Leuchtfeuer blitzte alle fünf Sekunden. Die Kennung habe ich bis heute nicht vergessen. Sie signalisierte mir: Heimat, die Fahrt ist gemacht, jetzt kann mir nichts mehr passieren. Mit dem damaligen Leuchtturmwärter habe ich einige Tage später sogar gesprochen. Willy Krüss hieß er, ein echter Helgoländer. Heutzutage ist der Leuchtturm selbstverständlich automatisiert, der Beruf Leuchtturmwärter auf der Insel Geschichte. Die zweite Ansteuerung, ebenfalls am Ende einer Weltreise, diesmal mit Astrid, war richtig übel: Regen, Gegenwind und miserable Sichtverhältnisse ließen uns den Felsen nur mit großer Anstrengung und viel Glück finden. Ansteuerung Nummer drei war Spielerei. Ich kam mit der GATSBY vom Nordatlantik zurück. Hatte eine zahlreiche Crew an Bord, dazu einen Satellitennavigator und Schönwetter.

Nach 33 Seemeilen und knapp vier Stunden Segelzeit liegt die Boje Düne Süd genau vor dem Bug. Jetzt ist es nur noch eine Meile bis in den Hafen, den wir immer noch nicht sehen. Ich ändere den Kurs. Nehme das Fernglas zur Hand und suche das Land. Aber zu erkennen ist rein gar nichts, der rote Felsen auf eine halbe Meile im

Schön, schmal und elegant. Unsere Neuerwerbung KATHENA INA auf Am-Wind-Kurs. Besonders die Segelleistungen verblüffen in hohem Maße.

Nebel versunken. Wir werden kribbelig. Starten den Motor. Bergen die Fock. Das Großsegel, ein Lattensegel, rutscht runter wie ein Sack. Einlegen in herkömmlicher Weise ist nicht nötig. Es fällt in eine Tuchtasche am Großbaum und – zip – ist es mit Hilfe des Reißverschlusses weg. Während wir das noch bestaunen, kommt von achtern aus der Nebelfront eine größere Yacht angerauscht, und – flups – ist sie auch wieder weg. Die gutbemannte Yacht sehen wir erst im Südhafen wieder, wo die Crew sorgfältig die Segel eintucht. Wir winken. Wie ich später erfahre, sind die Hamburger auf Probefahrt. Der Eigner sucht Mitsegler für einen Norwegentörn und testet derzeit Bewerber und Bewerberinnen in der Elbe und vor Helgoland. Deutscher Segelperfektionismus. Oder: Manche Menschen wollen sich beim Segeln partout nicht erholen.

Die Liegeplätze im Hafen sind nach Längen geordnet. Also, man darf nicht irgendwo an den ausgelegten Schlengeln festmachen. In großen Ziffern stehen die Maße an der Kaimauer und auf den Stegen. Und dort bitte schön hat man in dem Bundeshafen sein Boot festzuzurren. Das bedeutet, man wird häufig im großen Päckchen liegen, auch wenn Plätze am Schlengel frei sind. Die einzige Freiheit auf Helgoland ist in der Tat die Zollfreiheit.

Wir haben Glück. Als fünftes Boot im Päckchen machen wir an der TRAMP fest. Mit Herbert habe ich schon mal bei irgendeinem Seglertreffen ein Bier getrunken. Deshalb reagieren wir sofort, als er über den Hafen ruft und winkt: „Kommt längsseits." Die Regel ist: Sofern man irgendwo anlegen will, verschwindet die Crew unter Deck, oder schlimmer – brüskiert einen mit der Mitteilung: „Morgen früh um sechs Uhr legen wir ab. Ihr sucht euch besser einen anderen Liegeplatz."

Herbert hat sich vom Fahrtensegler zum Regattasegler gewandelt. Er ist auf dem Weg zum Start der diesjährigen Einhandregatta von England in die USA. Sein Boot sieht zwar mehr nach Trampfahrt als nach einem Racer aus, aber der äußere Schein trügt. In der Kajüte ist die ganze Vorderfront voller technischer Geräte: Kartenplotter, Navtex, SSB. In den Kojen liegen Kevlarsegel. Um die alte neun Meter lange Yacht vom Typ Maxi schneller zu machen, hat er in mühevoller Arbeit den Kielballast tiefer gelegt, den Mast verlängert und vieles mehr. Überzeugt, mit seiner TRAMP auch modernen Rennern davonzusegeln. Er will in seiner Klasse siegen.

Wir brauchen jemanden wie ihn. Einen, der Probleme praktisch nicht kennt. Der nach Diesel riecht. Der plastisch erzählen kann. Und der als ehemaliger Seemann und Alleinsegler viel zum besten geben kann. Wir stehen an der Reling, nicht ahnend, daß Herbert und TRAMP unser Bezugspunkt für die nächsten Wochen entlang der südlichen Nordseeküste sein werden. Auch er ist auf dem Kurs zum Englischen Kanal.

Es wird dunkel. Und kalt. Astrid zündet den Origo an. Wärmt sich über der Flamme des Heizofens die Hände. Schaut dann entspannt aus dem Niedergang in den Himmel vieler Masten, als ich die Tür zur Achterkajüte zuschlage. Ein Schrei hallt durchs Schiff. Dummerweise stecken Astrids Fingerspitzen zwischen Tür und Rahmen. Eingequetscht mit Hebelwirkung. Das muß höllisch weh tun, denn gewöhnlich ist Astrid nicht sehr empfindlich, kann einigen Schmerz ohne Klagen vertragen. Aber jetzt hockt sie schmerzgekrümmt auf der Salonkoje und heult herzzerreißend in ein Kissen. Zwei Fingernägel sind ganz übel gequetscht. Sie werden abgehen. Und das bei all den Widrigkeiten mit Kälte und Nässe beim Segeln in der Nordsee.

KATHENA INA ist das erste eigene Boot mit Türen, und gleich dieses Malheur. Damit es nicht wieder passiert, besorge ich Haken und Öse. Ab sofort muß die Tür erst ausgehakt werden, bevor man sie schließen kann.

Astrids Wunsch war es, ihren Geburtstag auf Helgoland zu feiern. Im Hafen ist es inzwischen völlig dunkel geworden. Ein paar Leute steigen über die Boote, um an Land zu kommen. Sie gehen im Laternenschein, ohne aufzuschauen. Eingehüllt in Wind und Nebelstreifen.

Der 3. Mai beginnt mit zwei verpflasterten Fingern und Astrids Geburtstagsgeschenk: ein Thermometer, mit dem man Luft- und Wassertemperaturen messen kann. Wir nehmen das Messing-eloxierte Ding sofort in Gebrauch: Kajüte – 11 Grad; an Deck – 6 Grad und Wasser – 5 Grad Celsius. Von Herbert bekommt sie eine Tüte Brötchen und ein Sechserpack Bier. Praktische Geschenke erfreuen meine Frau besonders.

Unser Bootsnachbar Herbert ist Frühaufsteher. Um acht Uhr hat er sich schon vom Schiffsausrüster eine Leine geholt, mit der er vom Cockpit aus die Stagreitervorsegel bergen möchte. Kommentar nach dem Montieren um neun Uhr: „Jetzt bin ich klar." Mit klar meint er – für die Atlantikregatta. Er hat seinen Pflichttörn über 600 Seemeilen im April die Nordsee rauf und runter einhand abgesegelt, die Antrittsgebühr bezahlt und ist physisch und psychisch fit. Er amüsiert sich über Wolfgang Quix, den anderen deutschen Teilnehmer, der weder Schiff noch sich trainiert: „Aus Mutters Bett zur Regatta, so kann man nicht gewinnen."

Helgoland ist sehr klein. Da die Insel aber aus einem 56 Meter hohen Felsenklotz besteht, ist sie größer, als sie wirkt. Sie besteht aus einem Oberland und einem Unterland. Beide Teile sind bewohnt. Das Oberland kann man in einer knappen Stunde umwandern. Beim Unterland dauert's länger. Wir beginnen im Südhafen, wo wir festgemacht haben. Der erste Gang bringt uns in den Keller am Scheitel des Hafenbeckens, wo die Sanitäranlagen installiert sind. Toilette kostet eine Mark, Duschen fünf. Wasser ist knapp auf der Insel.

Gleich am Eingang vom Hafen zum Dorf präsentiert sich die Insel patriotisch mit dem Denkmal des Heinrich Hoffmann von Fallersleben und den Worten von „Einigkeit und Recht und Freiheit". Von Fallersleben hat hier 1861 das Deutschlandlied geschrieben. Deutsch freilich wurde Helgoland erst 1890 im Zuge eines politischen Handels mit England. Für die Anerkennung Sansibars in Afrika als britische Kolonie ließ sich das Deutsche Reich mit Helgoland entlohnen, das seit 1807 von den Briten besetzt war. Sansibar gehört inzwischen zu Tansania. Helgoland ist noch immer deutsch.

Großen Eindruck macht, wenn man oben auf der Insel steht und an den britischen Kommandanten denkt, der Helgoland nach dem Zweiten Weltkrieg versenken wollte. Tausend britische Bomber legten die Insel in Trümmer. Später, 1947, versuchten die Engländer noch einmal mit einer großangelegten Sprengung, die Insel mit dem Meer gleichzumachen. Es ist ihnen nicht gelungen. Heute schlägt zwar auch täglich eine Bombe ein, aber dabei klingelt es jedes Mal in der Registrierkasse. Helgoland lebt nämlich vom „frömmenfekear", vom Fremdenverkehr. Die Hauptwirklichkeit ist das Aus- und

Einbooten von Tagestouristen, die zwischen der Insel und den draußen auf der Reede ankernden Dampfern hin- und herfahren. Um die Mittagszeit sind es meist ein halbes Dutzend Seebäderschiffe. Nach dem Ausbooten beginnt das andere Hauptgeschäft: Gleich rechts ab von der Mole reiht sich ein Laden neben den anderen. Manche werben mit 150 Sorten Zigaretten. Hinzu kommen Kosmetika, Butter, Kekse, Schokolade. Die Zollfreiheit ist gering. Meist um die 20 Prozent. Bei Schiffsausrüster Niels Pförtner in der Fensterfront zähle ich 167 Sorten Alkohol im Angebot. Niemand von den Tagesgästen scheint den billigen Schnaps auf der Insel direkt zu trinken. Die Touristen trinken anderes in den Lokalen: Kaffee, Tee, Grog, Bier, die jedoch zu Preisen wie auf dem Festland.

Zu unserem Programm gehört natürlich eine Runde zu den verschiedenen Molen, um die Insel, durch die Geschäfte. Wo ist die Flasche Brandy 50 Pfennig billiger? Wir essen abends in der „Düne Süd" Nordseekrabben und Schnitzel. Es ist schließlich Astrids Geburtstag. Später verholen wir fürs Bier ein paar Schritte weiter ins „Kniepers". Es ist *die* Seglerkneipe und recht edel eingerichtet. Eine Christa von der Elbe spricht uns an, sie hat ein Buch in der Tasche, „Ostsee-Blicke" klar zum Signieren. Sie und ihre Männer, wie sie sagt, nehmen möglichst jedes Wochenende Kurs Helgoland. Ihre Männer von der DASINDWIR verwickeln uns in ein Europagespräch. Sie meinen, daß gerade wir, die wir auf einer Europatour segeln, die Europaflagge setzen müßten. Sie fahren natürlich eine am Heck mit den deutschen Farben in der oberen Ecke. Meistens sind es Lehrer, die einem solche Ansichten einreden wollen.

Sprüche am Steg:
„Mit einer Dehler schon um diese Jahreszeit in der Nordsee!"
„Jedes Boot, das die Nordsee bei Hack überstanden hat, besteht auch vor Kap Hoorn."
„Der Erdmann kauft auch nur dort Schiffe, wo er die meisten Prozente bekommt."
„Einkaufen, das einzige Abenteuer auf Helgoland."
„Der echte Helgoländer hat seinen Laden verpachtet und lebt auf den Kanarischen Inseln."

„20 Schiffe im Päckchen, da kann man Helgoland sehr liebge-
winnen. Und wenn dann noch ein paar Hunde an Bord mitreisen,
wird's klassisch."
„Der Helgoländer Hummer kommt aus Holland."

Die charakteristischen Hummerbuden am Hafen, schön und
heimelig anzusehen, sind tatsächlich Dekoration. Hummer gibt's
nicht mehr vor Helgoland. Den Beruf des Fischers gibt es auch nicht
mehr auf dem roten Felseneiland. Gefischt wird nur noch zum Vergnügen. Vergleichbar mit dem Seemann, der früher auf richtigen Seglern fuhr und sich heute als Hafenmeister verdingt.

Rund 10 000 Segelyachten besuchen die Insel in der Deutschen
Bucht jährlich. Helgoland ist für Elbe-, Weser- und Jadesegler das
einzige Ziel, das man an der deutschen Nordseeküste bei jedem Wind
ansteuern kann. Und wiederum auch verlassen kann. *Wir* verlassen
die Insel nicht bei jedem Wetter. Wind aus West. Starkwind aus
Nordwest. Normaler Südwest – da lassen wir uns gerne einwehen. Es
ist ja unsere erste Insel. Und eine Insel hat ihre ganz eigene Atmosphäre erst dann, wenn man ein paar Tage verweilt.

5 Kathena Ina

Neues Boot – neuer Name. Nur: Was nimmt man für einen? Soll er
humorig sein? Witzig? Einfach eine Zahl? Aus der Geschichte? Erd-
kunde? Eine Romanfigur?

Die Namensfindung ist nicht so einfach, wie sich mancher das vor-
stellt. Wir haben da unsere Erfahrungen. Namen hängen einem jahrzehntelang an, zumindest in unserem Fall, die wir über unsere Reisen berichten. Ziffern als Anhängsel schieden diesmal aus. Zu nüch-
tern, zu abgeklärt. Und: Mit Zahlen haben wir doch schon genug im
täglichen Leben zu tun.

KATHENA heißen alle unsere Boote. Ein Kunstname, zusammengesetzt aus zwei Mädchennamen: Kathleen und Elena. Er stammt allerdings nicht von mir, sondern vom Voreigner meiner allerersten KATHENA. Diese Dehler war unser achtes Boot mit dem Namen KATHENA. Klar, habe ich schon drüber geschrieben. Zwei hatten als Anhängsel eine Zahl, die anderen ein Attribut. Meistens zutreffend für die jeweilige Fahrt. Durch die Südsee war es FAA, gleich Vier in vielen Sprachen der pazifischen Inselwelt. Für die Nonstopfahrt ein NUI, das bedeutet groß, stark, unerschrocken in der polynesischen Sprache. Diesmal war es bloß die Nordsee, und wir fanden trotz angestrengten Suchens nichts Passendes. Wir dachten wie üblich an eine kurze, griffige Formulierung, die dem Thema entsprechen sollte. Im Gespräch waren: vivid (lebhaft), Oy (Insel auf norwegisch), otte (acht, norwegisch), rapido (schnell), gaia (fröhlich, italienisch), Lys (Licht), Haze (Nebel), Ewe (Mutterschaf)...

Fürchterlich. Ich weiß, es gibt schlimmere Dinge, aber uns wollte verdammt nichts einfallen, bis unser Sohn Kym INA vorschlug. Das ist der Name meiner Mutter. „Schließlich hat sie genug um dich gezittert." Wir waren sofort einstimmig begeistert. Hat meine Mutter doch wahrhaftig viele Jahre während meiner und unserer Törns mitgefiebert. Sie, die nur einmal das Meer, genauer die Ostsee, befahren hat – von Warnemünde nach Warnemünde mit dem Ausflugsdampfer. Und schon während der wenigen Stunden auf See war's ihr furchtbar elend.

Ina Erdmann:

In der Umgebung wohnten freundliche, zurückhaltende Leute: eine Kellnerin, ein Kriegsinvalide, der Tierarzt, der Direktor der Flockenfabrik, und gegenüber von unserem Haus arbeiteten ein paar Mädels im Büro der VEAB, denen wir unsere Hoftoilette vermietet hatten. Sie alle kannten Wilfried sehr gut. Anfangs fragten sie immer, wie es ihm geht, was er macht. Später weniger. Sie konnten nämlich nicht verstehen, warum einer, wenn er schon in den Westen rübermacht, sich nicht ums Geldverdienen kümmert und statt dessen übers Meer segelt. Mit einem Boot alleine herumsegeln und an Bord leben, das konnten sie nicht begreifen. Ich auch nicht. Das hatte was Zigeu-

nerhaftes, ähnelte der Fremdenlegion. Ein Junge aus dem Dorf war dort. Die Familie wohnte die Straße hoch. Sie schämten sich. Das Schlimmste war, man konnte mit niemandem darüber reden. Erst als Wilfried nach seiner ersten Tour im Fernsehen war und über ihn im Radio berichtet wurde, änderten sich die Ansichten der Leute schlagartig. Auch meine. Ich hatte ja keine Ahnung, was eine Weltumseglung ist. Heimlich wurde mir Bewunderung zuerkannt. 1968 durfte man in der DDR nicht offen über so eine Reise sprechen. Beim Bäcker wurde mir zugeraunt: „Ich habe das Boot Ihres Sohnes im Fernsehen gesehen. So ein kleines Ding. O Gott, Frau Erdmann, damit um die ganze Welt." Sein ehemaliger Lehrer sagte: „Wie hat er sich bloß auf dem Meer zurechtgefunden? Er hat doch nichts studiert."

Mein Mann und ich, wir redeten nie über die Gefahren, wenn Wilfried unterwegs war. Doch wenn ich die Küchentür zum Wohnzimmer offenstehen ließ und ein paarmal hin und her lief, wußte mein Mann, daß ich mir Sorgen machte. Das waren nämlich etwas über sieben Meter – so lang wie sein Boot. Schlimm war es, wenn ein Sturm um unser Haus tobte oder der Postboote wieder und wieder sagte: „Keine Post von Ihrem Sohn." Seine Briefe waren wegen der fremden Briefmarken leicht zu erkennen. Manchmal war er ja auch monatelang auf See. Ich wußte es, machte mir aber immer Gedanken. So ein Boot kann doch umkippen. Meine längste Reise war von Pommern nach Mecklenburg. 1945 im Februar. Auf der Flucht mit einem Baby im Kinderwagen und einem Kind an der Hand. Erst mit der Bahn, dann im Treck über die Landstraße, dann im Güterwaggon. Das Gepäck wurde täglich leichter, die Kinder hatten immer Hunger. Auf dem Ofen im Waggon konnte ich nur ein bißchen Suppe für die Kinder kochen. An manchen Tagen gab's auch nur einen Apfel. Und dann immer die Fliegerangriffe. Der Zug hielt, und wir sprangen ins Gebüsch, während die Bomben flogen. Man machte sich keinen Kopf um Wäsche, Sauberkeit und Schlaf. Man war nur bedacht, daß den Kindern nichts passierte. Das war ein gräßlicher Monat. Für mich hat der Krieg erst mit der Flucht begonnen. In Mecklenburg kamen wir beim „Schwatten Karl" unter, einem Schmied, der auch Bauer war. Seitdem beherrschte Arbeit mein Leben. Erst zum Überleben, dann für ein Haus, dann kam der Anbau, später noch ein Stall. Es gab immer was zu tun. Ferien konnte ich mir denken. Wilfrieds Briefe, seine Ansichtskarten waren die einzige Verbindung zur Welt außerhalb Mecklenburgs. Ich weiß jetzt, wo Kap Hoorn liegt und Tahiti, aber manche seiner Seestrecken waren zu lang. Drei Monate, vier Monate und einmal noch längeres Warten in Ungewißheit ...

Zur Bootstaufe an die Schlei konnte meine Mutter nicht anreisen. Von einer Krankheit geschwächt, wollte sie lieber zu Hause bleiben. Sie schickte einen Gruß: „Möge das Boot euch wieder heil zurückbringen." (Ich bin neugierig, ob sie dieses Buch in die Glasvitrine stellt. Meine anderen Bücher werden im geschlossenen Schrank verwahrt).

Kym sprach. Auch er sagte was von Wiederkommen. Nannte den Kurs und taufte das Boot zünftig mit einer Flasche Sekt Dehler Hausmarke. Glas splitterte. Applaus.

Die Sonne schien. Schön blau der Himmel. Vor dem Bug der KATHENA INA ein Faß Bier, ein Kochtopf mit Würstchen, Platten mit belegten Brötchen. Es war der bis dahin schönste und wärmste Tag des Jahres. Er animierte Astrid gar noch, für alle Spagetti zu kochen. Langweiler waren nicht dabei oder schnell wieder fort.

Drei gestandene Weltumsegler meinten, wir hätten wohl den Kiel ab, mit dieser Rasekiste zu den Färöern und weiter zu segeln. So deutlich sagten sie es zwar nicht, aber ich sehe sie noch im Cockpit hocken und all die Dinge durchdiskutieren: winziger Schäkel an der Großschot, die Ruderpinne hin- und herreißen, das spillerige Sperrholz in der Kajüte befühlen, die Verstagung des Mastes kritisch im Auge. Zugestanden, wer von seiner soliden Aluminiumyacht oder seinem ganz stäbigen Stahlbau begeistert ist, der ist auf einer „Dehler 33" nicht gut aufgehoben. Dies an Karl-Heinz, Marianne, Hubert, Hermann, Klaus und ja – auch an Rolf. Selbst meine dynamischen Ostseesegler am Steg vom Missunder Fährhaus waren skeptisch: „Damit in die nördliche Nordsee?" Abwarten.

6 Alle Zeit der Welt

Auf Kurs von Helgoland zu den Ostfriesischen Inseln.
Wolkentupfer. Blauweißer Himmel. Gleißendes Gegenlicht. Mit
kalter Aufmerksamkeit starre ich auf den Horizont. Ein grauer Strich
über der grauen See. West 3, Südwest 4, Südost 2. Ich hole die Segel
auf den anderen Bug. Das Knarren der Schotwinsch bringt Astrid an
Deck: „Nix los mit dem Wind."

Laut Wetterbericht liegt ein festes Hoch über dem Baltikum, das
wird uns bald einen anhaltenden Ost bescheren. Mit Verlassen Hel-
golands haben wir endgültig entschieden, die Nordsee rechts herum
zu besegeln. Das Klima nach Süden zum Englischen Kanal hin ist
sicher im Mai angenehmer als Richtung Norwegen.

Aus dem anfänglichen Kurs Wangerooge wird Langeoog. Aus
Langeoog Norderney. Wir haben mit 1,75 Meter Tiefgang nicht das
richtige Boot für diese Häfen und das Watt. Zudem noch bei Ostwind, wo der Wasserstand geringer ausfallen dürfte.

Vor dem Norderneyer Seegatt stoßen wir auf TRAMP. Herbert freut
sich, uns wiederzutreffen. Alle freuen sich. Haben wir uns doch nicht
verabredet. Gemeinsam motoren wir im Fahrwasser gegen eine heftige Tide bis in den Hafen.

Die Überfahrt war nicht doll. Erst zwei Stunden segeln, dann drei
Stunden unter Maschine, dann wieder segeln, motoren, segeln ... Und
der Liegeplatz im Yachthafen Norderney ist auch nicht gerade das,
was man schön und idyllisch nennt. Außerdem sacken wir am Fingersteg bei Niedrigwasser armtief in den Mud. KATHENA INA nimmt
Lage. Ich kann ob dieser neuen Erfahrung mein geliebtes Chili con
carne nicht genießen. Denke an den schmalen Kiel, das freischwin-
gende Ruder. Wenn da zufällig gerade ein Stein liegt.

Norderney war mal das Paradies für mich. Nur für kurze Zeit und
schon lange her. 1984 ließ ich mir hier bei der bekannten Bootswerft
Dübbel & Jesse einen Aluminiumrumpf bauen. Die KATHENA NUI. Ich
war damals beeindruckt von meinem Mut: wenig Geld, renommierte
Werft, Aluminium, schönes Schiff. Mehr noch von meinem Zeitplan:
Im Juli wurde noch am Rumpf geschweißt. Anfang August über-
führte ich das halbfertige Schiff in die Ostsee, baute und rüstete es

31

Herbert und seine Tramp auf dem Weg zum Start der
Atlantikregatta in Plymouth. Über zwei Wochen segeln
wir parallel entlang der Küste, von Hafen zu Hafen.

mit Hilfe von Astrid und Freunden aus. Am 8. September startete ich zu meiner Solofahrt: nonstop von Kiel nach Kiel in 271 Tagen. Ein Schiff mit hervorragendem Seeverhalten bei allen Bedingungen. Dazu ein zeitloser Riß. Gezeichnet vom Werftmitbesitzer Uwe Dübbel.

Wir besuchen die Werft am Hafen. Natürlich. Seit meinem Bau war ich nicht mehr auf der Insel. Verändert hat sich auf den ersten Blick nicht allzuviel. Die Bleibarren, mit denen ich die Teakleisten beim Kleben im Cockpit beschwerte, liegen weiter ungestapelt in der oberen Hallenecke. Dafür ist das Büro inzwischen mit Mahagoni vertäfelt. Viele der 25köpfigen Crew kenne ich noch. Büdi, der praktisch mein Boot im Alleingang geschweißt hat, hat mit 42 einen Herzinfarkt hinter sich. Uwe Dübbel ist verstorben. Er war einer der wenigen Konstrukteure hierzulande, der gefällige Linien zeichnete. Mit Herrn Jesse, der jetzt die Werft alleine führt, trinke ich eine Tasse Kaffee. „Schiffe unter 15 Meter Länge werden nicht mehr aus der Halle geschoben. Kleinere Bauten sind als Einzelanfertigungen einfach nicht mehr bezahlbar. Da können wir mit den Serienbauten nicht mithalten." Augenblicklich wird an einer 24 Meter langen Sloop gearbeitet. Für die berühmte Familie D. vom Bodensee.

Gleich neben der Werft hat der Segelverein Norderney sein Clubhaus. In der Bar mit Blick über Hafen, Deiche und das Watt trinken wir Bier. Was soll man tun, wenn's draußen lausig ist. Müde vom Segeltag, der eigentlich kein beeindruckender war, hocken wir auf den Hockern und hören Herberts Erzählungen zu.

Herbert Uphus:
Ich bin klar. Nur noch ein Tisch und dann bin ich klar. Die Platte und Leisten hole ich mir in der Werft. Ein Alurohr habe ich schon. Das montiere ich senkrecht mitten in der Kajüte. Ganz einfach, dann schieb' ich die Tischplatte an die Decke, wenn ich sie nicht brauche. Einen Tisch muß ich unbedingt haben. Weißt du, mein Magen. Endlich kann ich dann richtig im Sitzen essen. Wichtig vor allem für die Regatta. Kranksein kann man sich dabei nicht erlauben. Welchen Kurs über den Atlantik nach Newport würdet ihr vorschlagen? Gut, der südliche über die Azoren ist gemütlicher, aber viel länger. Ich

habe erst mal die mittlere Nordroute geplant. Ist zwar härter, aber viel kürzer. Will ja vorne landen. Werde es aber unterwegs vom Wetter abhängig machen. Die Regatta mache ich noch. Habe schließlich schon 26 000 Mark investiert: neue Segel, Sicherheit, Umbauten und so weiter. Aber danach habe ich alle Zeit der Welt. Bin ja seit ein paar Monaten Rentner. Mit 55 bis du nicht mehr vermittelbar. Keine Reederei will einen erfahrenen Seemann anheuern. Wir sind ihnen viel zu teuer. Die Decksarbeit machen Pakistani und Polen für ein Viertel des Lohnes. Es bleibt nur die Frührente und eine kleine Wohnung. Die habe ich vermietet. Meine Freundin ist böse, von der habe ich mich nicht verabschiedet. Ebenso nicht von meinem Verein in Övelgönne. So bin ich. Wenn ich klar bin, geht's los. Nach der Regatta habe ich alle Zeit der Welt. Am liebsten würde ich dort hinsegeln, wo ich als Seemann früher mal war. New Orleans, Maracaibo, Honduras, Santos... Habe ich auch mit der alten T<small>RAMP</small> III gemacht. Im Pazifik fand ich die Vorstellungen, die ich davon hatte, nicht wieder. Sollte ich eigentlich nicht wieder tun. Eigentlich weiß ich, das Wiederbegegnungen in Enttäuschungen enden und Erinnerungen zerstören. Vor allem schöne, gemacht aus Wirklichkeit und Phantasie. Aber nach dem Regattaziel Newport in die Karibik? Da war ich schon. Muß ich nicht noch mal haben. Aber ich habe ja alle Zeit der Welt. Vielleicht bleibe ich ja auch ein Jahr in Kanada. Wißt ihr, daß alle Weltumsegler der Anfangszeit Seeleute waren? Adam, Kallies, Pieske, du, ich. Nur Rollo bildet eine Ausnahme, der war und ist Schauspieler. Willst du darüber nicht mal einen Bericht schreiben? Oder über meinen Start bei der Einhandregatta. Damit kann die „Yacht" wieder ein paar Binnenländer an die Küste locken. Das ist doch das Ziel der Zeitschrift ...

„Alle Zeit der Welt" will weitersegeln. Unbedingt. Schon morgens um sechs klötert er an Deck rum. Nur – bei Beaufort 6 bis 7 aus Nordost? Warum will er sich das zumuten, wenn man alle Zeit der Welt hat? „Ein Bad ist eben nur gut für einen Tag." Er meint damit das Nordseeheilbad Norderney.

Das Watt durchs Seegatt zu verlassen ist viel zu gefährlich. Dort lauern Brecher. Herbert will auch gar nicht durchs Gatt auf die Nordsee, sondern innen durch. Übers Wattfahrwasser nach Delfzijl und von dort über die Kanäle nach Harlingen an die holländische Küste. Ein riskanter Beginn steht einem bevor, da es im Watt durch die Memmert Passage geht, eine Rinne, die derzeit bei Niedrigwasser trockenfällt. Genaugenommen könnte man es bei 2,4 Meter Tidenhub riskieren. Aber Starkwind aus Ost läßt gewöhnlich den Hub niedriger ausfallen. Wir nehmen nach den ersten Überlegungen Abstand. Allein will der Regattasegler aber auch nicht weiter. „Der olle Ostwind!" brummt Herbert und „wenig los hier."

Stadtbummel. Norderney ist ein berühmtes Seebad. Harmlos, friedlich, Strandburgenglück. Beliebt bei Normalbürgern. In der Fußgängerzone schieben erstaunlich viele Mütter ihre Karren mit Kleinkindern.

An einem schönen Tag ist Norderney eine Trauminsel mit Dünen, Stränden, Wattwandern, Segeln und Surfen. Sie bietet alles, was der „Markt" heute so fordert. Saison ist nur im Juli und August. Anfang Mai fühlt man sich ziemlich verloren am Strand. Nur vereinzelt kämpfen Gelbjacken gegen den eisigen Wind. Wir gehören dazu. Nicht lange. Am Kiosk kaufen wir eine Zeitung und verholen ins Cafe „Marienhöhe". Es steht mitten auf der Düne, bietet von drinnen einen herrlichen Weitblick übers Watt und die See. Draußen ist die Nordsee weiß. Im Fahrwasser biegen sich die Tonnen vom Strom. Das muß man sich mal vorstellen: Während einer Tide – Ebbe und Flut – strömen Millionen Kubikmeter Wasser durch die Seegatten zwischen den einzelnen ostfriesischen Inseln, die die deutsche Nordseeküste säumen. Das sind gewaltige Mengen, die die kleinen Tonnen heftig umspülen und manchmal flach legen.

Wir haben Wolken, Sonne und Seegang. Ein Wetter, bei dem Nordsee und Watt alle paar Minuten ein anderes Gesicht haben. Oder eine andere Farbe. Hier siehst du grün, dort siehst du schwarz, und ein Stückchen weiter siehst du die Wellen, hell, grün und gleichzeitig schwarz. Das Schauspiel setzt sich fort. Helle Wolken, Regenwolken. Kommt die Sonne durch, ist das Wasser silbern.

Die klare, kalte Luft treibt uns an Bord. Können ja nicht immer in Cafés rumsitzen. In der Kajüte zünden wir unseren Ofen an und bestaunen den neuen Spinnaker – hier angeliefert. Ein Werbespinnaker. Eindruck beidseitig weiß auf blauem Grund TUPPERWARE. Fabelhaft verarbeitet. Die 50 Gramm Tuchqualität fühlen sich gut an. Wir brennen darauf, den Spi zu setzen. Nur – ein Teil der Rechnung stimmt uns verdrießlich. 1540 Mark für den Schriftzugeindruck ist schlichtweg happig. Astrid telefoniert deswegen sofort mit Frau Hartig von der Segelmacherei Beilken.

Der „olle" Nordost hält noch ein paar Tage an.

7   Texel, ein Idyll

Eine schöne Bescherung. Als wir müde nach der Nachtfahrt in Oudeschild festmachen, ist TRAMP schon da. Na, so was. Herbert schläft gar schon tief und fest in seiner „Höhle". Hat er uns doch auf 125 Seemeilen eine gute Stunde abgenommen. Das kann nicht sein. Astrid spontan: „Er hat motort." Hat er auch. „Ich hab's gehört." Aber was soll's. Viel schlimmer: Er hat uns am Steg bei den Seglern als überfällig gemeldet. „Sind Sie die Dehler, die verlorengegangen ist?" Dieser Schlawiner. Warte, wer sich so in den Vordergrund drängt, muß auch damit fertig werden, wenn er achteraus bleibt.

Oudeschild ist Texel. Und Texel ist Holland. Und Holland ist das Land der Dünen, Deiche und Polder. Gäbe es diese Eindeichungen nicht, bliebe von Holland nichts übrig als eine Reihe Eintragungen auf einer Seekarte. In Holland hat jeder Mensch mindestens einen Kanal in Spuckweite – auch wer es nach Luv erledigt, kann kaum daneben treffen. Kurzum: Ob bei Sonnenschein, auf einem Kirchturm stehend oder bei Nebel in einer Stadt, immer bestimmt das Wasser das Bild der holländischen Landschaft.

Texel, die größte und westlichste der westfriesischen Inseln, ist meist eingedeichtes Polderland. So in unmittelbarer Nähe von Poldern machen wir uns Gedanken, was das eigentlich ist. Ein Polder ist ein Stück Marschland, das von einem Deich umgeben ist und innerhalb dessen es möglich ist, den Wasserstand mit Hilfe von Pumpen zu regulieren. Die ersten Polder waren schon zu Beginn des vierzehnten Jahrhunderts trockengelegt worden. Dann ging es eifrig weiter. Immer größere Wasserflächen wurden der Küste abgerungen. Der Landhunger der Holländer war schier unersättlich.

Früher wurde die Pumparbeit von Windmühlen betrieben. Mit einer Windmühle kann man nicht nur Korn mahlen und Holz sägen, sondern auch Pumpen antreiben. Die Polderpumpen wurden dann zu Tausenden gebaut. Von den alten, malerischen, holländischen Wahrzeichen-Mühlen stehen nur noch wenige, und noch weniger sind funktionsfähig geblieben. In Oudeschild befindet sich eine am Hafen, die sich manchmal noch dreht. Dicht neben der Windmühle eine alte Seemannskirche. Was aber bei unserer Ankunft ins Auge springt, sind große moderne Windräder. Ein Windpark dominiert das Bild des Hafens Oudeschild. Weitere Merkmale, die über die Deichkuppen ragen: buntbemalte Sichtschutzwände eines E-Werkes, Masten der sogenannten braunen Flotte, Tjalken und Klipper mit zumeist jungen zahlenden Crews. Und am Wochenende die aufgeholten Schleppvorrichtungen der Fischkutter. Texel hat ebenso viele Inselbewohner wie Schafe.

Noch wird auf Texel nichts ferienmäßig ausgenutzt; kein Gedrängel im Dorf und im Hafen deformiert den Schauplatz. Der Yachthafen sehr leer. Ein Hafenmeister nicht sichtbar. Man bezahlt sein Hafengeld am „betalingsautomat". Am Strand fliegen noch keine Bälle durch die Luft, der Sand ist noch nicht für die Sonnenbader, das Meer noch nicht zum Baden da. Die hölzernen Strandhäuser und Strandpavillons sind gerade erst montiert.

Wir sind mit Rädern unterwegs. Leihrädern, die zu Hunderten, geparkt und durchnumeriert, am Hafen auf Mieter warten. Auf den zahlreich vorhandenen Radwegen treffen wir dann auch kaum auf Inselgäste. Es gibt eben nicht viele Leute, die Lust haben, in der zweiten Maiwoche gegen einen steifen Wind zu radeln. Wohin wir den Kurs auf der Insel auch legen, merkwürdigerweise kommt der Wind immer von vorn. Weil die Insel stark bewaldet ist und bei 24 Kilometer Länge und 10 Kilometer Breite die Entfernungen nicht groß sind, ist es nicht sonderlich anstrengend. Und weil Texel alle holländischen Landschaftsmerkmale präsentiert – viel Meer und

Strand, Wald und Dünen, Polder, Deiche, Heide, Teiche, Wiesen und Weiden, ist unsere Radtour, so man will, kontrastreich.

Auf Texel leben 12 000 Menschen und ebenso viele Schafe. Das Texelschaf ist eine besonders abgehärtete robuste Rasse und bleibt das ganze Jahr im Freien. Sie gehören zum Texelbild wie Deiche und Dünen. Überall stehen zwar Schafställe, die von den Schafen so gut wie nie benutzt werden: Schief, morsch, mit verschlissenen Dächern, so stehen sie in der Landschaft und heben sich merklich von den sauberen Bauernhöfen ab. Ökonomisch gesehen bringt die Landwirtschaft und Fischerei noch mehr ein als die Feriengäste.

Texel ist eine Gemeinde mit sieben Dörfern. De Koog ist mit Dünen und viel Strand das Touristenzentrum. De Hoorn hat die 500 Jahre alte Kirche mit dem weißen Turm und sonst nichts. Im Hauptort Den Burg versorgen wir uns mit Gulden. Es hat hauptstädtisches Flair, wenn man von anderen Dörfern kommt. Eine richtige Einkaufsstraße, eine große Kirche aus dem 14. Jahrhundert und ringsum Miniaturstraßen, in denen sich Giebel und Fassaden eng aneinanderschmiegen. Alles wirkt adrett, wie wir es häufig auf Fotos gesehen haben. Gardinenlose Zimmerfenster, hinter denen Katzen Wärme suchen. Die Fensterläden aus Holz und bunt angemalt. Der Begriff Idyll geht mir nicht aus dem Kopf. Die meisten Geschäfte haben noch wenig von allseits bekannten Supermärkten. Im Schaufenster einer Buchhandlung allerdings die selben Autorenbücher wie bei uns in Schleswig: Pilcher, King, Gaarder, und ich staune, mein alter Freund Joachim Schult auf niederländisch: „Mayday, Jachten in Nood".

Zurück im Hafen trinken wir auf dem Deich im Clubhaus des Seglervereins zwei pilsjes. Auch Herbert hat die Insel mit dem Fahrrad besucht. Nicht das Museum mitten im Wald oder die weiße Kirche in De Hoorn im Südwesten der Insel waren sein Ziel: Er hat nach Ersatzteilen Ausschau gehalten. Ich weiß nicht welchen. Womöglich für die Lichtmaschine. Es bleibt nicht bei pilsjes. Gemeinsam essen wir Fritten. Die Aussicht über Hafen und die roten Dächer von Oudeschild ist entzückend. Yachtcharterer belegen einige Tische. Auch sie essen und trinken und genießen den Abend – mit Musik. Ein Akkordeon wird klargemacht, Noten und Texte an die umsitzenden Gäste verteilt und schon hallt es durchs Lokal „Ick heff mol en Hamborger Veermaster sehn, to my hoodah, to my ...“ Oder: „Eine Seefahrt, die ist lustig, eine Seefahrt die ist schöön ...“ Selbst englische Texte werden vorgetragen: „What shall we do with the drunken sailor, what shall we do ... early in the morning ...“

Irgendwann wird es dem Wirt zu doll. Erfahren im Umgang mit deutschen Seglern, holt er unterm Tresen eine Schallplatte hervor: „Gute Nacht, Freunde, es ist Zeit zu gehen ...“

14. Mai: Vielsagender Ost- bis Nordostwind beim Aufwachen. Wir fahren ab. Astrid würde gerne bleiben – ein paar Tage dranhängen. Der Erinnerung wegen. Aber da ist der gute Wind. Und da ist noch die ganze Nordsee vor uns.

8 En krachtige wind

Es geht uns gut. „Kann man das so sagen?“ Na, mir geht es jedenfalls wunderbar, bei Astrid bin ich, als die ersten Wellen schäumen, sicher, daß es nicht so ist.

Es kann für Astrid und mich nichts Vollkommeneres geben, als mit raumem Wind und mit dem Tidenstrom zu starten. Das Wetter ist das Wichtigste bei der Segelei. Was haben wir uns auf der Strecke von Norderney nach Texel mit dem Wind rumschlagen müssen. Erst von achtern, dann von See, schließlich von Land und dann wieder null, dafür aber eine heftige Dünung. Und jetzt: endlich gleichbleibender Wind. Und er wird den Tag über halten. Fahrwassertonnen fliegen nur so vorbei. Strom und die blauweiße Genua ziehen uns schnell wieder in zweistellige Geschwindigkeitsbereiche.

Kein Segler weit und breit. Die See gibt uns das Gefühl von Isoliertsein. Doch da ist Herbert. Voraus. Wir holen ihn ein. Passieren ihn. Lassen ihn mit seiner TRAMP wie ein Bund Stroh achteraus liegen. Es geht alles so rasch, daß ich die bereitgelegte Kamera zwar in der Hand halte, aber vor Überraschung nicht auslöse.

Langsam stellt sich Bordroutine ein. Astrid geht Wache wie üblich auf Tagesstrecken. Ich versorge uns mit belegten Broten, mit einem Apfel, mit frisch aufgebrühtem Tee. In unserer Winkelpantry läßt es sich gut kochen, ich kann mich festhalten, die Utensilien sicher hinter Schlingerleisten verstauen und habe ausreichend Platz für all die Dinge in der Kochecke. Hätte ich gerne, ist aber leider nicht ganz so. Und anstatt „uns versorgen" ist ein „mich versorgen" zutreffender. Meine Frau kaut nur an einer Scheibe Trockenbrot. Zwischendurch kümmere ich mich aber um unser Schiff. Das trifft zu. Ich wechsle auf dem Vordeck die Genua gegen die Fock. Gebe mit Hilfe der Winsch dem Groß ein Reff und baume die Fock nach Luv aus. Alles geht ohne Fahrtverlust ab. Nachmittags haben wir 6 und 7 Beaufort aus Nordost. Ein strammer Wind oder wie die Holländer sagen: en krachtige wind.

Es ist der erste Tag mit diesen gleichmäßigen Seen von achtern. Der Wasserablauf am Boot sieht gut aus. Nun, ich bin kein Ingenieur oder Yachtdesigner, um den Ablauf in den Surfpartien richtig zu analysieren. Meine Formel ist hausgemacht: Was gut aussieht, kann nicht falsch oder verkehrt sein. Dieser Rausch der Geschwindigkeit hält mich an Deck. Ich, der sonst nicht übermäßig von Schnelligkeit auf See beeindruckt ist, kann mich von dem Bild nicht lösen. Stundenlang hocke ich auf der Kante und schaue mit atemraubender Spannung dem vorbeirauschenden Wasser nach.

Die holländische Küste an Backbord ist auch atemraubend – nur auf andere Weise: Industrieanlagen, qualmende Schornsteine, Werften. Selbst Fischer gehen hier nicht ihrer Tätigkeit nach.

Von Holland nach Belgien via Scheveningen. Scheveningen ist das Gegenstück von Den Burg: ein wenig interessantes Stück Holland. Ich erinnere mich an eine vollgepackte Marina, an Schnitzel im Yachtclub und an Herbert, der trotz aller Klarheit wieder mal unklar ist: Seine 12-Volt-Batterien sind leer. Dabei hat er drei verschiedene Energiequellen: Windgenerator, Solarzellen, Lichtmaschine.

Noch immer Nordost. Wie herrlich. Radio Scheveningen gibt Stärke 5 an. In Böen 7. Und es ist, das muß ich wieder sagen, verdammt kalt. Wollpullover, Faserpelz, Öljacke sind die Oberbekleidung schon beim Auslaufen. Damit Astrid die Ohren nicht wegfrie-

Ein Selbstauslöserfoto an der holländischen Küste.
Es ist naß und schrecklich kalt. Der Wind steif und
böig. Es gehört viel Überwindung dazu, die Kamera
für diese Aufnahme aus der Kajüte zu holen und auf
einem Stativ an der Reling zu montieren. – Das Segeln
aber mit dem leichten Boot hat viele positive Seiten.
Bei stürmischem Wetter kann es höher am Wind segeln als ein schweres Boot. Es taucht weniger
tief ins Wasser und läßt sich besser manövrieren.

ren, streift sie trotz Pudelmütze Ohrenklappen über. Wir haben auch Gummistiefel an, gefüttert mit Zeitungspapier. Heute geht es zwischen und über die Sandbänke der Scheldemündung. Hoffentlich brist es nicht so auf wie an den Tagen zuvor. Gut, im Notfall könnten wir links rein durch die Schleuse Roompot des Sturmflutwehrs in die Oosterschelde. Dort herrscht ruhiges Wasser, ein acht Kilometer langer Damm schottet die Oosterschelde von der Nordsee ab. Das Sperrwerk kann mit 62 Hubtoren verschlossen werden. Dies geschieht nur bei extremen Wasserständen. Dadurch ist die einmalige Flora und Fauna des Salzwasser-Gezeitengebietes Oosterschelde erhalten geblieben. Es ist das größte wasserbautechnische Projekt der Welt. „Astrid, über die Oosterschelde, das Veerse Meer, Walcheren Kanal und Vlissingen nach Belgien?"

„Das wollen wir nicht." 1994 sind wir dort mit einem Charterschiff durchgesegelt.

Hier einige Auszüge dieser Route:

Wohin wir den Kurs in der Oosterschelde auch legen, nach wenigen Meilen liegt etwas im Wege: eine Untiefe, eine Sandbank, immer Bojen und hier und da Brücken und Schleusen.

Der Stadthafen von Goes: Das Becken ist eingerahmt von schmucken „Spielzeughäusern", dicht beieinander Fassaden und Giebel. Spätgotisch die „Grote Kerk" samt Stadthaus. Die handbetriebene Zugbrücke, die zu diesem Liegeplatz führt, fehlt natürlich nicht. Ohne Autoverkehr ringsum kommen wir zu dem Schluß: Goes ist einfach der schönste Platz an der Oosterschelde.

Das Veerse Meer ist sozusagen ein Nebenarm der Schelde, neun Seemeilen lang, eine breit und Stillwasser. Die Zandkreeksluis, eine riesige Schiffahrtsschleuse, hebt uns auf Veerse „Teich". Auch hier im Herbst kein Boot unter Segel unterwegs. Die Schiffchen liegen alle unbemannt zu Hunderten in den Marinas beidseitig der Ufer. Die Strände öd und leer, die Campingplätze nahezu aufgelöst. Nun ist das Veerse Meer alles andere als ein Meer. Es ist seicht und brackig. Mittendrin befinden sich Sandbänke und einige hübsch, ja verlockend anzusehende „schwimmende" Inseln. Sie ragen nur gerade einen Fußbreit übers Wasser. Schilfbuchten mit ein paar Büschen und Steg-

anlagen reizen, aber ... mit fast zwei Metern Tiefgang kommen wir nirgends ran.

Für Hollandsegler ist Veere ein Muß. Entlang der altertümlichen sauberen Gassen schmucke Häuser, Restaurants, Souvenirläden. Es ist der Ort, wo sich Touristen von der nahen Nordseeküste den späten Nachmittag vertreiben. Vor jeder Haustür stehen beidseitig riesige runde Blumenkübel. Jedoch: Eine sehenswerte Kirche aus dem 12. Jahrhundert dominiert das Stadtbild.

Wie schön, in holländischen Kanälen darf man segeln. Zum fünf Meilen entfernten Middelburg am Walcheren-Kanal benötigen wir eine gute Stunde. Die Stadt ist besuchenswert. Sie ist ringförmig angelegt und durch Grachten gegliedert. Entlang dieser engen Straßen beeindruckende Kirchen, historische Gebäude, Backsteinhäuser und wie in allen Städten Westeuropas Einkaufsstraßen. Wir haben unseren Liegeplatz im Arne Segelclub. Das Clubhaus, herrlich gelegen mit Blick über die Masten des Hafens, ist leider ziemlich leer. Doch Susanne, wohl Köchin, Bardame und Putzfrau in einem, unterhält uns und schenkt uns belgisches Bier ein. Es schmeckt wie englisches Bitter. Da es ihr letzter Arbeitstag ist, die Saison sozusagen beendet ist, spendiert sie einige Beeren-Jenever. Sie klärt uns auf, da wir nur den hellen Jenever kennen. „Das ist zwar der normale, aber synthetisches Zeug."

Es war Susannes beste Saison. „Acht Wochen heiß und trocken, da hatten die Besucher immer Durst." Welches Bild geben die deutschen Segler? „Sie sind nett. Aber wenn sie ankommen, freuen wir uns im Hafen schon darauf, daß sie wieder wegfahren." Es klingt liebenswürdig, und sie lächelt verschmitzt dazu, während sie uns einen weiteren Beeren-Jenever einschenkt. Was soll sie auch sagen, wenn man so direkt fragt.

Diese Geschichten meiner einzigen Hollandfahrt bisher gehen mir durch den Kopf, während das Wetter sich am Rand der Steenbanken urplötzlich verschlechtert.

Die See wird schauderhaft. In kurzen sich überstürzenden Hieben langen die Wellen nach dem Heck. Aber wir sind oft schneller. Wahrhaftig, mindestens so schnell wie die anlaufenden Seen.

Astrid sitzt auf der Steuerbordbank und beobachtet das Schauspiel. Dadurch, daß in den Surfs das Großsegel nicht mitzieht und die Schot lose ist, kommt – zack – plötzlich die Großschot unter den Autopiloten und reißt ihn hoch in die Luft. Astrid, gelernte Sportlehrerin, immer noch ausgezeichnete Ballfängerin und reaktionsschnell, erwischt die Anlage gerade noch, bevor sie übers Heck entschwunden wäre.

Jetzt nach der Mittagszeit, in der Enge der Flachs nicht nur starke Windböen, sondern Dauerwind um 7 bis 8 Beaufort. Sturm in diesen Tidengewässern mit erheblichen Stromgeschwindigkeiten baut in der Regel „Welle" auf. Hier ein Auszug aus meinem Logbuch, das mehr ein Tagebuch ist.

Logbuch 16. Mai:

In kurzen Abständen peitschen Regenböen das Boot voran. Schneller, als es uns recht ist. Seit A. den 1000-Mark-Autopiloten gerettet hat, halten wir mit Handsteuerung den Kurs. Leider ist der Kompaß auf dem Niedergang mit dreieinhalb Metern zu weit entfernt von der Pinne montiert. Er läßt sich sauschlecht ablesen. Dazu irritiert mich die Digitalanzeige des Speedometers mit zwei Stellen hinter dem Komma. Eine Zeigeranzeige ist fürs Auge beruhigender. Wer will wissen, ob man 11,28 Knoten macht.

Das ist wirklich seltsam. Dieser Scheißsturm kommt einfach aus dem Nichts. Um uns herum ist alles grüngraubraun mit weißen Schlieren. Komischerweise hat die Atmosphäre auch diese Färbung. Vom Groß steht nur ein knappes Drittel. Gesichert durch die Bullentalje. Wenn wir mit der Welle rasen, genauer auf dem Wellenkamm surfen, was alle drei Minuten passiert, schlägt die Fock im Abwind back. Das Boot auf Kurs zu halten wird zur Aufgabe. Aber: Es reagiert fantastisch auf die Pinne. Zentimeterausschläge reichen. Betroffen sitzt A. auf der Bank. Will sich nicht ablösen lassen. Das Kissen unterm Po ist naß, die Finger gerötet und kalt. Ich sitze gegenüber. Kursänderungen und Zeichen im Kopf. Ich habe Magengrummeln vor dem Flach „de Raan" – mit vier Meter. A. ahnt das nicht. Schlicht gesagt: sehr rauh und rollend, die See. Je länger das geht, desto einsilbiger werden wir.

Noch etwas Neues für uns: Lichter, die den Verkehr in Hafeneinfahrten regeln. Wir stehen dann um 15.30 Uhr vor Zeebrügge. Alles
ist gutgegangen, doch wir sehen dreifach rot. Dazu auflandiger, stürmischer Wind. Beigedreht unter gerefftem Groß, umgeben von einer
graubraunen Welle, die so trüb ist, daß beim Überkommen das weiße
Deck nicht mehr durchschimmert, haben wir zu warten.

Nicht lange, und wir sind fest am Fingersteg beim Royal Belgian
Sailing Club. Strom, Dusche und ein netter, freundlicher Hafenmeister. „Ich bewundere euch Deutsche, schon um diese Jahreszeit mit
diesem Boot in der Scheldemündung zu segeln." Die Nacht kostet
450 belgische Francs. Ich runde die Summe auf. „Dafür trinke ich
ein Bier", sagt er. Er spricht ein moduliertes, freundliches Deutsch,
dem nichts eilig für Gäste Gelerntes anhaftet. Später sehe ich ihn im
schicken BMW davonfahren. Winkend.

Doch wo bleibt Herbert? Schließlich haben wir uns in Zeebrügge
verabredet. Astrid läuft halbstündlich bei strömendem Regen zum
Molenende. Doch keine TRAMP in Sicht. Sie möchte doch zu gerne
mit Schnacker Herbert eine Dose Bier auf diesen Tag trinken. Hat sie
sich auch verdient. Immerhin hat sie unter anderem den Autopiloten
gerettet. Alles, was heute noch einläuft, sind zwei holländische Yachten. Eine mit um das Vorstag gewickeltem Spinnaker. Die andere mit
einem Stück Großsegelfetzen im Mast. Sie wollten nur mal eben von
Vlissingen rübersegeln. Mal eben 15 Meilen.

9   65 Kilometer: die belgische Küste

Ganze fünfundsechzig Kilometer mißt die belgische Nordseeküste.
Sie ist flach und schnurgerade. Ein endloser feiner Sandstrand. Ein
Blick auf die Seekarte macht deutlich – der Küste vorgelagert sind
etliche Flachs. Zudem: Deichmauern und gewaltige Buhnen weisen
auf großen Respekt vor der See hin. Allerdings: Zum Land hin ist es
vorbei mit der Ehrfurcht vor der Natur. Die gesamte Küstenstrecke

ist von unbeschreiblichen Appartementblocks besetzt. Permanent starrt uns ein Übermaß an Fensterfronten an, als wir die Küste entlangsegeln. Ufer aus zubetonierten Dünen prägen das Bild. Häßlich angesichts der Nordsee, die hier bleigrau brandet.

Man fragt sich, wie die Belgier das ertragen, da sie fast ausschließlich selbst ihren Strand besuchen: die Schönheit des Meeres und die Häßlichkeit der Küste.

Zwischen der geschlossenen Reihe von Appartementhäusern zwei Fährhäfen und vier Yachthäfen: Zeebrügge, Blankenberge, Oostende, Nieuwpoort. „Eurojacht-Haven" Nieuwpoort ist die größte Marina an Belgiens Küste: 2900 Liegeplätze einfach beliebig in die Landschaft gebaggert, ausschließlich auf Funktionalität bedacht. Der erste Eindruck ist dann auch erschreckend. Kein Baum, kein Strauch bricht die Sicht, schützt vor dem Wind. Wie konnten wir hier nur landen? Hochhauswaben und Bootsliegeplätze für Feriensuchende. Gut, die Belgier wollen ans Meer, weil sie nirgends anders hinwollen. Und sie haben nur 65 Kilometer.

Doch wo bleibt uns' Herbert? Auch am anderen Morgen ist er in Zeebrügge nicht zu entdecken. Astrid meint, wir müßten ihn suchen. Dafür gibt es hier ein Fortbewegungsmittel. Entlang der belgischen Riviera rattert eine Straßenbahn. Eine moderne Bahn, die alle Badeorte miteinander verbindet, von Knokke bis de Panne an der französischen Grenze.

Alle halbe Stunde fährt eine Tram. Wir steigen in Zeebrügge/Kirche ein. Erstes Ziel ist Oostende, denn Blankenberge fällt bei stürmischem auflandigem Wind als Hafen für Herbert aus. Die Einfahrt ist zu flach. Dort bricht sich die See.

Die Straßenbahn ist schnell, aber vollkommen alltäglich. Ihr Auftrag klar umrissen: eine Strecke zu befahren, deren Streckenführung von der Natur vorgegeben ist. Gelegentlich fährt sie Wege, die ihr allein gehören, hinter den Häuserzeilen. Zuweilen rollt sie durch belebte Einkaufsstraßen, an Freiluftmärkten vorbei. Häufig schlingert sie im Windschatten der Dünen daher. Manchmal aber kommt sie ans Meer. Ein gieriger Blick aller Fahrgäste zur Seite: Es ist jetzt am Morgen ein ins Graue, Grüne, nur leicht ins Blaue sich spiegelndes Meer.

Der „Zug" landet mitten im Hafengebiet. Auf den blauen Schildern steht überall Oostende. Zwischen Vorhafen und Yachthafen steigen wir aus, so daß wir gleich die Nordsee riechen und spüren. Die TRAMP mit dem roten Streifen am Rumpf finden wir im Stadthafen. Zugedeckt mit Polstern und Klamotten zum Trocknen. Astrid klopft kräftig aufs Deck. Herbert schnellt aus der Luke – und strahlt übers ganze bartumrandete Gesicht. Der sonst übersprudelnde Seemann ist ziemlich verlegen. Daß wir ihn suchen, berührt Herbert sichtlich. „Astrid, du bist eine ganz Nette", stammelt er. Bei einer Muck Kaffee in der Kajüte kommt's dann: „Die Seen waren schlimm. Schlimmer als in der Biskaya. Nach Zeebrügge rein hätte ich sie quer nehmen müssen, denn ich bin Steenbanken außen, also nördlich rum." Genaugenommen kann er mit der Gefährlichkeit der Seen recht haben. Als wir den Hafen Zeebrügge erreichten, nahm der Wind noch stetig zu. Und Herbert lag mit Sicherheit noch über 15 Seemeilen hinter uns.

Mit einem schnellen Schiff ist man schneller im Hafen und segelt so schon mal dem Wetter davon. Könnte gestern so gewesen sein. Endlich ein bemerkenswerter Pluspunkt der KATHENA INA.

Negativ: Nie herrscht Stille an Bord. Weder auf See noch im Hafen. Das ist das Resultat einer total modernen Konstruktion. Bei uns kommt noch der durchgesteckte Mast hinzu, wir schimpfen ihn „bromfiets" (kommt aus dem Holländischen und heißt Moped). Eine Nacht bei Dünung auf See oder im schwelligen Hafen mit Vibration und Geklöter kann zum Alptraum werden. Da nutzt alles Gezerre, Spannen und Abbinden von Fallen nichts. Stets bleibt es dabei zu klötern oder zu brummen.

Oostende, die „Königin der belgischen Badeorte", wie sie in den Broschüren bezeichnet wird, ist eigentlich nichts weiter als eine Stadt mit Blick aufs Meer. Ihr Leben ist von Fischerei, Fährbetrieb und Fremdenverkehr bestimmt. Unheimlich viele Touristen schlängeln sich durch die Gassen und über die gepflasterte Promenade. Es ist ein Kommen und Gehen. In einem der unzähligen Restaurants an der Promenade essen wir „Pannekoeken" und schauen auf den leeren Strand. Herbert meint, hier gebe es auch eine „Schipperstraat", eine Straße, in der alterslose Frauen ihrem Gewerbe nachgehen. Doch zuallererst, und das zeichnet uns als Reisesegler aus, suchen wir einen Laden für Bootszubehör, der Marine-Zweikomponentenkleber führt. Und das dauert.

Unterwegs auf der Rückfahrt mit der Tram der ständig wiederkehrende, liebgewonnene Blick zwischen den Häuserzeilen hindurch aufs Meer. Alle tun es in der Straßenbahn. Und es ist paradox: An Land schaut man aufs Meer, ist man auf See, zieht die Küste den Blick auf sich.

Wieder an Bord im stillen Hafenbecken von Zeebrügge sucht und findet unser Auge den ruhigen Punkt: das stillgelegte Feuerschiff, einige abgewrackte Fischerkähne, die riesige Bierwerbung von Stella Artois – Mijn thuis is waar m'n Stella staat.

Astrid nimmt das Kochbuch zur Hand: Tomatensalat mit Joghurtdressing, Spaghetti und Sahne-Blue-Cheese. Zum Nachtisch blättert sie im „MacMillan": Hochwasser Zeebrügge 15.00 Uhr, Hochwasser Dover 11.50 Uhr. Mitstrom 3½ Stunden vor HW Dover, also geplante Abfahrt Richtung französische Küste 8.00 Uhr. Morgen früh.

10   Vive la France

Dünkirchen fängt plötzlich an: Ein weißer Sandstrand, rote und grüne Fahrwassertonnen, und auf einmal ragen aus Dunst und Gegenlicht Schornsteine, Industrieanlagen, Öltanks, Hafenkräne. Über allem liegt eine Wolke aus orangefarbenem Smoke. Wir runden den langen hohen Wellenbrecher und schon bald sind die Schwimmstege des Yachtclub de la Mer du Nord erreicht.

> Einmal Nordsee rund. Mit KATHENA INA, einem
> zehn Meter langen Leichtgewicht vom Typ Dehler 33.
> Die gestreifte Genua ist unser Markenzeichen.

Resultat der ersten Wochen unterwegs: Es ist flat. Auf der Eider (links) wie auf See. Die Saison hat nirgendwo richtig begonnen. Weder in Oostende noch in Holland, wo man sich den Hafenmeister spart. Liegegeld wird am Automaten bezahlt.

SANTA VIRGO

THE GIPSY

Pin Mill im River Orwell.
Ein beliebter Liegeplatz
für Boote an Land sowie
an Bojen. – Unten:
St Katharine Marina in
London, fotografiert aus
dem Fenster des famosen
„Dickens Inn". – Faszi-
nierend: die hängenden
Blumenkörbe und die
originellen Pubnamen.

Das idyllische Whitby am River Esk.
Die wenigen Bootsliegeplätze befinden
sich im Scheitel des Hafens. Hoch
über der Stadt die dramatischen
Ruinen der Whitby Abbey. – Rechts:
Ein Zeichen der Nordsee: gigantische
Bohr- und Fördertürme.

FOR
THE LASTING MEMORY
OF A GREAT YORKSHIRE
SEAMAN THIS BRONZE
HAS BEEN CAST AND IS
LEFT IN THE KEEPING
OF WHITBY THE BIRTH
PLACE OF THOSE GOOD
SHIPS THAT BORE HIM
ON HIS ENTERPRISES
BROUGHT HIM TO GLORY
AND LEFT HIM AT REST.

RESOLUTION

Die Grenzstadt zu Belgien haben wir an der Kreuz erreicht. Eigentlich sollte es in einem Stück bis Calais durchgehen, aber der heftige Gegenwind hat uns gezwungen, in das öde Dünkirchen einzulaufen. Nach fast zwei Wochen Ost nun leider Westwind. Und gleich weiße See, das heißt 5 und 6 und zeitweilig 7 Beaufort.

Astrid:

Am ersten Tag in Frankreich habe ich mir meine französischen Sprachkenntnisse anders angebracht vorgestellt. Gerade, als wir alle vier Festmacher belegt haben, Wilfried noch die Leinen aufschießt und ich eine Tasse Café au lait im Yachtclub vorschlage, werden wir von vier Zöllnern, die als solche kaum zu erkennen sind, verblüfft: Kontrolle, Bootspapiere, Crewliste. Zwei weitere Zollbeamte mit Handfunke und Taschenlampe warten im Dingi neben KATHENA INA. Gekleidet in Overalls und orangenen, abgescheuerten Öljacken und mit Schuhen, deren Sohlen abgetreten und lose sind, machen sie eigentlich keinen furchterregenden Eindruck auf uns. Zudem haben wir ein gutes Gewissen, die gelbe Flagge gesetzt und nichts zu verzollen. Also, was soll schon passieren? Aber es wird die lausigste Stunde in Frankreich. Die Kajüte, die Schapps und Backskisten sind schnell durchsucht. Die Papiere, Reisepässe und Standerschein schnell gesichtet. Doch dann kommt's. Aus der Aktenmappe, deren Reißverschluß blockiert, holt der Chef der Gang eine Kopie des Deckblattes des Deutschen Flaggenzertifikates. Genau diesen Schein will er im Original sehen. Haben wir aber nicht. Wilfried meint, der sei nur notwendig für Schiffe über zwölf Meter Länge. Was nun? Ziemlich sicher, daß sie bald abziehen werden, bringe ich das Gespräch locker auf eine Tasse Kaffee im Club. Aber da ist der fehlende Flaggenschein, und wer ihn nicht mitführt, muß 3000 Francs Strafe zahlen. Am besten bar in französischen Francs, aber auch Mark oder die Karte seien möglich. Wir nehmen sie immer noch nicht ernst. Sie sehen einfach zu schäbig aus. Bezahlt der Staat seine Zöll-

Captain James Cook mit Blick zur Nordsee. Diese
Statue in Whitby erinnert an den berühmten Entdecker,
der hier sein seemännisches Geschick erwarb.

ner an der Küste so schlecht? Doch sie haken nach. Könnte auch 20 000 kosten, wenn wir es nicht gleich bezahlen. Ich stöhne und klaube alle Vokabeln des sich Wehrens hervor. Schließlich haben wir einen wunderschönen Standerschein vom Verein Trans-Ocean: Schiffsname, Daten, Stempel, Unterschrift, alles drin. Der Schein hat die Nummer 2. Das vor allem macht die Zöllner zusätzlich stutzig. Er geht von Hand zu Hand. Die Registriernummer ist irgendwie nicht glaubwürdig. Welche amtliche Bescheinigung ist schon einstellig beziffert. Ich krame noch mal alle französischen Kenntnisse und freundlichen Vokabeln zusammen und schlage vor, den Schein zu kopieren und an die Zollzentrale nach Rouen zu faxen. Man akzeptiert und nimmt tatsächlich irgendwo Kontakt mit einem Oberzöllner auf. So haben die beiden im Dingi auch was zu tun. Nach mehreren Gesprächen sieht es nicht gut für uns aus. Ich versuche eine andere Tour, 1000 Mark Strafe gefällt mir überhaupt nicht. Wilfried hat bereits mit dem Thema abgeschlossen. Er will die Sache hinter sich bringen und ihnen das Geld geben. Nun, mir kommt eine andere Idee. Ich denke, die Franzosen haben vor allem hier an der Nordseeküste Respekt vor seemännischen Leistungen. Also hole ich Wilfrieds Buch „Die Magische Route" ins Cockpit und weise darauf hin, wer hier sitzt. Nonstop autour du monde. De Kiel à Kiel en 271 jours. Seul? Seul! Das verblüfft. Voilà. Die Fotos von den Sturmseen lassen sie ein wenig freundlicher werden. Und um die Sache an diesem Sonntag mittag zu Ende zu bringen, wird tatsächlich noch der Schein nach Rouen gefaxt. Das war's. Allerdings mit der Aufforderung, uns umgehend aus Deutschland das Flaggenzertifikat zu besorgen. Darauf trinken wir ein Glas Pression an der Bar im Club. Wir erzählen dem Wirt die Geschichte. Er schimpft, wie Franzosen schimpfen: merde les officiels.

Anderntags nehme ich den Schein in Angriff. Per Telefon erfahre ich, daß das Bundesamt für Seeschiffahrt und Hydrographie diesen ausstellt und neben Personaldaten unbedingt die Rechnung des Schiffskaufes benötigt. Wilfried überlegt, wo es nicht viel zu überlegen gibt. Wir haben bisher gar keine Rechnung von Dehler. So ist er, bei kleinen Summen sammelt er die Belege, bei den großen ... Damit fällt Calais aus. Und Boulogne-sur-mer, denn überall wird scharf

kontrolliert. Bißchen traurig, denn wir hatten das so schön geplant,
von dort rüber zur englischen Südküste und dann nach London. Pla-
nen hin und her. Wird wohl gleich nach Dover oder Ramsgate gehen.
Schade, schade.

Der französische Zoll ist mit Herbert ähnlich umgegangen. Als er
sich aus seinem Ölzeug geschält hat und wie ein triefender Kater vor
ihnen steht, sind die Zöllner schon an Deck. Doch da sie uns haben
laufen lassen, können sie bei ihm nur ordentlich die Kajüte durch-
wühlen. Auch er hat kein Flaggenzertifikat. Weiß aber, daß es für
Frankreich notwendig ist. „Das einzige europäische Land, das so was
verlangt. Blöde Franzosen."

Gemeinsam essen wir richtig französisch im Yachtclub. Wir haben
ja jeder 1000 Mark „verdient". Heute auf der handgeschriebenen
Speisekarte: Steak, Lamm, Gemüsekuchen und Fisch à la Moitessier.
Astrid stürzt sich auf den Fisch. Wie sich später herausstellt, ein
Phantasiegericht des Kochs. Astrid erzählt ihm, daß wir vor über 20
Jahren in Tahiti mit Bernard Moitessier Poisson cru gegessen haben,
das von ihm am Strand zubereitet wurde. Und Wein getrunken haben,
den Bernard schon nonstop um die Welt gesegelt hatte. Das war
damals überhaupt eine schöne Zeit, jung und mit viel Zeit, um die
Welt zu segeln. Der Koch und seine Frau, die das Clubrestaurant
führen, wollen in die Karibik, vielleicht auch um die Welt segeln.
Natürlich, hätten sie sonst Fisch à la Moitessier auf der Speisekarte?
Um Geld für ein Segelboot zu verdienen, haben sie das Restaurant
gepachtet. Nordseesegeln? Nordsee umrunden? Nein, daran denken
sie nicht. Ein Boot, und dann wird es nur Kurs Süd von hier geben,
von hier aus, wo alles Nord heißt: Die Bank, die Versicherung, der
Friseursalon, der Badestrand ...

Einhandsegler Herbert sind die Portionen zu „mickerig". Das Bier
kommt zu langsam, und sein Kompaß funktioniert nicht. Er ist derzeit ziemlich unzufrieden. Vielleicht liegt's an der Liebe. „Meine
Freundin in Hamburg habe ich ohne Abschied verlassen." Astrid animiert ihn, sie doch wenigstens anzurufen. Er: „Die kommt schon
allein zurecht. Ist eine Wunderheilerin. Heilt sich selbst." Herberts
TRAMP, eine Maxi, hat eigentlich keine Chance bei der Atlantikre-

EXPOSITION
du 8 mars au 27 mai 1996

JOSEPH
CONRAD
UNE AVENTURE
DE LA
MER

MUSÉE PORTUAIRE
9, Quai de la Citadelle Dunkerque

gatta. Und er spürt es, denn offenbar sucht er eine Lücke, um auszusteigen: „GMDSS fehlt mir. Kostet 17 000 Mark, und die will ich nicht mehr investieren, nachdem ich schon 26 000 reingesteckt habe." Aber am liebsten erzählt er Skurriles, das oft mit Frauen zu tun hat: „Mein erstes Boot, einen seetüchtigen Spitzgatter aus Holz, habe ich bei meiner Scheidung, nachdem wir uns nicht einigen konnten, mit einer Kettensäge halbiert." „Wie?" fragt Astrid ungläubig. „Na querdurch."

Astrid paßt auf, daß Herbert nicht so viel Geld ausgibt. Er lädt nämlich gerne Leute ein. Und Geschäfte mit Bootszubehör ziehen ihn magisch an: noch ein Fernglas, einen neuen Gurt, Dichtungsmittel. Sein Standardsatz: „Ich habe ja die Karte." Als er sich nach unserem Essen im Yachtclub noch zur Dünkirchener „Schipperstraat" aufmacht, sagt Astrid, um ihn zu halten: „Du hast doch gar kein Geld." Er, grinsend, schon auf dem Weg: „Aber Astrid, ich hab' doch die Karte, die schiebe ich durch..."

Montag, Dienstag, Mittwoch, Donnerstag, Freitag: Westwind 7. Astrid jeden Morgen: „Bitte nicht schon wieder!" Und dann eines Morgens: „TRAMP ist weg. Der Bursche hat einfach abgelegt. Ohne sich zu verabschieden. Dieser Filou."

So ist er eben. Der Herbert Uphus. Die Teilnahme an der EinhandAtlantikregatta hat er geschafft. Leider war nach sechzehn Tagen die Regatta für ihn zu Ende: Riß im Rumpf, dort, wo das Vorstag faßt. Er drehte ab zu den Azoren. Reparatur, danach ging's nicht wie vorgehabt in die Karibik und weiter, sondern er ist vor uns in der Elbe gelandet. Offenbar war der Rock der Freundin näher als die Palmen der Südsee.

Es ist zum Steinebersten kalt. In Frankreich paßt der Stecker für unseren elektrischen Heizofen nicht. In Belgien waren alle Anschlüsse belegt, in Holland unser Kabel zu kurz und auf Norderney der Strom schlichtweg zu teuer. „Immer was anderes", mosert meine Frau. Zum Glück haben wir noch unseren Spiritusofen.

Natürlich besuchen wir die Ausstellung zum Leben
und Arbeiten des Schriftstellers Joseph Conrad.

Dünkirchen bietet das Übliche: Touristeninformation, Kathedrale, einen Dreimaster und zwei ausrangierte Leuchtfeuerschiffe, Gedenkstätten, die an die Geschichte der Stadt erinnern, und Kriegsdenkmäler, da hier sehr viele Opfer zu beklagen waren. Weiße Kreuze auf dem englischen Friedhof erinnern an 4700 gefallene britische Soldaten. Auch die typische Einkaufsstraße fehlt in Dünkirchen nicht. Dort trinken wir hinter wärmendem Glas jeden Tag Kaffee, kaufen Schuhe und einen Rucksack, um für schottische Bergwanderungen gerüstet zu sein.

Das Museum Portuaire am Quai de la Citadelle hat eine Sonderausstellung laufen: Joseph Conrad, „Une aventure de la mer" – ein Abenteuer des Meeres. Eintritt 30 Francs, Fotoapparat abliefern, und schon stehen wir im Halbdunkeln der Ausstellung. Als erstes wahrnehmbar: der Bug eines Schiffes. Dieser senkrechte Steven aus Pappmaché dominiert den Raum. Drum herum genagelte Sperrgutkisten mit Anschriften in Schablonenschrift: Surabaya, Bombay, Bangkok. Die Gegenden, wo Conrads Romane meist spielen. An den Wänden Blöcke und Taljen aus Holz und Hanf. Auf einer Leinwand flimmert eine Diaschau alter Bilder: Häfen, Menschen, Schiffe vor der Jahrhundertwende. Begleitet von Geräuschen wie knarrenden Rahen, plätschernden Bugwellen und einer sonoren Stimme mit Informationen. Schon nach wenigen Minuten fühlen wir uns hineinversetzt in die Welt Joseph Conrads. Einige persönliche Möbel, der Schreibtisch zum Beispiel, ergänzen das gelungene Portrait des Schriftstellers. In Vitrinen finden sich Manuskriptseiten, Originalausgaben seiner Werke, Übersetzungen, Fotos. Der extra gelegte Schiffsholzfußboden in der Halle des Museums gibt dem ganzen eine unvergleichliche Authenzität.

Zu Joseph Conrad:
Conrads Leben selbst gestaltete sich schon weitestgehend als Abenteuer. 1857 als polnischer Staatsbürger in der Ukraine geboren, 1924 in einem Landhaus in England als britischer Staatsbürger gestorben. Nach der Kindheit in Polen folgten 20 Seefahrerjahre auf französischen und englischen Handelsschiffen und 30 Schriftstellerjahre mit vielen erfolgreichen Romanen. Das waren Geschichten

über Möglichkeiten menschlichen Handelns, über Bewährung und Versagen von Menschen unter extremen Bedingungen.

Conrad hat die Gefährlichkeit des seemännischen Alltags seiner Zeit immer intensiv empfunden. Zwischen 1873 und 1880, einer Zeitspanne, die Conrad größtenteils auf See verbrachte, gingen allein 1965 britische Schiffe verloren. 10 827 britische Seeleute kamen um bei Stürmen, aber auch durch vernachlässigte Sicherheitsvorkehrungen, Seeuntüchtigkeit der Schiffe, Überladungen und dergleichen. Joseph Conrad sah Schiffe sterben. Sieben der Schiffe, auf denen er gefahren war, sanken später. Er umschiffte mit Windjammern zwölfmal das Kap der Guten Hoffnung und zweimal Kap Hoorn. Mit knapper Not entging er Eisbergen, Unfällen an Bord und tropischen Krankheiten.

Auf seinen vielen Fahrten über die Meere, die ihn zu allen Kontinenten führten, wurde die unergründliche Grausamkeit des Meeres ebenso zum Grunderlebnis wie die enge, gleichbleibende Kameradschaft zwischen Schiff und Crew. Das Meer faszinierte ihn, aber er liebte es nicht. Nicht das Meer ist der Held seiner Werke, sondern es sind die Menschen, die auf ihren Segelschiffen zu jeder Stunde von Sturm und Flauten, Riffen und Untiefen bedroht dem Meer trotzten. Ihre Fachsprache ist es, vermittels derer er souverän und äußerst detailgetreu überwältigende Wirklichkeitsnähe suggeriert. Zu seinem Roman – „Die Schattenlinie" – äußerte er sich schriftlich (im Museum nachzulesen): „Sogar die Gespräche sind meiner Ansicht nach bis aufs Wort genau ..."

Geblendet vom Sonnenlicht stehen wir nach zwei Stunden wieder auf der Straße. Astrids Fazit nach Conrads Welt: „Es war eine Zeit, als Männer noch etwas zählten. – Damals galt der einzelne etwas." Ich empfehle, die Romane „Lord Jim" und „Freya von den Sieben Inseln" zu lesen.

11 Die Straße von Dover

Ein alter Mann malt bedächtig die Kanone vor dem Yachtclub. In der einen Hand die Zigarette, in der anderen den Pinsel mit schwarzer Farbe. Fast genauso dunkel ist der Himmel, als wir in Dünkirchen die Leinen loswerfen. Mit uns legen noch einige Franzosen ab. Wohin? Angleterre. Welchen Hafen? Ramsgate. Ihnen nach. Als Fremde in diesem Revier stürzen wir uns in ihr Kielwasser. Es führt stracks über die vorgelagerten Sandbänke. Astrid kümmert sich um den Kurs, erst mal, indem sie von Hand steuert. Ich setze Groß und Fock. Hole die Schoten dicht mit einem kleinen Schrick. KATHENA INA, die wir ab sofort nur KATHENA nennen, nimmt schnell Fahrt auf. Wahnsinnig, wie sie immer sofort losschießt. Legt sich aber rasch über – die Schräglage ist beachtlich. Ihre Anfangsstabilität ist nicht hoch. Der Ballastanteil beträgt zwar normale 40 Prozent. Aber die Bleibombe liegt sehr tief – unten am Kiel.

Verdammt, das Echolot zeigt gut drei Meter. Aber die Segler aus dem Yachtclub du Nord haben überwiegend größere Schiffe und daher mit Sicherheit ebensoviel Tiefgang. Sie und wir, warum tun wir uns das an über die Flachs? Warum schneiden wir das Fahrwasser nach Ramsgate so eklatant? Erstens: Die vertrauen auf ihre Reviererfahrungen. Zweitens: Wir stellen fest, daß der Seegang gering ist, weil der Gezeitenstrom von West nach Ost setzt und der mäßige Wind ebenfalls aus West kommt. Unser Kurs ist Nordnordwest.

Astrid steuert konzentriert. Sie will die Schiffe vor uns einholen und vor allem überholen. Und es sieht gut aus. Die Schräglage des Bootes ist weiterhin ganz ordentlich. Astrid ist mit 1,71 Meter nicht gerade klein, trotzdem kann sie sich in dem breiten Cockpit mit ihren Füßen nicht abstützen. Ich schiebe ihr einen dicken Fender unter die Füße, das hilft und macht sie sicherer. Selbstverständlich trägt sie eine Weste mit Lifebelt. Nur vergessen wir beide, das Ende zu belegen. Klampen dafür sucht man im Cockpit vergebens. Als mein Mädel das bemerkt, sagt sie lakonisch: „Wenn die Küstenwache mich so findet, wird man sagen, der gute Wille war da."

Ich hocke entspannt im Niedergang. Astrid steuert weiterhin mit einer Ernsthaftigkeit, als ginge es um ein hohes Preisgeld. Ich erkenne ihre Aktivitäten an, verdrängen doch konzentrierte Tätigkeiten ihre permanente Seekrankheit ein wenig. Um ihr die Zeit zu verkürzen, erzähle ich hin und her. Meist von unserem Vorhaben – in den schönsten Tönen.

Eine Stunde lang beschreibe ich:
Stell dir vor, in ein paar Stunden sind wir in England. Da waren wir beide noch nie so richtig. Vergiß die Baguettes, die gibt's heutzutage auch in Britannien. Und den geliebten Café au lait? Tee ist gesünder. Engländer sind einfach netter. Und überall und immer können du und ich mit jedem sprechen. Das ist doch fabelhaft. Zeitung lesen. Radio hören. Und dann unsere Ziele: London – mitten in die Millionenstadt mit dem eigenen Segelboot. Das ist doch was. Die Ostküste hinauf – sicher einsam. Wer segelt schon in solch tidenabhängige Häfen. Schottland. Der Kaledonien Kanal – der Klassiker aller Kanäle. Die schottischen Inseln. Und vielleicht Nordirland. Nur kurz – eine Stadt, eine Bucht. Unser Arbeitsthema heißt doch: Nordsee mit Umwegen nach eigenem Gusto. Die Iren sollen die besucherfreundlichsten Menschen Europas sein. Alles Ziele, auf die wir uns freuen können. Färöer, was hältst du davon? Wild, schroff, mystisch. Schau dir mal die Seekarte an. Dort müssen wir hin. Und denke daran, nicht mal die Wikinger haben die Nordsee umkreist. Seit jeher haben die meisten, wir eingeschlossen, die Nordsee möglichst zielstrebig überquert. Schiffe? Siehst du Schiffe?

Sandettie Leuchtfeuerschiff. Zwei auf Gegenkurs fahrende Frachter. Wir queren die ominöse Schiffahrtslinie im rechten Winkel. Das ist Vorschrift für Yachten. Vergehen werden von Flugzeugen überwacht und später geahndet. Für uns gibt's in der Straße von Dover kein Problem. Das Gewässer kennen wir auch ganz anders. Die Sicht ist heute gut. Der Wind gnädig, und er ist rückdrehend. Der Bug klatscht nicht mehr in die trübe See. Ich hole die Genua aus dem Sack. Auf Anordnung. Als der Wind weiter abflaut und dreht, nehme ich mir den neuen Spinnaker vor. Bin neugierig, wie er aufgebläht aussieht. 78 Quadratmeter Tuch. Blau, weiß, orange. Das eingedruckte Firmenlogo „Tupperware" stinkt noch kräftig nach Styrol.

Ein feines Produkt. Ich meine die Tupperwareprodukte. Ein bißchen Reißen an Toppnant und Schoten, und schon entfaltet sich der Spinnaker zu voller Schönheit. „Wenn das die Tupperdamen erleben könnten."

Aus unseren französischen Mitseglern sind allesamt Achter" aussegler geworden. Weit achteraus. Unter diesen Bedingungen zeigt KATHENA was sie kann: segeln. Wir mögen uns hier und da während der Fahrt über die „Dehler 33" mokieren, aber schon beim Kauf sollte man sich entscheiden: entweder schnell und sportlich segeln oder bequem an Bord leben. Beides vereint wird der Interessent in dieser Bootsgröße schwerlich finden.

Die Sonne kommt raus. Wir werden warm. „Dunkle Ölkleidung wärmt doppelt." Und es wird noch richtig schön: 6 bis 8 Knoten Speed. Direkter Kurs. Wir segeln weiter über Bänke, diesmal um fünf bis sieben Meter Tiefe.

Vielversprechende, hoffnungsvolle Momente. Es läuft und macht Vergnügen. Haben wir alles schon gehabt. Sicher. Aber nicht auf dieser Fahrt. Nicht so. Das Wasser wird durchsichtig. Die Nordsee verzaubert uns.

Kreidefelsen voraus. Wellenbrecher. Ramsgate. Eine Ampelanlage regelt den Hafenverkehr. Drei rote Lichter übereinander bedeuten: gesperrt. Also warten wir, wie im Handbuch empfohlen, an der Südseite des Fahrwassers. Eine Viertelstunde. Eine halbe Stunde. Immer mehr Segler finden sich ein. Unsere Côte du Nord Segler sind dabei. Winken. Gemeinsam drehen wir Kreise. Über uns kreist eine Concorde. Was uns so lange blockiert: eine auslaufende, kleine Hoovercraftfähre.

Dann sind wir also in „Beefland". Die BSE-Seuche ist Thema aller Medien. Seit vielen Wochen. Heutige Meldung: Die deutschen Fußballer haben sich zur Europameisterschaft soviel Rindfleisch mitgenommen, daß der Flieger überladen war und einige Funktionäre und einen Spieler zurücklassen mußte.

„Ramsgate hat was." Der Innenhafen ist reizvoll. Eine kleine Marina, die nur durch ein Klapptor (flap gate) zwei Stunden vor und eine nach Hochwasser zu erreichen ist. Und zu verlassen. Logisch. Ansonsten muß man im manchmal ruppigen Außenhafen festmachen.

Auf der Straße wird links gefahren. Das Pint hat Gültigkeit. Bootslänge in Feet gemessen, und als mächtiges Symbol von Insularität: die Furcht vor Tollwut. Kein Tier darf wegen Tollwutgefahr ohne Quarantäne auf die Insel. Großbritannien: einzigartig und extravagant. Schon die Begrüßung des Hafenkassierers eine andere als auf dem Kontinent: „You had a nice trip across?" Okay. Aber er hat's nicht eilig, macht es sich im Cockpit bequem, vielleicht bringt er nur seinen Kreislauf in Ordnung, notiert sorgfältig Bootsname und dazugehörige Daten. Kassiert und gibt bereitwillig Auskunft: Bootsshop, Bank, Dusche, Markt..., my dears, das Wetter? Es wird schön bleiben. Morgen, übermorgen, es wird Sommer. Irgendwie glaubt man ihm eher als den Bildern des Wettersatelliten.

12 Harvey in Ramsgate

Sie sind freundlich. Sie sind hilfsbereit. Sie sind unterhaltsam. Und: Sie haben Humor, die Engländer in Ramsgate. Beim Geldwechseln. Im Eßlokal bei Huhn und Chips. In Harveys Pub beim Bier. Ich stelle mich an den Tresen, werde freundlich begrüßt, „yes please?" und habe eine Minute später mein Pint Bitter randvoll in der Hand. „You are welcome." Bezahlt wird sofort, so daß sich schnell eine Handvoll Kleingeld ansammelt.

Harveys ist eine Traditionskneipe. Blanke Holztische, Holz auch an den Wänden und auf dem Boden. Niedrige Holzbalkendecke. Unbeschreibliches Gedrängel. Ramsgate ist ein Urlaubsbadeort. Ich stehe zunächst allein an der Bar. Astrid ist müde. Sieben Stunden an der Pinne, teilweise auf der Kante, hinterlassen Spuren. Es ist auch nicht so, daß wir alles gemeinsam unternehmen. Kein Mensch würde das aushalten: Segeln, Landgänge und immer zusammen. Ab und zu geht jeder seinen Weg. Weil die Interessen sich unterscheiden. Und: Allein unterwegs lernt man eher andere Leute kennen. Ich bin solo aufmerksamer, sehe Dinge, die ich mit Astrid nicht entdecken würde, weil man auch zuviel mit sich beschäftigt ist. Kurzum: Mein Solo-landgang tut uns beiden gut.

Der Aufenthalt in Harveys Pub ist so ein Beispiel. Ich werde prompt von einem jungen Mann angesprochen. Lieber wäre mir von einem der vielen Mädchen, die ringsum stehen und sitzen. Der Typ merkt sofort, daß ich nicht von der Insel bin. Obschon kein Segler, versteht er eine Menge von der See. In England ist das immer so. Er ist Redakteur bei der hiesigen Zeitung und ausschließlich zuständig für Wassersport, Seefahrt und andere nasse Sachen. Ich erzähle ihm, daß es bei den größten deutschen Tageszeitungen nicht einen gibt, der was von Segeln und Meer versteht. Das überrascht ihn nicht. Seg-lerisch sei Deutschland Brachland oder wie er genauer sagt: behind Switzerland. Ich halte natürlich nicht mit meinem Vorhaben zurück: Circumnavigation North Sea. Vielleicht ist es was für seine Zeitung. Halbe Seite mit Foto, Astrid und ich am Heck. Eine Geschichte haben wir ja. Nun, Colin ordert zwei Bitter und klärt mich auf, daß die Nordsee seine Leser nicht fesselt. „Weißt du, keine Reederei schickt ihre Passagierschiffe auf Kreuzfahrt à la Mittelmeer ums kalte Mare Nostrum. Und ihr wollt ein halbes Jahr in diesem Industrie-revier segeln, in diesem verschmutzten Mülleimer Nordsee. Verrückt. Nimm die Azoren, nimm Portugal, aber nicht unser Meer vor der Haustür." Aber da hat er schon ein paar Pints getrunken und eine Pfeife zuviel gestopft.

Müde in meiner Koje angekommen, notiere ich die Kleinigkeiten des Tages: Eigentlich sollte man sich eine neue Stadt zuerst einmal erlaufen und nicht am Tresen erstehen. Harvey kannte ich bisher nur aus der „Yacht". Die Fachzeitschrift stellt unter diesem Namen ihren Lesern astronomische Navigationsaufgaben. „Wo ist Harvey?" Zu gewinnen gibt es bei dem Suchspiel meistens einen wertvollen Trommelsextanten.

13   London St. Katharine Yacht Haven

Zeitungblättern an einem bedeckten Morgen: „Prince Charles: I don't want to be king." Der Thronfolger möchte nicht König werden. Das berichtet der „Daily Mirror" auf der Titelseite. Auf Seite eins von „The Sun" dominiert Lady Di in einer wahnsinnigen, pinkfarbenen Robe. Die königliche Familie sowie Fußball und BSE werden uns an Englands Küsten wochenlang begleiten.

Begleitet werden wir auch von der Tide, die wir im Auge behalten: Eine faszinierende Aufgabe, meint meine Frau, der Navigation bisher ein Greuel war. Ihre Informationen holt sie sich weiterhin aus dem „MacMillan", der inzwischen bei ihr in der Koje deponiert ist. Für morgen sagt Astrid folgende Zahlen voraus: früheste Schleusenmöglichkeit Ramsgate: 7.30 Uhr, zunächst zwei Stunden Mitstrom, dann eine Stillwasser, darauf in der Themsemündung vier Stunden Gegenstrom, wiederum Stillwasser für kurze Zeit und endlich ein kräftiger Mitstrom in der Themse.

Unter ihre Fittiche werden uns ganz sicher auch die Wetterberichte von Radio BBC in Großbritannien nehmen: Kein Frost, Regenschauer und Südwestwind 5 bis 6 meldet der Sender für morgen, unseren Abfahrtstag.

Die Seekarte liegt vor mir auf dem Kajüttisch. Nicht auf dem Kartentisch, der ist zu winzig auf der KATHENA, um Kurse abzustecken. Es ist die 108 x 72 Zentimeter große Karte der Themsemündung. Bojen, Baken, Türme, Sandbänke beherrschen das Bild. Mit Zirkel, Kursdreieck und Bleistift stecke ich den Kurs ab: 80 Seemeilen von Ramsgate bis zur Tower Bridge in London. „Mußte sich London so weit im Binnenland einnisten?" Astrids Reaktion auf die Distanz ist nicht nur spaßig. Schließlich müssen wir aus der Themse auch wieder raus.

Nun, rein geht's besser, als die Wirren auf der Karte es vermuten lassen. Vorbei an den Badeorten Broadstairs und Margate, wo wir tags zuvor Strand und Kreideklippen abgelaufen sind. Herrliche Häuser, ja Anwesen, und immer wieder der Blick gegen das Licht auf die Nordsee. „Das silberne Meer" nennen die Leute an der Ostküste ihre Nordsee. Die Strände waren trotz Sonne und „bank-holiday" (Pfingsten) ziemlich leer. Offenbar finden die Bewohner Londons die Strände Spaniens angenehmer.

Also, nachdem wir die Seebäder passiert haben, biegen wir, salopp gesagt, links ab und folgen dann mehr oder weniger geradeaus dem Flußlauf der Themse bis Gravesend. Ein heftiger Gegenwind macht den Aufenthalt über Nacht notwendig, eigentlich nicht geplant, aber allein der Name Gravesend ist schon ungewöhnlich: Grabesende, Grabesstille. Davon ist absolut nichts zu merken: Um unseren schrecklichen Bojenplatz geht's zu wie auf einem Rangierbahnhof. Da es sich um den Schlepperstützpunkt und die Lotsenstation für die Themse handelt, kann man sich vorstellen, was in der Nacht los ist. Gerne würden wir ein Bier im 1884 gegründeten Gravesend Sailing Club trinken, aber Strom um 4 Knoten und Hub um 5 Meter lassen einen Landgang nicht zu. Am anderen Morgen wollen wir nur weg.

Die Themsebarriere, kurz vor London, ist ein nicht zu übersehendes Bollwerk. Sechs bewegliche Trennwände können bei Bedarf eine Überschwemmung der Stadt vermeiden. Dieses Wehr wird seit Inbetriebnahme 1982 etwa einmal jährlich bei Sturmflut benutzt. Wir haben nur auf die Verkehrsampeln zu achten, denn auch bei normalen Wasserständen wird ab und an zwecks technischer Überprüfung ein Wehr geschlossen.

Kurz vor der Tower Bridge nimmt sich uns ein Boot der London Police Control an. Während des Weitermotorens springt ein Polizist an Bord, notiert Namen und Fakten und gibt Tips – echte Tips. „Falls die Schleuse zum St. Katharine's Dock geschlossen hat, an der Innenseite des Schwimmpontons vor der Tower Bridge festmachen. Aufpassen, starke Strömung, kann euer Boot gegen die Pfeiler der Brücke drücken. Günstig einkaufen im nahen Supermarkt Safeway. Der Bootshändler Pumpkin befindet sich auf dem Highway Nr. 100. Und auf persönliche Sachen achten. London ist voll von Dieben." – Na, so was.

Wer bei Sonnenschein in St. Katharine Yacht Haven einläuft, der wird der Stimmung und dem Anblick erlegen sein. Eigentlich nur eine Marina, ist sie – besonders nach den bisherigen Marinas – eine Augenweide. Kleine Fußgängerbrücken verbinden drei kleine Hafenbecken. Überall spiegeln sich die alten und neuen Gemäuer im stillen Wasser oder Masten in den Glasfronten. Und vor allem, alles ist überschaubar und ruhig. Vom tosenden London spürt man hier nichts. Als Besucheryacht sollte man sich im Sommer anmelden. 200 Liegeplätze sind für London nicht viel, zumal die Marina wirklich beliebt und nicht teurer als andere ist. Gebaut wurde sie 1828. Nicht als Bootshafen, Yachten gab's damals natürlich nicht, sondern als Docks für wertvolle Frachten wie Elfenbein, Silber, Tee, Gewürze. 1940 wurde ein Großteil der Docks und Warenhäuser zerbombt. Nach dem Krieg lohnte es sich nicht, sie wieder instand zu setzen, da die Schiffe größer wurden und sich somit das Anlanden nicht mehr rentierte. Infolgedessen lagen die Docks lange brach, bis das St Katharine Haven Projekt entwickelt wurde: heute ein „thriving" Viertel der Stadt. Zu den Liegeplätzen für Yachten gehören exklusive Wohn- und Bürogebäude, Geschäfte, „Dickens Inn" (ein populäres Restaurant), Tower Thistle Hotel und so weiter.

„Hanging Flower Baskets", Blumenkörbe, überall: entlang den Kaimauern, vor den Geschäften und Restaurants. Ein phantastisches Stück Natur mitten in der Stadt. Die Wasserbecken sind zwar von alten und neuen Häusern umgeben, aber aus jeder Ritze ranken Blätter. Zumindest scheint es jedenfalls so. Und das alles unmittelbar, ich wiederhole mich, neben der Tower Bridge und dem London Tower, den zwei herausragenden Sehenswürdigkeiten gleich nebenan. Und die City ist auch nicht weit. Wahnsinn. So wünsche ich mir Großstadtbesuche mit einer Yacht. Punkt. Das Westbecken, wo wir liegen, ist ein Refugium für Themsebargen. Diese alten Lastensegler werden als Dekoration des Hafens benutzt – dachten wir. Aber nein, sie segeln Regatten und machen Charter- und Ausbildungsfahrten, werden wir vom Hafenmeister aufgeklärt.

Was soll ich jetzt schreiben? Ich brauche doch ein bißchen London. Drei Tage London und wir. Astrid beginnt mit ganz Profanem: Sie sucht die Laundrette im Hafen auf. Erst kriegt sie die Tür der Maschine nicht auf, dann passen die Münzen irgendwie nicht... Damit und mit dem Ansteuern der Duschräume, links kalt, rechts heiß, England(!), endet der erste Tag. Noch schnell ein paar Ansichtskarten gekauft (nicht geschrieben), und schon sitzen wir im „Dickens Inn". Unten ein Pub, oben zwei Restaurants. Was bestellen wir?

Fleisch ist out. Also Fisch und ich eine Käsepizza mit Salat. Hemdsärmelig, so warm ist es, genießen wir und staunen wieder über den Ausblick und die Stille mitten in der Weltstadt London.

London ist eine der ältesten Städte Nordeuropas. Lange bevor Berlin und Moskau Großstädte waren, war London schon London. Von hier liefen die Flotten aus, um die Welt zu erobern oder zu kolonisieren. Nach London flossen die Reichtümer Afrikas und Indiens, die Pracht, Würde und Macht erst ermöglichten. Indessen beruht für uns beiden Seefahrer die Größe Londons auf etwas noch viel Großartigerem als Macht. Einige Meilen themseabwärts liegt einer der berühmtesten Orte der Erde: Greenwich. Hier wird die Zeit „gemacht": die Weltzeit Greenwich Mean Time. Wie oft habe ich wohl nach der Radiozeitansage GMT meine Uhr kontrolliert und korrigiert? Der Begriff GMT ist blödsinnigerweise wegmodernisiert. Offiziell wird die Weltzeit heute mit UTC bezeichnet. Durch Greenwich läuft der Nullmeridian, welcher die Erde in eine westliche und östliche Hemisphäre einteilt. Er ist im Royal Observatory und vor dem Gebäude mit einem dicken Strich markiert – genauer einer im Boden eingelassenen Metallschiene.

Wir fotografieren uns gegenseitig – im Spagat über der Linie, das eine Bein in Ost, das andere in West, wie es vor uns und gleich danach unzählige andere Besucher ebenfalls tun. Ich denke an meine katastrophalen Längengraderlebnisse. Als ich nämlich 1966 während meiner Weltumseglung über den Atlantik segelte, konnte ich wohl den Breitengrad berechnen, nicht aber den Längengrad. Mir fehlte die genaue Zeit. Ich hatte keine Uhr an Bord. So wußte ich am Ende der Überquerung genaugenommen nicht, ob es noch 600 Meilen bis Barbados, meinem Ziel, oder nur 60 waren. Obschon ich tagelang häufig stündlich von der Mastspitze Ausschau nach der hohen Insel hielt, segelte ich südlich vorbei. Wenn auch nur knapp. Sichtete glücklicherweise rechtzeitig die Grenadines und landete am Ende auf der Karibikinsel St. Vincent. Ich atmete auf damals: Es war viel Glück dabei – und körperlicher Einsatz. In Panama, nach nochmals 1200 Seemeilen ohne Längenberechnung, hatte ich die Nase voll. Ich kaufte mir eine Armbanduhr und einen Radioempfänger für die Zeitabstimmung. Ab sofort konnte ich mit Hilfe des Sextanten die Länge bestimmen, sofern der Himmel nicht gerade bedeckt war. Sicher und etwas sorgloser beendete ich navigatorisch meine erste Fahrt.

Jemand, der diese Erlebnisse nie hatte, kann nicht ermessen, wie wichtig die genaue Ortsbestimmung auf dem Meer ist. Und was die früheren Seefahrer riskierten. Kopf und Kragen im wahrsten Sinne des Wortes, denn solange man die genaue Zeit nicht hatte, segelten selbst die erfahrensten Kapitäne nahezu orientierungslos über die Meere. Selbst so berühmte Seefahrer wie Sir Francis Drake gelangten mehr zufällig zu den Orten, die sie entdeckten.

Das Längengradproblem:

Die Längengradbestimmung auf See, das heißt die Ermittlung der geographischen Länge auf hoher See außer Sicht von Land, hat sich im Zeitalter nach den großen Entdeckungen als das dringendste Problem schlechthin erwiesen. Unermeßlich war der Schaden, den die Schiffahrt erlitt, weil Kapitäne nach einer Schlechtwetterphase weder wußten noch ermitteln konnten, wo sie sich mit ihren Schiffen befanden, und dann auf Untiefen und Felsen aufliefen und sanken. So ist es in der Geschichte der Seefahrt zu zahllosen Katastrophen gekommen. Der Untergang von fünf britischen Kriegsschiffen nach gewonnener Schlacht vor Gibraltar 1707 auf den vorgelagerten Klippen der Scilly-Inseln war auf fehlerhafte Einschätzung des Schiffsortes zurückzuführen. Flottenkapitän Showel wähnte sich in der offenen Biskaya – ein tödlicher Irrtum für über 2000 Mann seiner Crew und ein Schock für die ganze Nation. Daß noch immer keine Methode zur sicheren Bestimmung des Längengrades in Sicht war, konnte die Seemacht Großbritannien nicht länger auf sich sitzen lassen. Deshalb schrieb das britische Parlament 1714 in seinem „Longitude Act" für eine praktikable Art, also mit Hilfe des Sextanten, der geographischen Längenbestimmung ein Preisgeld von 20 000 Pfund aus. Die Höhe des Preises war für die damalige Zeit eine Sensation, kennzeichnet aber auch die Bedeutung der Konstruktion genauer Uhren. Es erwies sich als eine nicht leicht zu bewältigende Aufgabe, Uhren zu konstruieren, die auf schwankenden Schiffen und bei wechselnden Temperaturen exakte Gangergebnisse liefern sollten. Zahlreiche Uhrmacher auf der Insel und dem Kontinent veranlaßte das hohe Preis-

Eingemauert und umzäunt: Chichesters berühmte GIPSY MOTH steht in Greenwich zur Besichtigung frei. In der Kajüte ist gleich unterm Kartentisch der Zapfhahn für Bier zu bestaunen.

geld, sich um Lösungsvorschläge zu bemühen. Dem ungelernten, aber genialen schottischen Uhrmacher John Harrison gelang, was viele verzweifeln ließ: Er erfand einen Schiffschronometer, eine richtige Seemaschine, die er H1 nannte. In vierzig Jahren besessener Arbeit und Forschung produzierte der Autodiktat vier nahezu reibungsfreie Uhren, die weder geschmiert noch gereinigt werden mußten. Sie bestanden alle Bewegungen und Erschütterungen auf See, waren mit automatischen Temperaturreglern ausgestattet und wichtiger – gingen nur eine drittel Sekunde pro Tag falsch. Auf sein Preisgeld wartete er allerdings vergebens. Erst die H4 stellte das Bord of Longitude zufrieden: Auf einer Fahrt in die Karibik und zurück ging sein Marine Chronometer, wie er ihn jetzt nannte, ganze fünf Sekunden vor oder nach. Man glaubte an Zufall und zahlte ihm nur einen Teil des Geldes. Erst im hohen Alter bekam er die verdiente Restsumme für sein Werk.

Heute stehen alle vier Harrison-Uhren funktionstüchtig im National Maritime Museum in Greenwich. Astrid und ich verharren ehrfurchtsvoll. Die H1 ist ein zentnerschweres Ungeheuer aus Ritzeln, Spiralen, Rädern, Eichenholz, Hebeln, Balancen. Die H4 nur handflächengroß.

Was würde wohl Harrison sagen, wenn er die digital angezeigte Greenwichzeit oder jetzt Weltzeit am Eingang des Observatory „rasen" sehen würde: auf die hundertstel Sekunde genau.

Greenwich ist auch CUTTY SARK, der berühmte Teeklipper in einem Trockendock nahe der Themse. Der Schnellsegler aus dem vorigen Jahrhundert ist noch gut erhalten und zur Besichtigung freigegeben. Sehenswert. Wirklich sehenswert sind auch die vielen Tavernen in Greenwich: „Trafalgar" zum Beispiel, ein einzigartiger Pub, den schon Charles Dickens schätzte. „Wo der überall getrunken hat." Die Engländer lieben ihre Pubs. Nach Sir Francis Chichester ist in Sichtweite seiner GIPSY MOTH IV auch eine Taverne benannt. Nicht weit entfernt von dem Teeklipper erhebt sich nämlich aus dem Beton GIPSY MOTH, ein Anderthalbmaster, mit dem Francis Chichester Mitte der 60er allein um die Erde segelte. Diese ganz große seemännische Leistung vollbrachte er als Fünfundsechzigjähriger. Das Besondere an seiner Fahrt: Er kündigte sie als Rekordfahrt an, er wollte schneller sein als die Teeklipper, war's dann aber nicht. Trotz alledem, er umsegelte die Erde über das Kap der Guten Hoffnung, Kap Leeuwin und Kap Hoorn in 226 Tagen mit nur einem einzigen Stop in Sydney, Australien.

Dazu schreibt Chichester in seinem Buch:
Diese Reise unternahm ich auch, weil ich Angst hatte vor Kap Hoorn. Ich hatte bei Leuten, die es umsegelt hatten, so fürchterliche Dinge über das männermordende alte Ungeheuer gelesen. Man gerät dort in die gewaltigen Wassermassen, die zwischen Südamerika und der Antarktis durch die verhältnismäßig schmale, flache Drakestraße gepreßt werden. Fünfzehn Meter hohen Seen begegnet man, und manchmal ist da wirklich die Hölle los. Der Wind bläst ja nie über Gebirgsketten hinweg, wenn er seitlich vorbeikann, und so heult er unten um die Spitze Südamerikas herum. All das rumorte mächtig in mir, denn ich vertrage es nicht, wenn eine Sache mir Furcht einflößt. Etwas, was mir angst macht, muß ich zu bezwingen versuchen.

Für seine Weltumseglung wurde er wenige Monate nach der Fahrt von Königin Elisabeth II. zum Ritter geschlagen. Sir Francis hat danach noch einige schöne Atlantikfahrten gemacht. Seine GIPSY MOTH hat die See nie wieder gesehen, sie wurde hier in Greenwich zur Besichtigung freigegeben. Auch wir kaufen das Ticket für ein halbes Pfund, steigen den Niedergang runter und durch das Vorschiffsluk wieder an Deck. Die meisten Besucher tun's in drei Minuten, wir brauchen etwas länger. Der Schwingstuhl mit Tisch, halbkardanisch aufgehängt, damals eine Weltberühmtheit, ist wirklich ein Unikum. Dann ist der Bierhahn zu bestaunen, Steuerbord unterm Kartentisch.

Chichesters Erfahrungen mit dem Faß sind mir unvergeßlich:
Sorge machte mir das Dahinschwinden meines Getränkevorrats. – Leider hatte das Bierfaß keine Skala, die den Inhalt anzeigte. Jedesmal, wenn ich mir ein Bier zapfte, hatte ich eine Mordsangst, es könnte das letzte sein. Wahre Tantalusqualen!

76

GIPSY MOTH sieht ziemlich ausgeräumt und abgeräumt aus. Kein Buch, keine Seekarte, kein Segelsack dekoriert das Innere. Die Kajüte ist leer und trist. Der Primuskocher und ein paar alte Funk- und Navigationsgeräte sind vorhanden, mehr nicht. Der Wachmann sagt's: „Wir haben kein Geld für den Unterhalt." Der Eintritt von einer Mark pro Person bringt nicht viel.

Abschließend noch dies: Sir Francis Chichester hat die Fahrtensegelei auch in Deutschland populär gemacht und ihr vor allem Niveau gegeben. Ich kam ein Jahr nach seiner Weltumrundung in Cuxhaven an, und mir wurde ein Empfang bereitet, wie ich ihn ohne seine Öffentlichkeitsreise, so nenne ich sie, nie und nimmer erfahren hätte.

Flußaufwärts tuckern wir abends mit einem der Ausflugsboote die 4 Meilen zurück nach St. Katharine Haven. Die Themse unter uns sieht zähflüssig aus und schlammig, als beförderte sie den Dreck einer ganzen Großstadt ins Meer. Doch der Bootsführer klärt alle auf: „Die Themse ist der sauberste westeuropäische Fluß. Nur Mud, was Sie im Wasser sehen. Füllen Sie ein Glas ab, lassen es einige Stunden ruhen, der Schlamm wird sich setzen, und Sie können das Wasser bedenkenlos trinken."

Wir brauchen noch ein bißchen Stadt, Getümmel, U-Bahn und ein paar Sehenswürdigkeiten. Dafür haben wir den dritten Tag. Aber was wir sehen und erleben, könnte man in jedem Touristenführer nachlesen. Wir wären keine zünftigen Bootsfahrer, wenn wir uns nicht noch mit Zubehör eindecken müßten: Ein dickeres Ankertau ist endlich dran – 16 Millimeter, eine Handfunke, um gegebenenfalls Schleusen und Einfahrten zu regeln. Hier in England oftmals erwünscht. Dann nochmals Seekarten. Diese wunderbaren Papierwerke, die leider auch in England sehr teuer sind (Stück zehn Pfund), und von denen wir viel zu viele brauchen. Schuld sind unsere Reisepläne. Sie sind unersättlich.

Am Spätnachmittag streichen wir noch ein paarmal um den Tower: Der gilt vielen Londonern als das historisch bedeutsamste Gebäude Englands. Er war Königssitz und Festung, Gefängnis und Münze, bewahrt heute die Kronjuwelen und gehört wie die benachbarte Tower Bridge zur unverwechselbaren Silhouette dieser Stadt. Ein „Muß" für jeden Besucher, laut Stadtführer.

Die Augenblicke vergehen. Die Wärme in der Luft bleibt. Astrid ist kaputt vom „Betonlaufen", aber die Tower Brigde zum Abschied, das muß sein. Gemeinsam stehen wir auf der 102 Jahre alten Brücke und spucken in die auslaufende Tide der Themse. Gestützt auf die Brüstung aus solidem Teakholz, echtem Burmateak schätze ich, kommt der Gedanke: Ganze Armeen von Touristen standen hier, aber auch Schriftsteller, Abenteurer, Seefahrer, Staatsmänner – vielleicht auch Winston Churchill –, und schauten flußabwärts in die Ferne.

In den Türmen über uns befindet sich die Mechanik zum Hochdrehen der beiden Klappen. Der ebenfalls 102 Jahre alte Mechanismus benötigt dafür 90 Sekunden und wird nur zu offiziellen Anlässen in Gang gesetzt.

Eine letzte Nacht an Bord im Westbecken von St. Katharine. Astrid im Vorschiff. Ich in der achterlichen Koje. So fernab voneinander haben wir noch auf keinem Schiff geschlafen. Die Salonkojen sind zu schmal und unbequem, die Doppelkojen zwar breit, aber wiederum nicht breit genug.

Kurs See. Nochmals die gewundene Themse: 40 Meilen Industrie. In angenehmer Distanz segeln wir an dieser häßlichen Gegend vorüber. 40 Seemeilen beidseitig Fabrikanlagen, Raffinerien, irgendwelche Halden, intakte sowie verrottete Schiffsanlagen, Elektrizitätswerke.

So möchte ich dieses Kapitel nicht enden lassen. Also muß ich Sie schon wieder mit der Geschwindigkeit unseres Bootes konfrontieren. Ein letztes Wettsegeln. Nachdem wir mit sieben Booten in St. Katharine ausgeschleust werden, dauert es diesmal lange, bis wir sie alle hinter uns haben. Die letzte Yacht erwischen wir kurz vor Queenborough. Das ist 42 Meilen weiter. Wir segeln nicht nur deshalb vorweg, weil unser Schiff schnell ist, eher glaube ich, daß Astrid sehr gewissenhaft Kurs hält und sich in den strammen Böen nicht irritieren läßt. Queenborough auf der Insel Sheerness, dort wo der Schriftsteller Uwe Johnson gestorben ist. Aber das ist nun wirklich eine andere Geschichte.

14   Im Schlamm von Pin Mill

Marschwiesen, Schilfufer, sandige Abbrüche, an denen entwurzelte Bäume kleben. Felder in der Ferne. Hin und wieder gleiten wir an Bojen vorbei, an deren Rückseite das Wasser sich kräuselt. Grau und unbeweglich wie Statuen stehen Fischreiher am Ufer. Libellen schwirren über dem Wasser, lautlos, mit blitzenden Flügeln. In der Luft der Geruch von frisch umgepflügter Erde.

Augenblicke an einem Frühsommertag auf dem River Orwell. Sich segeln lassen, flußaufwärts, den Windungen folgen, vorbei an Shotley, Levington, Woolverstone bis Radgate Hard, wo es vor Booten nur so wimmelt. Wenden, ein, zwei Meilen zurück, bis sich das Mooringfeld von Pin Mill wieder öffnet. Hier nicht eine Boje aufzugreifen wäre eine Sünde, denn am Ufer steht ein Pub, auf den Hügeln malerische Häuser und soweit das Auge nach links reicht – alte Schiffe und Bargen im Schlamm mit dem Bug aufs Ufer gezogen. Eine amphibische, labyrinthische Welt aus Fernsehantennen, Wäscheleinen, Hundekäfigen und Blumenkübeln. Wir bezahlen beim Hafenmeister Ward fünf Pfund für die Boje und erfahren, daß dort wohl hundert Menschen, Familien, meist jedoch Paare mittleren Alters das ganze Jahr über auf ihren Schiffen leben. Wo Menschen fest auf Booten leben, werde ich immer neugierig. „Mit Genehmigung?" frage ich den Hafenmeister, denn so was würde mich später auch reizen. „Wo keine Infrastruktur ist, kann man nichts genehmigen, auch in England nicht. Das Problem sind nur die Abwässer. Sie gehen alle den schönen Orwell runter – oder auch nicht. Die Stadt Ipswich kann und will vermutlich nichts ändern. Sie hat sowieso kein Geld, um die größtenteils angerotteten Boote zu entfernen. Und wohin damit? Außerdem hätte die Stadt anschließend noch mehr Sozialfälle am Hals. That's life." Nicht das Schlechteste. Die Boatpeople sind willkommen hier.

Pin Mill ist beliebt. Das üppige Licht zieht Künstler wie ein Magnet an. Astrid hat den Eindruck, daß auf jedem Stein, der einen Meter über der Hochwasserlinie liegt, eine Frau oder ein Mann mit einem Zeichenblock hockt und Landschaft, Häuser, Bootsleben malt oder skizziert. Zwischen Ramsgate, London und Queenborough hat uns auch jeder segelnde Engländer darauf verwiesen, bloß nicht Pin Mill auszulassen. „You will like it." Ihr werdet es genießen. British Country Life. Eine Armada am Strand hochgezogener Beiboote und Jollen gibt ein Bild, wie es hier in der Hochsaison aussehen könnte.

Was wir uns an der sicheren Mooring vor Pin Mill gönnen, ist das schöne Wetter. Entspannt an Deck. Ebenso wie auf den ringsum dümpelnden Booten, wo einige an Deck sitzen und Tee trinken oder einfach rumhängen, auf der PROUD LADY, der STARFISH und einem namenlosen Motorboot. Bootsferien im Orwell. Traumhaft. Astrid im Pareo, einem Tuch, und ich in Badehose. Schwimmen, nein bloß nicht. Das Wasser ist seifig und trüb. Und kalt.

Grau und starr sitzt ein Vogel auf einem Pfahl. Mit schwarzen Lanzen sticht das Schilf in die Dämmerung. Im „Butt and Oyster" gehen die Lichter an. Ein Segler zerrt sein Dingi an Land und stiefelt in den Pub. Auch wir sind reif für ein Bier – das unbedacht zum „Drama" wird.

Zunächst hört sich alles gut an: Frau hat Durst. Mann hat Durst. Beide sind neugierig. Mann und Frau paddeln ans Ufer. Ziehen das Dingi ein Stück hoch. Laschen es sorgfältig an Pfahl. Wechseln Gummistiefel gegen Schuhe. Gehen 100 Meter bis ins „Butt and Oyster". Sagen ja zu Bier. Diskutieren mit Gast BSE. Bier. Zweiter Gast kommt, diskutiert EU und Kohl. Spendiert Bier. Frau und Mann gehen zurück zum Dingi. Schuhe aus, Stiefel an. Tragen das schwere Gummiboot ein Stück zum Fluß. Wo ist das Wasser? Nur weicher, schleimiger Mud weit und breit. Gummistiefel aus. Hosenbeine hochkrempeln. Weiter geht's. Schieben und stoßen das Dingi über weichen Schlick. Schwarze Nacht. Schwarzer Schlick. Mann fragt: Stinkt es? Ziehen abwechselnd auf einem Stein stehend Hosen aus. Schlamm steht jetzt bis übers Knie. Füße saukalt. Schlamm umzingelt Beine bis zum Schritt. Igitt, sagt Frau. Stoßen, schieben und stapfen weiter. Schritt für Schritt in Zeitlupe. Schon fast bis zum Bauch. Endlich schwimmt das Dingi. Frau drückt sich über die Kante. Mann schubst und drückt und zieht sich ins Gummiboot. Paddelstöße. An Bord. Mann verzweifelt. Frau lacht über schwarze Beine. Viel Heißwasser. Seife. Handtücher. Mann küßt Frau. Frau sackt Wäsche ein. Mann will warmen Leib. Schlafsack. Gute Nacht.

So ungefähr, oder sehr ungefähr, man verzeihe mir, lief unser Landgang und vor allem die Rückkehr bei Spring-Niedrigwasser ab. Liebe schreibende deutsche Weltumsegler, hört weg. Ich gestehe eine gewisse Simplifizierung ein.

Aber seien wir ehrlich: Wer sucht und steuert noch Sandstrände unter Palmen an, wenn ihm so was geboten wird.

Eigentlich hatten wir die Nase voll von den Marinas, die wir seit Helgoland im Logbuch haben. In der Thames Estuary standen River Crouch, Blackriver, River Colne auf unserem Routenplan. Aber nach den Erfahrungen in Pin Mill, wo wir uns ziemlich dumm angestellt haben, sind wir doch froh, daran vorbeigesegelt zu sein. Es lief so schön rauschig. Alles stand auf unserer Seite: das Wetter, der Wind, die Tide. Ob's so weiter geht? Es geht.

15   Traumaufwärts

Schon sind wir wieder unterwegs, auf dem River Orwell, flußab-wärts, traumaufwärts, in dieser eingebetteten Landschaft, wo nur Harwich und Folkestone in der Mündung Steine und Eisen zuhauf bieten. Es ist nicht nur der landschaftliche Reiz, der den Tag segelns-wert macht. Es ist auch die Sonne. Wolkenloser Himmel, 27 Grad Celsius, grundsätzlich: T-Shirt-Wetter. Die Bahnen der Atlantiktiefs gehen über Schottland an der Grafschaft Suffolk vorbei.

Wieder gleitet ein weißes Segel durch die Biegung des Flusses. Vater und Sohn, so sieht es aus, kreuzen mit einer schnittigen höl-zernen Yawl gegen den Strom. Trotz der anstrengenden Wenden win-ken sie freudig. Am Ufer stehen Angler, starren still ins Wasser. In einem engen Einstich versucht ein Mann, seinen Außenborder zu starten. Suffolk, eine kleine Ecke Englands mit Raum zum Entspan-nen.

Freundlich empfängt uns die Küste. Ziel ist der Fluß Deben. Keine zehn Meilen entfernt, aber gerade zwei Meter tief in der Mündung. Das ist das Problem. See und Wind haben an der englischen Ostküste ein Labyrinth von vorgelagerten Sänden aufgeschichtet, deren Durchfahrten sich nach jedem schweren Sturm verschieben. Nur neuste Seekarten weisen die schiffbare Debenansteuerung. Der Wind gibt sich britisch-liberal: Er weht aus Westsüdwest. Hindert so das Meer daran, mit KATHENA und uns ein übles Grundseespiel zu treiben. Wer uns jedoch an einer Einfahrt hindert, ist mein Crewmitglied.

Astrid:

River Deben anzusteuern ist trotz ablandigem Wind ein Wagnis. Wilfried klar zu machen, daß 30 Zentimeter Wasser unterm Kiel nicht ausreichen, um durch die enge Fahrrinne einzulaufen, will mir nicht gelingen. Die leichte Dünung, die doch vorhanden ist, nimmt der Blödmann einfach nicht zur Kenntnis. Zwei andere Yachten warten wie wir an der rotweißen Ansteuerungstonne auf Hochwasser, das in einer Stunde sein soll. Nur: Wie wir über unsere neue Handfunke erfahren, haben sie etwa fünf Fuß Tiefgang. 1,50 gegen 1,75. Das sind Welten. Mit unserer Bombe am Kiel möchte ich keine Grundberührung haben. Aber: Da sind die schönen Bilder vom River Deben im Segelführer, die machen ihn wild. Raus muß man aber auch wieder. Diese schönen Aufnahmen von saftig grünen Wiesen, Wäldern, Landsitzen und bunten kleinen Ansiedlungen, verwucherten Ufern und Ankerbuchten. Daß die idyllischen Fotos bei Hochwasser gemacht wurden, verdrängt er. Bei Niedrigwasser sieht nämlich alles kompliziert aus. Keine richtige Landemöglichkeit. Steganlagen zu flach. Ankergeschirr voller Schlick. Diesen River Deben hat uns Jenny, mit der wir in London lagen, als landschaftliches Kleinod beschrieben. Sechs Meilen lang, ein bis zwei Kabellängen breit. Verwirrend schön, auch ein Tierparadies. „Das Beste an Englands Ostküste," schwärmte sie. Was andere ihm schmackhaft machen, muß Wilfried sehen. Erst als ein weit draußen vorbeifahrendes Schiff Dünungswellen zu uns schickt, wird er einsichtig. Zögernd: „Ist ja wohl doch besser, nicht schon zu Anfang unserer Reise ein Malheur zu riskieren." Erschöpft vom Reden und Gedanken machen, drehen wir ab. Nicht ohne Blick zurück. Mehrere Blicke. So, als wolle er sich noch mal anders besinnen. Segeln ist schön, aber segeln und sich dauernd Gedanken ums Boot machen ist furchtbar.

Folglich nix Deben. Großsegel steht noch. Fock schnell wieder
hoch. Nach Backbord ausgebaumt. Wie ein Schmetterling segeln wir
davon. Kurs Lowestoft. Der Name ist der Reiz: liebliche Wiese.
Könnten die Wikinger mitbegründet haben. Toft heißt bei ihnen
Wiese. Genau wie bei unserem Dorfnamen: Goltoft – goldene Wiese.

Lowestoft: kilometerlanger Sandstrand im Süden, kilometerlanger
Sandstrand im Norden, massig Docks und Hafenkrähne und Schornsteine dazwischen. Nein, da wollen wir nicht rein. „Nicht anstelle
Deben." Zehn Meilen nördlich bietet sich Great Yarmouth als Hafen
an. „Ein Seebad." Die Einfahrt ist schmal, aber tief. Stabile Festmacher sind gefragt, als wir mitten in der Stadt längsseits gehen. Der
plötzlich einsetzende Ebbstrom rauscht mit 5 Knoten vorbei.

Die Brücke vor uns ist eines der Eingangstore zu den berühmten
Broads: 200 Kilometer schiffbare Flüsse, Kanäle, Seen. Allerdings
nur für Boote mit legbarem Mast und maximal einem Meter Tiefgang. Beides trifft auf uns bekanntlich nicht zu. Broadland ist Englands größtes Feuchtgebiet aus Marsch und Wasser. Zufluchtsort vieler bedrohter Vogel- und Pflanzenarten. Zugleich ist dies eines der
belebtesten englischen Feriengebiete. Ein Hinweis für Leser, die sich
dort wassermäßig bewegen möchten: Standort der größten Charter-
bootflotte aller europäischen Kanalsysteme. Aber: Durch Abwässer
und Kunstdünger gelangen seit Jahrzehnten immer mehr Nitrate und
Phosphate in die Broads. Kein Wunder, daß ein empfindliches Ökosystem umzukippen droht. Diese Informationen haben wir nicht aus
Broschüren. Zwei Brüder, die mit ihrem Sperrholzknickspanter hinter uns am Bollwerk festgemacht haben, geben sie uns. Simon und
Paul touren die Ostküste. Jung, vielleicht Mitte Zwanzig, heißt ihre
Devise allabendlich „have fun". Der heutige Pubbesuch verschiebt
sich allerdings. Gemeinsam trinken wir in ihrer Kajüte eine Flasche
Rotwein. Deutsche Segler finden sich an der Ostküste höchst selten
ein. „Wer will schon England sehen. Ist doch nichts hier. Nur trinken
kannst du." Daß wir uns soviel Zeit für die Nordsee nehmen, verwundert wiederum: „In eurem Alter würde ich die Karibik vorziehen,
wenn ich die Zeit hätte. Außerdem besser für die Knochen." Die zwei
werden erst recht stutzig, als wir die Hebriden erwähnen. Spontan

greift Paul in eine Wuhling hinter der Kojenablage und holt ein wissenschaftliches Buch über das Hochland und die Inseln Schottlands hervor. „Das wäre eine Alternative zur Karibik", meinen dann die beiden und schenken uns das Exemplar. Um ihr Chaos an Bord beneide ich sie.

Die wenigsten deutschen Segler werden sich Great Yarmouth als Ziel wünschen. Verständlich. Die Stadt, obgleich ein Seebad, hat ziemlich abgewirtschaftet. Am Strand häßliche betonierte Windschutznischen und Kirmes, den ganzen Sommer durch. Gleich dahinter unübersehbare Raffinerietürme. Wären da nicht Nordsee und Salzbrise, würde die Stadt am Meer keine Touristen mehr becircen. Segelbesuchern bietet sie nichts weiter als Abfalltonnen. Yarmouth hat sich seit einigen Jahren total auf die Versorgung der Öl- und Gasfelder vor der Küste spezialisiert. Das Geschäft brummt – auf dem Wasser (Zubringer) und in der Luft (Hubschrauber).

Der Hafen Great Yarmouth war für mich einmal ein Zielpunkt. Lange ist es her. 1964, als aus allen Lautsprechern „Pretty Woman" dröhnte, hatte ich hier eine Freundin. Jennifer. Ich fuhr damals auf einem Kümo, der hier allwöchentlich Eisenschrott ablieferte. Im „Prince of Wales", einem Pub mit Clubraum, lernten wir uns kennen. Das werde ich nie vergessen, schon den Namen „Prince of Wales" fand ich originell. Ich war so gut mit der brünetten Jennifer befreundet, daß ich gelegentlich am Wochenende in ihrem Elternhaus übernachtete. Sonntag morgens wurde ich von ihren Brüdern zum Biertrinken in Männerclubs mitgenommen. In nachhaltiger Erinnerung habe ich die Düsternis der Wohnung und – die Küche. Sie war immer und immer mit schmutzigem Geschirr überhäuft. Und: Geschmeckt hat das Essen, das es gab, nicht. Unser Maschinist an Bord konnte besser kochen.

Was ich mit der Geschichte ausdrücken möchte, ist, daß mich heutzutage verwundert, von Jennifer und ihrer Familie damals ohne Ressentiments aufgenommen worden zu sein. Als Deutscher. Monatelang, immer wieder. Während wir im Jahr 1997 häufig auf unsere trübe, geschichtliche Vergangenheit hingewiesen werden. Selbst aktuell sind die Deutschen an vielen englischen Schwierigkeiten schuld. Für Paul und Simon ist die EU gleichbedeutend mit Kanzler

Kohl. Die Schlagzeilen der englischen Boulevardzeitungen verkünden derzeit, kurz vor der Fußballeuropameisterschaft, häßliche Töne. Die Festmacherleinen werden auf Slip genommen. Great Yarmouth für eine Nacht. Das hätten wir. Die Tide ist auslaufend. Idealer Wind um West. Wolkenlos der Himmel. Nicht zu fassen. „Laut Statistik scheint die Sonne an der Ostküste weit öfter im Jahr als im übrigen England", sagen Paul und Simon, die mit ihrer Tanglefoot ebenfalls in See „stechen". Sie entlang der Küste nach Grimsby. Wir planen eine Nachtfahrt nach Whitby – ein Tip der beiden Segler.

16   Nordsee: nichts als Zeichen

Wo immer man den Kurs in der Nordsee hinlegt, stellt sich etwas dazwischen: Eine Untiefe, ein Zeichen, und damit meine ich nicht nur Seezeichen, auch Wetterzeichen, es ist eben schnell veränderlich. Dann sind da alle möglichen und unmöglichen Schiffe unterwegs: Handelsschiffe, Versorger, Fischer, Fähren sowie Schleppfahrzeuge, Forschungsschiffe und dergleichen mehr. Weiterhin etwa 1500 Öl- und Erdgasplattformen, denen man nicht näher als eine halbe Seemeile kommen darf. Beachtet ein Segler eines dieser schlecht markierten Versuchsbohrprojekte nicht, kann das schon eine ernstliche Havarie werden. Sie haben an langen Leinen schwimmende Meßobjekte und an Tonnen lange Festmacherdrähte. All das neben den naturgegebenen Hindernissen engt das Segeln in der Nordsee beträchtlich ein.

Und überall gibt es Strömungen. Tidenströmungen. Windströmungen. Das Meer fließt fast unterbrochen: in der Deutschen Bucht, in der Straße von Dover, an der Ostküste Englands und ganz beträchtlich die ozeanische Strömung zwischen Schottland und den Shetland Inseln. Gäbe es diesen Wasseraustausch nicht, wäre die Nordsee schon lange tot.

85

Die Gezeiten:

Die Gezeitenströmung in der Nordsee wird vor allem angetrieben durch die Wassermassen des Atlantiks, die sich im Rhythmus der Gezeiten bewegen. Die Kraft des Mondes zieht auf der mondnahen Erdhälfte das Wasser zu sich heran. Dort entsteht ein Wasserberg. Ein zweiter Flutberg bildet sich auf der mondabgewandten Seite. Wo die Anziehungskraft des Mondes am schwächsten ist, bleiben die Wassermassen zurück und türmen sich ebenfalls auf. Diese beiden Gezeitenwellen laufen dann mit dem Mond einmal am Tag um die Erde – zweimal täglich, im Abstand von zwölf Stunden und rund 20 Minuten, kommt auf dem Weltmeer die Flut. Und zweimal täglich, alle zwölf Stunden und 20 Minuten, ist Ebbe. Die Nordsee selbst ist zu klein, als daß sich Gezeiten direkt in ihr bilden könnten. Doch mit breiter Front dringt die Flutwelle aus dem Atlantik von Norden in das Nebenmeer ein und rückt dann nach Süden vor. Zwölf Stunden braucht sie, dann hat die Welle die deutsche Küste bei Friesland erreicht. Auch durch den Englischen Kanal kommt eine Gezeitenwelle, die sich mit der nördlichen überlagert. Aus beiden entsteht im Nordseebecken ein äußerst kompliziertes Zusammenspiel. Die Flutwellen werden im flachen Wasser gebremst, von den Küsten reflektiert und von den Kräften der Erddrehung umgelenkt. So beträgt etwa der Unterschied zwischen Hoch- und Niedrigwasser, der „Tidenhub", vor der englischen Küste vier bis sechs Meter und vor der norwegischen Küste nur maximal einen Meter. Und an drei Punkten der Nordsee, an denen sich die Flutwelle regelrecht um sich selbst dreht, bleibt der Meeresspiegel sogar konstant.

Soviel zur Tide, zu den Seezeichen, dem Schiffsverkehr und sonstigen Objekten, die beim Segeln in der Nordsee zu beachten sind. Es ist „en bloc" dargestellt etwas happig, aber ganz so schlimm ist es nun auch wieder nicht. Man kann etwas tun: ein gutfunktionierendes Reffsystem, Sprayhood, Sturmfock, solide Wetterkleidung.

Ich will nichts beschönigen, nur ausdrücken, daß durchweg sorgloses gemütliches Segeln seltener angesagt ist. Also Segel setzen, Autopiloten einschalten und dann laufen lassen, das geht auf unserem Meer vor der Haustür nicht.

Unser Beispiel: Yarmouth – Whitby, 152 Seemeilen. Eigentlich keine Distanz, die Mühe bereiten sollte. Probleme haben wir dann auch nicht. Nur Arbeit. Wir werden auf dieser Strecke mit der Tatsache konfrontiert, daß Nordseesegeln primär aus Arbeit besteht.

Um 13.30 Uhr stehen die Segel in der Ausfahrt von Yarmouth. Motor aus. Zündung aus. Logbuch aufgeschlagen. Die nautischen Daten sind schnell eingetragen: Luftdruck 1017 Hektopascal, Wind Südwest 4 bis 5, Kurs 5 Grad, und so weiter. Zur Geschwindigkeit: 9 Knoten sind erreicht. Um die großen Seebojen wirbelt die Tide mit schokoladenbraunen Strudeln. Noch sind wir beide an Deck. Halb sitzen wir, halb liegen wir im Cockpit. Astrid in einem karierten Flanellhemd, ich in Shorts und Fleeceweste. BBC verkündet den wärmsten Tag dieses Jahres an der Ostküste: 28 Grad Celsius. Die Küste an Backbord ist niedrig und flach, die Ufer sandig. Vier Versorger, allesamt mit Hubschrauberdecks, passieren uns diagonal. Wind dreht auf Süd, Fock nach Steuerbord ausgebaumt. Autopilot jault jämmerlich. Die Küste an Backbord nur noch ein Strich.

Um 15.30 Uhr, also nach zwei Stunden, erster Segelwechsel. Die blauweiß gestreifte Genua bläht sich vor einem nachlassenden Süd. Der gerade Steven der KATHENA mit den flachen Unterwasserformen des Rumpfes bahnt sich den leichtesten Weg durch das Wasser, das sich hinter dem Heck wieder schließt, als wäre nichts gewesen. Das zeichnet eine gute Konstruktion aus. Bei KATHENA zeichnen dafür die Designer Judel & Vrolijk verantwortlich. Prominent stehen ihre Namen tief unten beidseitig am Bug.

Gegen 17.00 Uhr haben wir wieder Stärke 5. Ich wechsle rasch das Genuasegel gegen die Fock. Sicht wird diesig. Sieht nach Schönwetter aus.

Um 19.00 Uhr plötzlich Flaute. Die Segel schlagen erbärmlich. Klack, klack. Unrhythmisch. Das Gewicht der Latten im Großsegel zerrt bedenklich an den Mastrutschern. „Lange machen die das nicht mit." Der Mast zittert in den Wellen. In der Spüle rollen die Tassen. Es herrscht eine südöstliche Dünung. Nichts deutet auf Wind. Ich drehe den Zündschlüssel. Nicht schwer zu erraten, wie ich mich dabei fühle. Ich motore furchtbar ungern auf offener See. Zumal, wenn wie augenblicklich noch ein bemerkenswerter Gegenstrom läuft, der diese leicht chaotischen Dünungswellen verursacht. Doch indem KATHENA wieder Fahrt aufnimmt, wird das Leben angenehm und das Material weniger beansprucht.

Um zehn Uhr an diesem Abend segeln wir wieder. Bevor es dunkel wird, verschaffe ich mir anhand der Seekarte nochmals Klarheit. Der Kurs führt geradewegs an einer Reihe Förderanlagen vorbei. Auf der anderen Seite bleibt uns nicht viel Raum. Zahlreiche Untiefen und die Schiffahrtslinie begrenzen uns. Schon jetzt haben wir stündlich eine Handvoll Dampfer in Sicht.

Der Himmel wird samtschwarz. Ich schalte die Positionslichter ein. Astrid legt Taschenlampe, eine Dose Trockenfrüchte, Handtuch und Fernglas für die Nacht am Niedergang bereit. Anschließend verabschiedet sie sich in die Achterkajüte. Sie ist jedoch bald wieder raus aus der breiten Koje und schläft wegen des Wellenklatschens unterm Heck im Salon weiter.

Gegen Mitternacht bekomme ich Probleme. Voraus tauchen Lichter aus der See, grüne, rote und weiße Lichter, die auf den Wellen hüpfend alle auf uns zuzielen. Es sind auf Anhieb neun Schiffe. Und ich dazwischen. Muß höllisch aufpassen, denn ich kann weder wesentlich nach rechts noch links ausweichen. Einmal sind da die

Das Reffen begleitet uns auf der Nordsee.

Förderanlagen, dann zwei Bojen, die ich unbedingt an Backbord lassen muß. Genau platt vor dem Wind ist das eine haarsträubende Sache. Fernglas. Auswandern der Schiffe beobachten und im Kopf markieren. Manche, eine Fähre ist dabei, sind schnell. Ich komme ihr zu nahe. Da ich auf keinen Fall ein Schiff vom Kurs abbringen möchte, schifte ich das Großsegel, versuche, nach Backbord auszubrechen. Gelingt mir nicht, der Strom versetzt uns entgegengesetzt. Eine Stunde, die Konzentration fordert. Der Wind beginnt wieder abzunehmen. Eine Stunde nach Mitternacht sind wir praktisch frei. Ich übergebe die Wache an Astrid. Drei Stunden ist sie dran, dann übernehme ich bis zum Morgengrauen. Ein Wachrhythmus, den wir seit Ewigkeiten einhalten.

Astrid:

Die Wache beginnt mit Nieselregen. Ich kauere unterm Spritzschutz und freue mich, daß ich die Öljacke gleich mitgenommen habe. Die Nacht entwickelt die unangenehmste Qualität aller Nächte, nämlich lang und kalt zu sein. Troyer und lange Fleecehose halten mich nicht warm. Auf einem Schiff ist der Tag der angenehmste Zeitabschnitt und da wiederum die Abenddämmerung. Der Mensch ist nicht tauglich, die Vorteile der Nacht zu genießen, dazu müßte er Katzenaugen haben und nicht müde werden. Manchmal allerdings gibt es einen Zauber überm Meer, wenn der Widerschein der Sterne im Wasser zu sehen ist und der des Mondes auf den Wellen. Derzeit sind Sterne hinter Wolken versteckt. Und der Wind, unser ein und alles, versteckt sich mit den Sternen. Flaute kurz vor Ende meiner drei Stunden. Eine Flaute, die KATHENA wie auf Schlaglöchern tanzen läßt. Flaute, das klingt nach Sichtreibenlassen auf einer Luftmatratze in einer stillen Bucht. So ist es nicht, jedenfalls nicht heute nacht. Es ist ein gleichzeitiges Stoßen und Rollen. Neben den Bewegungen nervt das Geklüter im Mast. Mit dem lauten und rollenden Tanz der KATHENA wird mir ausgesprochen übel. Immer, wenn See oder Dünung steht, kämpfe ich mit der Seekrankheit. Ich erreiche nie das aktive Stadium der Krankheit, mir ist nur andauernd speiübel. In diesem abgestumpften Zustand reduziert sich mein seglerisches Interesse nur auf die Koje.

Ich beobachte das Meer, in der Hoffnung, daß sich Wind einstellt oder wenigstens die ruppig laufende See nachläßt. 20 Minuten lang, 30 Minuten. Ohne Erfolg. Doch im Norden bricht der Himmel auf, es wird zunehmend hell. Die erste Plattform, Ameth, ist im Dunst zu erahnen. Der Strom versetzt uns in eben diese Richtung. Der Motor zieht uns wieder Richtung Whitby, das 80 Seemeilen entfernt liegt. 80 Meilen mit unzähligen Segel- und Motormanövern.

Astrid:

Als ich vor vielen Jahren zum ersten Mal in der Nordsee auf ein Ölfeld stieß, erfüllte mich unglaubliches Staunen beim Anblick der Ausmaße der Bohr- und Förderinseln. Riesige Stahltürme, Kräne und Plattformen, die miteinander verbunden waren. Nachts war alles in gleißendes Licht getaucht. Ich erinnere mich an meine Gedanken damals: Wer soll das jemals wegräumen, wenn die Ölvorkommen versiegen. Und heute denke ich, wie mag es unter Wasser aussehen. Türmen sich meterhohe ölhaltige Bohrschlämme auf dem Grund?

In der Morgendämmerung eine leichte Brise. Wieder schlage ich das Fall an und ziehe das augenfreundliche Genuatuch hoch. Ein Am-Wind-Kurs, aber wir kommen vorwärts. Ich putze mir die Zähne, wasche mein Gesicht im Waschraum. Ein völlig neues Gefühl. Nie hatten wir auf unseren Reisen einen solchen Waschraum: großer Spiegel, Druckwassersystem, verchromte Handtuchhalter, ein Fenster zum Belüften. Niemals – und alles funktioniert. Auf dem dreiflammigen Gasherd brodelt das Wasser für Tee. Eine Muck heißer Tee mit Milch und Zucker, das erfrischt. Astrid sind auf See der großzügige Waschraum und die elegante Kochecke mit Backofen egal: Ihr wäre eine richtige Seekoje lieber. Achtern klatschen die Wellen, im Vorschiff kann man wegen des Auf und Ab des Bootes eh nicht schlafen, und im Salon sind die Kojen einfach zu schmal.

Aus der Werbung der „Dehler 33":

In diesem Schiff fällt sofort die klare übersichtliche Innenaufteilung mit modernen Farben und den Materialien Kirschholz und Baumwolle auf. So entsteht unter Deck eine angenehme Atmosphäre.

90

Leicht und luftig. Hier kann sich die ganze Familie so richtig wohl
fühlen. Große Fenster geben ausreichend Tageslicht. Die praktischen
Sturäume nehmen das gesamte Urlaubsgepäck Ihrer Familie auf. –
Mit schicken Accessoires können Sie den modebewußten Auftritt der
„Dehler 33 Cruising" unter Deck vervollständigen.

Jetzt im Morgengrauen ähnelt die Kajüte mehr einem Lagerraum
als einem schicken Salon. Kissen, ein Segelsack, abgelegte Klamotten, Stiefel, Rettungswesten pflastern die Kajüte. Dennoch, der Raum
ist handwerklich wirklich schön und sauber gearbeitet. Ein solider
Tisch in der Mitte mit intregierter „Bar" dominiert den Raum. Lie-
bend gerne würde ich aus einer Salonkoje mit Hilfe von Leesegeln
eine richtige Seekoje machen, aber das geht nicht. Die Polster sind
an den Backskistenbrettern angetackert.

Die Teetassen sind eben in der tiefen Spüle versenkt, da peitscht
ohne Anzeichen eine Regenbö das Meer. Aber ich bin schon über das
Stadium der Empörung hinaus, bin in der von geballter Unbequem-
lichkeit geprägten Nachtfahrt abgehärtet. Im Nu ist die Genua gebor-
gen. Die Bewegung der KATHENA verändert sich. Wieder Rollen und
Stoßen, Rollen und Stoßen. Ich starte den Motor ...

Ich muß gedöst haben, als Astrid das Boot wieder zum Segeln
bringt. Sie weckt mich: „Da vorne, schau, Flamborough Head." Dun-
stiges Schönwetter ohne jede Wolke, und doch sehen wir beide das
Land, eine dunkle Linie gegen das Meer.

Wir kommen näher. Fahren parallel zur Küste. Abwechselnd leicht
hügeliges Gelände und Steilküste. An den Hängen klaffen tiefe Erd-
risse. Mitunter reichen Felder und Wiesen bis ans Ufer. Leicht
geschwungene Ankerbuchten bieten leider keinen Schutz. Als wir
Scarborough querab haben, blicken wir sehnsüchtig hinüber. Da würden wir gerne rein. Schließlich wurde dort mein erstes Boot gebaut.
Leider fällt der Hafen trocken.

Irgendwann haben wir sie erreicht. Die Ansteuerungstonne von
Whitby. 30 Stunden hat es gedauert, 152 Meilen abzusegeln – und
abzumotoren. Aufregende Dinge unterwegs: Schiffe sind uns sehr
nahe gekommen, Böen und Flauten uns begegnet.

17   Whitby & Scarborough

Der Hafen liegt vor uns. Nur: Die Fahrrinne ist eingebettet in Sände, und diese Sände spielen mit sich selbst. Sie verändern von Jahr zu Jahr die Wassertiefen. Das sagt uns das Seehandbuch. Ein abgesteckter Zugang, beispielsweise ein Bojenweg, ist nicht vorhanden. Hochwasser ist erst in vier Stunden. Wir entnehmen der Seekarte den empfohlenen Kurs – 169 Grad – und tuckern mit langsamer Fahrt auf die wie Scheren in die See ragenden Wellenbrecher zu. Das Echolot zeigt bedenkliche zwei Meter, aber wir haben zu dem Zeitpunkt schon die Einfahrt passiert.

Vor der Drehbrücke mitten in der Stadt müssen wir warten. Ein Motorbootfahrer winkt uns längsseits. Seiner Aversion gegen die EU läßt er sofort freien Lauf, nachdem er sich vergewissert hat, daß wir Deutsche sind: „Ich esse jetzt doppelt soviel Beef wie früher, nicht weil es billig ist, sondern weil ich gegen Brüssel bin." Man muß die Engländer mächtig geärgert haben.

Der Abend legt sich über den Hafen. Whitby bietet Seglern gute Liegeplätze im Inneren des kleinen Flußhafens. Schwellfrei an einem Schwimmsteg. Astrid hat KATHENA sanft dagegen gelegt. Unser Boot läßt sich selbst in engsten Häfen herrlich manövrieren. Es reagiert unmittelbar, ob vor oder zurück, aufs Ruder.

Vom Reisefieber erhitzt, von der Müdigkeit gelähmt, ein Knurren im Magen nach fremden Genüssen, so betreten wir „Marine Fish and Chips". Ein Lokal, das von zwei Mädchen geführt wird, die so jung sind, als ob sie hier ihr Taschengeld aufbessern. Mit Block und Bleistift in den Händen steht eine vor unserem Tisch: „Your order please!" fragt sie höflich. Fisch ist Astrids Sache, meine nicht. Ich kann Fisch nicht vertragen. Habe eine Allergie. Da ich selbstverständlich kein Rind in England esse, bleibt mir nicht viel Auswahl. Folglich bestelle ich Huhn und Erbsen. Diese dicken, grünen, etwas aufgequollenen (Astrid sagt pampigen) Dinger schmecken mir in England hervorragend. Das Gemüse, wie überhaupt das gesamte Essen, die Freundlichkeit der Mädels, die Aussicht direkt auf den Flußhafen und der im Menüpreis inbegriffene Tee sind nur zu empfehlen.

An Bord. „Na, Prost denn." Müde, aber nicht müde genug. Trinken halb im Liegen eine Dose Carling (Astrid), ein Glas Lumumba (ich) und begucken uns die „Positionslichter" der heutigen Nacht: Lichter in den Hügeln ringsum. Ich falle regelrecht in die Koje. Finde nicht einmal die richtige Schlafstellung, so schnell bin ich wohl eingeschlafen. Astrid wird es ähnlich ergangen sein.

Whitby – eine stille Kleinstadt. Rechts und links an der Mündung des River Esk gelegen. Romantisch. Wie in Südeuropa, mit verwinkelten Häusern in kleinen Gassen. Frühmorgens hat man alles für sich. Später wird's lebhaft. Whitby ist eine alte englische Sommerfrische. Viele berühmte Leute haben hier ausgespannt. Charles Dickens hat sich vom Schreiben erholt. Und auch die drei Schriftstellerschwestern Brontë kamen Anfang des 19. Jahrhunderts oft hierher.

Auf einem Plateau hoch am Hügel, über 177 Stufen zu erreichen, liegen die Ruinen der 657 gegründeten Abtei. Dramatisch, unverwechselbar ist die dicht am Rand der Steilküste gebaute Kirche. Von dort blickt man hinab auf Fluß und Stadt und auf das einsame Meer. So weit das Auge reicht, ist kein Schiff zu entdecken. Uns fällt angenehm auf, daß die gesamte Ruinenanlage touristisch nicht überorganisiert ist.

Gegenüber auf der anderen Seite des Esk, gleichfalls auf einem Steilhang, steht ein riesiges Denkmal des Seemanns James Cook und darunter gleich neben der Drehbrücke das Captain Cook Memorial Museum.

Cook sei Dank. Er ist der große Sohn der Stadt. Im Herbst gibt es jährlich ein aufwendiges Captain Cook Festival. 1728 wurde er in der Nähe von Whitby geboren. Am Ufer des Esk, dort, wo sich jetzt das Museum befindet, hat er Bootsbau gelernt. Anschließend hat Cook neun Jahre für den Reeder Walker aus Whitby auf den schwerfälligen, aber seetüchtigen Kohlenschiffen die Küsten Englands befahren. Daher dann auch später seine Vorliebe für diese bauchigen Frachtschiffe. Drei seiner Expeditionsschiffe waren Kohlenschiffe und wurden hier bei Walker gebaut und für Cooks Zwecke umgerüstet. Sie waren zwar klein und gedrungen, aber mit dem unschätzbaren Vorteil, einen nur geringen Tiefgang zu haben, so daß sie leicht über

Untiefen hinwegglitten und im Notfall an Land ausgebessert werden konnten. Die berühmte ENDEAVOUR, mit der James Cook der eigentliche Entdecker Australiens wurde, war auch ein Schiff aus Whitby.

Whitby, Samstag, 8. Juni '96. Das Meer muß man nicht lange suchen, aber einen Fernseher, der das Tennisfinale Paris Open live überträgt. Steffi Graf gegen Arantxa Sanchez, daran kann Astrid Erdmann nicht vorbei. Madame zwängt sich in das ungewohnte Kleid, sucht sich ein Hotelzimmer mit Bildschirm und Satellitenantenne und mietet es spontan für die Liveübertragung. Diesbezüglich ist sie einfach zu versorgen.

Ich laufe derweil ein bißchen durch die Altstadt. So gerate ich in Straßen, die so schmal sind, daß ich die Mauern mit ausgestreckten Armen beidseitig berühren kann. Ich verlaufe mich, und wie im Traum öffnen sich immer neue Straßen in den Diagonalen und Vertikalen, ein labyrinthisches Netz. Häuser und Giebel sind aus dem 13. Jahrhundert. Es riecht nach Fisch und Bier. An diesem sommerlichen Nachmittag sind die Farben der Häuser, Silos, Kirchen, Hafenanlagen ein natürliches Ereignis des schönen Wetters: nämlich mild.

Ich setze mich auf die Stufen, die von der Straße zum Ufer führen. Einzelne Fischer entladen ihren Fang direkt am Stadtkai, umkreist von kreischenden Möwen. Auf den Pollern unbekümmert bunt gekleidete Touristen, die ihren Fisch aus Zeitungspapier wickeln. Wohin man in Hafennähe auch blickt, sind einzelne und Gruppen am Kauen, oder sie stehen geduldig in der berühmten englischen Schlange an vor einem, ich vermute, begehrten Restaurant. Man hört nur englische Laute.

Im „Jolly Sailor" stoßen wir wieder zusammen. Astrid ist bester Laune. Hat Steffi Graf in einem hinreißenden Match doch wieder gewonnen. Die Runde am Tisch freut sich mit ihr. Steffi Graf „is a great player", eine großartige Spielerin. Hauptgespräch ist allerdings die Duchess of Kent. Sie kommt in einer Woche, um den neuen Rettungskreuzer der Station Whitby zu taufen. Ehrfurchtsvoll wird wiederholt: „Royalty is coming." Man ist beeindruckt. Ebenso, und mehr noch, von Lady Diana. „Sie ist das schönste Mädchen der Welt." Astrid wird danach befragt: „She is pretty." Mit hübsch ist man auch zufrieden. Es ist schon eine illustre Runde, mit der wir in dem Pub sitzen. Männer und Frauen. Alle nicht ganz jung und frisch, wie man sie nur in England in einem Pub trifft. Nach vielen kommunikationsfördernden Bitter und Lagers ist das aktuelle politische Thema nicht zu vermeiden. Ich will nicht wieder die Reaktionen auf EU und deutsche Politik wiedergeben, aber daß Astrid in der Fußballszene gut Bescheid weiß, verhilft ihr noch zu einigen randvollen Gläsern Lager. Die „auf Kante" gefüllten Gläser an den Tisch zu balancieren, ohne den „kostbaren" Teppich zu bekleckern, ist schon eine Pubkunst. Neben mir sitzt ein fast 60jähriger. Er ist mit einem soliden Segelboot unterwegs. Gleich an der Kaimauer gegenüber vom „Jolly Sailor" ist es vertäut. So dicht am Stadtgetümmel hofft er ein Mädchen zu finden, das mitfährt. „Ein bißchen Geld sollte sie haben und noch festes Fleisch." Wie will er denn testen, daß das Mädchen auch seetauglich ist. „Bälle fangen. Ein Mädel (er sagt immer girl), das mit Bällen umgehen kann, ist auch für die Segelei zu gebrauchen, kann sich an Bord bewegen."

An Scarborough mußten wir vorbeisegeln. Doch mit dem Bus dorthin ist es nur eine knappe Stunde durch eine herrliche Landschaft. Die Stadt jedoch ist den Aufwand nicht wert. Auch Hafen und Strand nicht. Übermäßig mit Kirmesfahrzeugen, Musik und Verkaufsbuden bepflastert. Ein Rummel wie auf dem Hamburger Dom. Im Hafen, der wie erwartet trockenfällt, zieht der Scarborough Yacht Club unsere Aufmerksamkeit auf sich. Im ersten Stock, im Clubraum mit Blick über Hafen und Meer, erkundigen wir uns nach dem Bootsbauer und Designer der ersten KATHENA: John A. Ley. Man ist total überrascht. Segler aus Germany, die nach einem Mann fragen, der zwar noch einigen Mitgliedern bekannt ist, aber ansonsten längst vergessen. Er hat den Bau der KATHENA (1952) nicht lange überlebt. Derek Dearden, der Vorsitzende des Vereins, hat ihn noch gekannt. „John hat viele Boote gebaut. Sie waren alle handwerklich hervorragend." Im Verein ist kein einziges Ley Boot mehr registriert. KATHENA schwimmt noch, wenn auch nur auf dem Biggesee im Sauerland. Ich signiere ein Exemplar meiner ersten Weltumseglung und verehre es dem Club.

Als deutsche Segler sind wir nicht solo in Whitby. Drei junge Westfalen, genauer vom Halterner Stausee, haben sich inzwischen bei uns am Steg eingefunden. Männer, die in Holland eine „Dehler 34" gechartert haben und sich jetzt zwei Wochen Ostküste gönnen. Wie ihre Fahrt war? Gut. Whitby ist ihr erster englischer Hafen – sozusagen ihr Port of Call. Einige technische und praktische Erfahrungen mit einem Charterboot werden ausgetauscht. „Wenn bloß der Termindruck nicht immer wäre."

Unser Boot zieht die Neugierde der Segler auf sich. Solch einen modernen Segelriß segelt an dieser Küste keiner. Sie haben einen Zeitplan. Wir haben einen Plan. Kurs Nord an der Küste entlang. Schottland zieht. Die Einsamkeit der Segelreviere. Die Inseln an der Westküste. Das Hochland.

18 Drei Tage in Blyth

Wir segeln weiter. Entlang der mittelhohen Küste Northumberlands. Die Wellen klatschen leise an den Bootsrumpf. Endlich ein blaues Meer nach all der braunen Soße bisher. Und ein ungefalteter blauer, hoher Himmel.

Auf der Strecke nach Newcastle nehmen wir teil an unserer aphroditischen Wiedergeburt. Im Schein der flirrenden Sonne haben wir uns ausgezogen. Wir liegen ausgestreckt auf den blauen Polstern im Cockpit. Eine Dose Cola in der Hand. „Verdammt heiß", entschlüpft es Astrid und cremt sich bedächtig die Oberschenkel. „Was ist bloß mit der Nordsee los?" Nackt segeln auf dem nordischen Meer, das will schon was bedeuten. Ich denke: Wir haben Glück. Wetterglück, seit London. Was ist ein Museumsbesuch, eine sehenswürdige Burg, ein Superpub gegen angenehmes Segelwetter!

Vermutlich wird es massenhaft Segler geben, die ähnlich denken. Was ist sonst der Sinn des Segelns. Oder wie Astrid schwärmt: „Nirgends ist man so jung, so froh und frei wie beim Segeln über See mit raumem Wind ohne Welle."

Was wird dieser Tag noch Aufregendes bringen?

Astrid:

Delphine! Mein Aufschrei bringt Wilfried hoch. Zwei Delphine, tatsächlich. Mit Lebewesen auf See wurden wir bisher nicht verwöhnt. Eigentlich wollen wir nach Blyth, soll ein sicherer Hafen sein. Dann wieder nach Newcastle, das fünf Meilen davor liegt. Dort haben wir ein Paket Seekarten abzuholen. Wir könnten es auch mit dem Bus von Blyth aus erledigen. So geht das hin und her, der Einhandsegler kann sich nicht festlegen. Als wir dicht an der Einfahrt sind, entscheiden wir uns für Newcastle. Zehn Meilen den River Tyne hoch. Eigentlich blödsinnig. Schon nach wenigen Meilen fast nur stillgelegte Fabrik- und Kaianlagen und doch: aktive Werften. Riesenungetüme werden am Ufer für die Nordseebohrerei zusammengeschweißt. Als wir vor dem Tor der St. Peters Marina stehen, ärgern wir uns der Mühe wegen. Das Becken ähnelt einem häßlichen größeren Swimmingpool mit einer Schwelle davor. Diese Stadtmarina wirkt toter als tot. Das einzig Besondere an ihr ist, daß Princess Diana sie eingeweiht hat. Das fällt sofort ins Auge. So etwas wird in Britannien immer mit einer großen Tafel gekennzeichnet. Im Fluß schwimmt viel Treibgut, ganze Baumstämme und Holzpaletten sind dabei. Für die Nacht legen wir am Schwimmponton vorm Hafenbecken sicherheitshalber zwei Vor- und zwei Achterleinen. Nachts werde ich von Ästen, die am Rumpf entlangschrammen, unsanft geweckt. Wehmütig denke ich an Whitby. Das wird wohl der Höhepunkt an der Ostküste gewesen sein. Whitby. 300 Seemeilen von Helgoland.

Dann, nach einer Fahrrinne mit knallig farbenen Richtzeichen, Blyth. Papierfrachter, Chemietanker, Hochseeschlepper. Auf den ersten Blick nichts für Yachten. Der zweite signalisiert eine Hafenecke mit Steganlage und Clubschiff. Ein Mitglied des Royal Northumberland Yacht Club freut sich über unseren Besuch. Uns wird eine Chipkarte zugesteckt, damit wir das hermetisch abgezäunte Gelände verlassen und betreten können. Die Duschen werden angepriesen und ein Willkommenstrunk in der Clubbar angeboten. Wer hat wohl dieses originelle Clubhaus, das ehemalige Feuerschiff TYNE, eingeweiht? Ich weiß, jetzt ist's genug Royalty, aber garantiert das letzte Mal muß es noch mal gesagt werden: Prince Philipp.

Astrid duscht. Ein Bad für sich alleine steht ihr auf der schwimmenden TYNE zur Verfügung. „Mit einem Spiegel bis zum Boden."

Abends, was soll man anderes machen, Bier in der Clubbar. 2,86 Pfund für zwei Pints. Im Stehen am Tresen auf der Suche nach Informationen und Unterhaltung. Die gemütliche Bar im Vorschiff ist gut besetzt. In England funktioniert das Clubleben. Erst findet nach Feierabend eine Regatta statt, dann das gemeinsame Biertrinken. Den ganzen Sommer lang – zwei- bis dreimal in der Woche. Unsere „Dehler 33"... die alte Neugier. „Ein Boot, mit dem man abends erfolgreich an den Clubregatten teilnehmen kann und ebenso am Wochenende und in den Ferien mit der Familie reisen kann." Wir vereinbaren für morgen einen Besichtigungstermin.

Dann steht an der Bar ein älterer Typ in kariertem Hemd und Sakko. Mittelgroß. Drahtig. Grauhaarig. Er zwinkert uns zu. Er hat das Verlangen nach einem Gespräch mit anderen „Wassermenschen". Er heißt Hendry Mellon. 72 Jahre. Schotte. Hier lerne ich einen Mann kennen, dem der Ruhestand gelungen ist.

Hendry:

Ich käme um, müßte ich das ganze Jahr im Haus leben. Eingeschlossen von Mauern. Ich schwöre, ich brauche das Meer. Ich muß es hören, riechen, sehen. Möglichst schon von Ostern an bis in den Herbst. Meine SECOND LIFE ist nur 30 Fuß lang, aber sie reicht mir. Einmal quer über die Nordsee im Sommer, das muß sein: Norwegen. Dänemark. Sonst segle ich zu den Shetlands und Orkneys. Nicht immer allein. Mein Enkel kommt manchmal mit, prima Junge. Oder mein Sohn. Auf See kann ich mit denen reden. Ich kenne alle schottischen Küsten. Holy Island wird euch gefallen. Wenn ich sterbe, hoffe ich, daß es auf dem Meer passiert – bei schönem Wetter.

Ein Gespräch von „Glas zu Glas", währenddessen man in Gedanken auf See ist und in Wirklichkeit auf einem Schiff, dem originellen Clubschiff des Northumberland Yachtclubs, ist schon einzigartig.

Anderntags packe ich erst mal das wertvolle Paket mit Seekarten aus. Checke, welche Seekarten uns Dieter Funke verehrt hat. Alle schottischen und irischen Karten auf unserer Route. Danke. Unser

Streben ist, durch den Kaledonien-Kanal, nach Nordirland und zu den Hebriden zu segeln. Wir sind in den Leihbesitz dieser Karten gekommen, weil Dieter Funke mit seiner Basta letztes Jahr diese Fahrt machen wollte, aber etwas dazwischen gekommen ist. Leider und Gott sei Dank.

„For sale", zu verkaufen, das meist verbreitetste Schild in Blyth. Es steht in der Regel vor grauen Reihenhäusern. Die Hafenstadt rutscht wirtschaftlich ins Abseits. Die Öl- und Gasgeschäfte der Nordsee gehen an der Stadt vorbei. Man sieht es auch im Hafen, an den Autos, im Supermarkt. Nicht so im Chipsladen. Die Engländer, und das fällt uns erst hier richtig auf, müssen wohl pro Tag jeder eine Tüte Kartoffelchips verputzen. In manchem winzigen Store sind 20 verschiedene Sorten keine Seltenheit.

Drei Tage Blyth, wegen der Menschen, der Ruhe, der wilden Industrieumgebung und der Dusche. Und wegen Lisa und Jim, einem Ehepaar, die wie viele Engländer von großen Segelreisen träumen. Oder wenigstens einmal im Leben Round Britain zu segeln. Lisa und Jim versuchen es derzeit, doch eher zögerlich. Ihr 35-Fuß-Boot ist total überladen, womöglich mit Dieselkanistern. Sie wollen die Fahrt linksherum machen. Pentland Firth und Cape Wrath sind Gegenden, vor denen besonders Lisa jetzt schon zittert. Wir verabreden uns für morgen auf den Farne Islands, 30 Meilen nördlich.

19 Holy Island

Wohin? Amble? Berwick? Eyemouth? Eine Nachtfahrt nach Edinburgh? Oder Holy Island, wovon uns Hendry einen fotokopierten Detailplan zuschob.

Immer sind Inseln Orte der Sehnsucht. Holy ist da keine Ausnahme – im Gegenteil: Sie wurde uns im Yachtclub unter dem Stander, den ein Löwe ziert, als Unikat gepriesen, als das wunderschönste Stück Insel vor der englischen Küste.

Danach, nach Norden hin, beginnt Schottland.

Fangen wir von neuem an. Wir sitzen im Cockpit und staunen. Was sind die Nordseeinseln Texel und Helgoland gegen Holy. Ein Idyll schon bevor wir es betreten haben. Auf der einen Seite wüstenähnliche Dünen und leicht überspülte Sandbänke. Gegenüber ein altes auffallendes Kastell, Ruinen des Bischofssitzes, die roten Dächer des Dorfes, eine Steinmole mit klaffenden Rissen, Boote auf dem Trockenen, zwei um Bojen schwojende Fischkutter. Und mittendrin ein weißes Boot vor Anker. Unser Boot. Das erste Mal haben wir den Anker samt Kette über die teleskopartige Stevenrolle rutschen lassen. Ein wunderbares Gefühl – wenn du jahrelang dieser deiner liebsten Beschäftigung nicht nachgegangen bist. Der Ankergrund besteht aus Sand und Mud. Und wenn der Wind nicht stark aus West oder Südwest kommt, liegen wir hier komfortabel.

Erst ein Boot vor Anker bietet das totale Segelerlebnis. Bei uns heißt es zunächst Arbeit: Dingi aus der Staukammer holen, auf dem Vordeck ausbreiten, sorgfältig Bodenbretter einlegen, die Rümpfe so stramm aufpumpen, daß sie fast knallen, nur dann läßt sich ein Schlauchboot bestens rudern. Als wir im Scheitel der Hafenbucht anlanden, barfuß versteht sich, ist beinahe Niedrigwasser, so daß wir das Beiboot noch ein Stück bis zur Hochwasserlinie zu tragen haben.

Das 20. Jahrhundert, so scheint es, hat Holy Island noch nicht erreicht. Alte seltsame Bootskonstruktionen, hochgezogen über die Hochwasserlinie; verwitterte Fischerhütten in Form von umgestülpten Wikingerbooten, ohne Schloß an den Türen; der Naturstein an exponiert liegenden Häusern von Wind und Salz ausgemergelt. Weit verstreut in der Hafenlandschaft liegen zerschellte Holzkisten, Hanftauenden, Reusen, verblichene Fischernetze. Mauerreste verwesen in der unbeschreiblichen Stille allen Verfalls.

Holy Island, auch Lindisfarne genannt, war eines der wichtigsten Zentren des frühen Christentums. St. Aidan gründete hier 635 n. Chr. ein kleines Kloster, später wurde St. Cuthbert der Prior. Der Schrein des St. Cuthbert zog viele Pilger an diesen Ort. Unglücklicherweise wurde durch den Reichtum, den die Pilger brachten, auch die Aufmerksamkeit der Wikinger erregt, die schließlich 875 n. Chr. die Mönche vertrieben. Im frühen elften Jahrhundert, als die Situation friedliebender wurde, etablierte sich erneut ein Kloster auf der Insel. Wie die meisten wurde es 1540 ein Opfer des gewalttätigen Heinrich VIII., der die Auflösung aller Mönchskloster befahl. Die Ruinen sind heute unter der Aufsicht der „English Heritage" (Englisches Kulturerbe), die in der Nähe ein interessantes Museum errichtet haben.

Die Schloßburg, die auf einem vulkanischen Felsen eine weit sichtbare Landmarke bildet, wurde zirka 1539 erbaut. Sie sollte den Hafen schützen, der jedoch nie angegriffen wurde. Der dramatischste Moment war 1715, als zwei Jakobiner das Schloß erreichten, dort nur zwei Soldaten vorfanden, diese vertrieben, kurzzeitig dort verweilten, bis auch sie ihrerseits verschwanden. Das Schloß wurde von Sir Edward Lutyens zu Beginn dieses Jahrhunderts als privates Anwesen umgestaltet und gehört heute dem „National Trust".

Hafen und Ankerbucht von Holy Island. Auf der
idyllischen Insel spielen die Gezeiten mit den Booten.

Die Insel ist wie ein Dreieck geformt, mit sanften, hügeligen, gelb-grünen Wiesen und winzigen Feldern. Die Daten des Eilands: 27 Meter hoch, drei Kilometer je Schenkel, 60 Dauerbewohner, Wassertiefen in der Bucht zwei bis sechs Meter, der sogenannte Hafen „dries out" – trocknet aus. Dies ist in den Karten eine häufige Bezeichnung an der Ostküste. Generell ist zu beachten: Die Ansteuerung ist wegen sich verändernder Sandbänke sensibel.

Die Insel ist leicht zu umwandern und zu durchwandern, wobei zu berücksichtigen ist, daß sie bei Niedrigwasser keine Insel mehr ist. Dann klebt Holy nämlich „sandmäßig" mit dem Festland zusammen, und die Straße kann befahren werden. Überhaupt: Sandurlauber könnten sich hier länger wohlfühlen. Nur wenige meerumtoste Klippen befinden sich an der Südostseite, wo das hochgischtende Salzwasser jede Vegetation zerfrißt. Unerträglich rauh kann es hier sein, wenn der Weststurm seine Wellen in die Bucht treibt. „Eure Yacht da

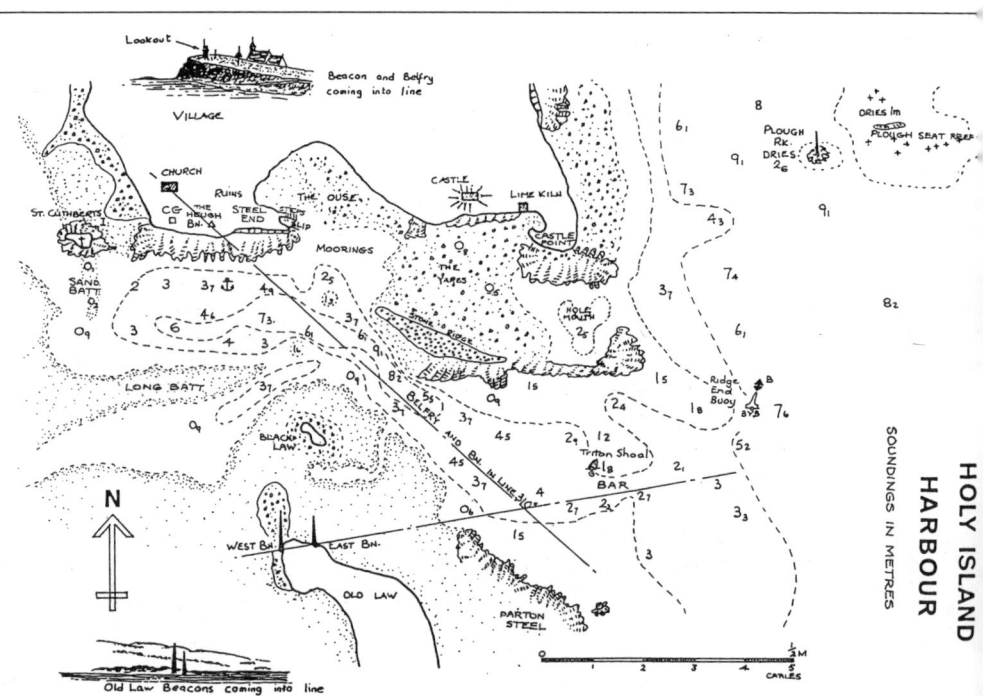

draußen hat dann keine Chance", erzählt uns der mitteilsame Lebensmittelhändler. „So manche Segelyacht ging hier schon auf die Bänke, denn Holy ist ein populäres Ziel der Segler zwischen Edinburgh und Newcastle." Ein Fischer, der im trocknen Gras sein Netz ausbreitet, murrt, als wir ihn nach der Wetterlage fragen, ein anderer stöhnt: „Nichts mehr zu fangen bei uns." Womöglich haben Touristen, die sich bekanntlich stets zuerst auf Fischersleute stürzen, sie schon „totgefragt". „Am schönsten ist es auf unserer Insel, wenn Hochwasser ist, dann sind die meisten Besucher weg", das sagt nun wieder eine Frau, von der Astrid eine Fotokarte des malerischen Dorfes kauft.

So isoliert wie die Insel anfangs scheint, ist sie nicht: Neben Grundnahrungsmitteln, die hier erhältlich sind, gibt's ein Restaurant, einen Pub und sogar ein nettes Hotel.

Wir haben unser Hotel dabei, unser Restaurant und eine Köchin: Gurkensalat mit feinen Kräutern, Olivenöl und Essig. Spaghettini Bolognese mit Astrids zu Hause eingekochtem Hackfleisch. Zum Nachtisch eine Muck Tee und harte englische Cookies.

Genug der Insellyrik. Gurken wachsen hier nicht.

20 Buckie und seine Flotte

Unsere erste Begegnung mit einem Schotten findet in Buckie statt. Sie ist nicht schlecht: Der Port Captain steht am Kai und deutet an, daß wir festmachen können, wo immer wir wollen. Liegeplätze sind in der Tat ausreichend vorhanden. Nur eine Handvoll Fischkutter haben sich in den vier Hafenbecken verirrt. „Das ist meine ganze Flotte", sagt Angus MacPherson in schottischem Dialekt, „der leere Hafen ist das Ergebnis der Ausweitung der Hoheitsgewässer der Europäischen Union und der Unberechenbarkeit der Natur. Auch die Fangschiffe sind einfach zu effektiv." Aber das erzählt er schon auf dem Weg in sein Büro. Dort läuft nämlich gerade die Fußballübertragung des Spieles Deutschland gegen Rußland. „Das müssen wir doch sehen", sagt er beschwörend. Es läuft bereits die zweite Halbzeit, und Klinsmann hat ein Tor geschossen. „Klinsmann is a great finisher". Begeistert wiederholt er immer wieder, „ein erfolgreicher Vollstrecker". Eigentlich jedesmal, wenn der Stürmer am Ball ist. Nun, wir schließen uns ihm an, allerdings in anderer Weise: „MacPherson ist ein großartiger Teekocher." Nach der Fußballübertragung wird der Fernseher schleunigst in einen Schrank geschoben.

MacPherson ist nicht der eigentliche Hafenmeister. Er ist einer der vielen Untergebenen. Heute, am Sonntag, hat er Dienst. Dreißig Jahre fuhr er zur See, „fishing", wie er uns erzählt, „eine lange Zeit. Aber eine wunderbare Zeit. Immer von den Schwankungen geprägt. Bis in die siebziger Jahre Heringe, dann die fettesten Makrelen. Damit haben wir gut Geld verdient. Alles vorbei, alles finished. Und jetzt der leere Hafen. Hm, wir werden sehen, vielleicht kommt der Makrelenboom zurück." Mißmutig, nicht weil er gegen Yachtbesuche ist, eher, weil Fischerei sein Leben beherrscht, kassiert er uns ab: „Drei Pfund. Ihr könnt dafür bleiben, so lange ihr wollt."

Die Unterhaltung während des Spiels war zugegebenermaßen schwer. Denn er sprach niederschottischen Dialekt. Und er hat sich auch nicht viel Mühe gegeben, verständlicheres Englisch zu sprechen. Nur beim Abschied wurde er deutlich. Wir sollten auf keinen Fall was vom Fernseher erzählen. „Das Gerät ist nämlich nicht angemeldet."

Der klassische Fischer treibt derzeit ziemlich hilflos in einem Auf und Ab. Ebenso ergeht es allen, die damit in Verbindung stehen: Schiffshändler, Werften, Auktionshallen. Alles recht still und zur Bedeutungslosigkeit geschrumpft.

Buckie im Moray Firth ist nicht unser erster schottischer Hafen. Für einige Stunden hatten wir auf der Überfahrt von Holy noch in Peterhead festgemacht. Ein schöner Steg, aber irgendwie zu „offshore" – ein Versorgerhafen der Bohrinseln in der Nordsee, mit all seinen Vor- und Nachteilen.

Astrid und ich mit unserer fabelhaften KATHENA.
Nachdem wir uns an die Schnelligkeit gewöhnt haben, ist
das Segeln mit dem sportlichen Boot ein Vergnügen.

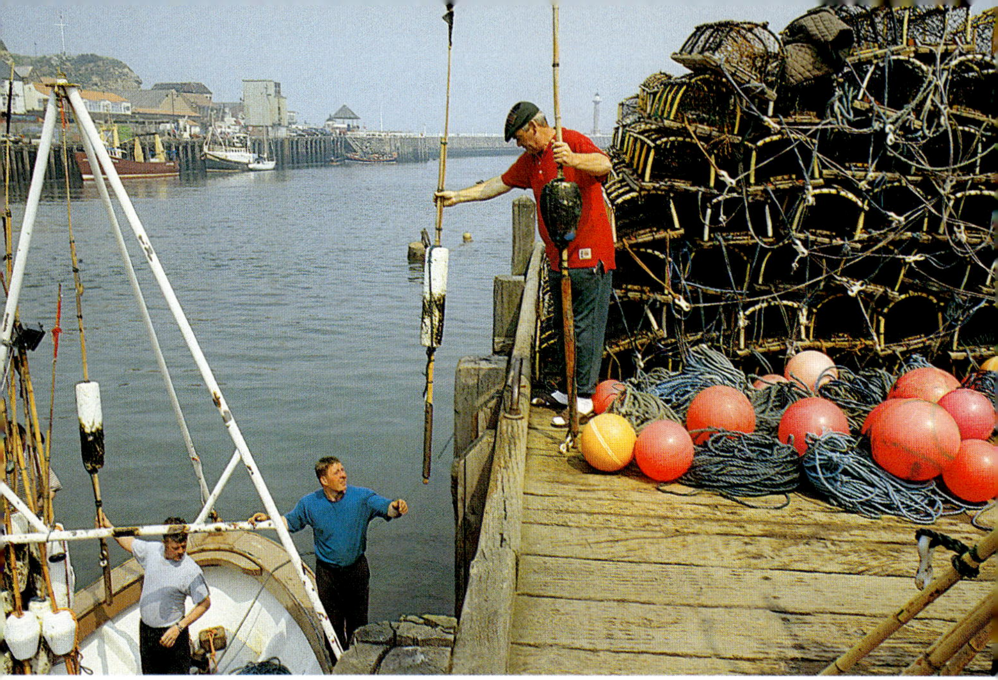

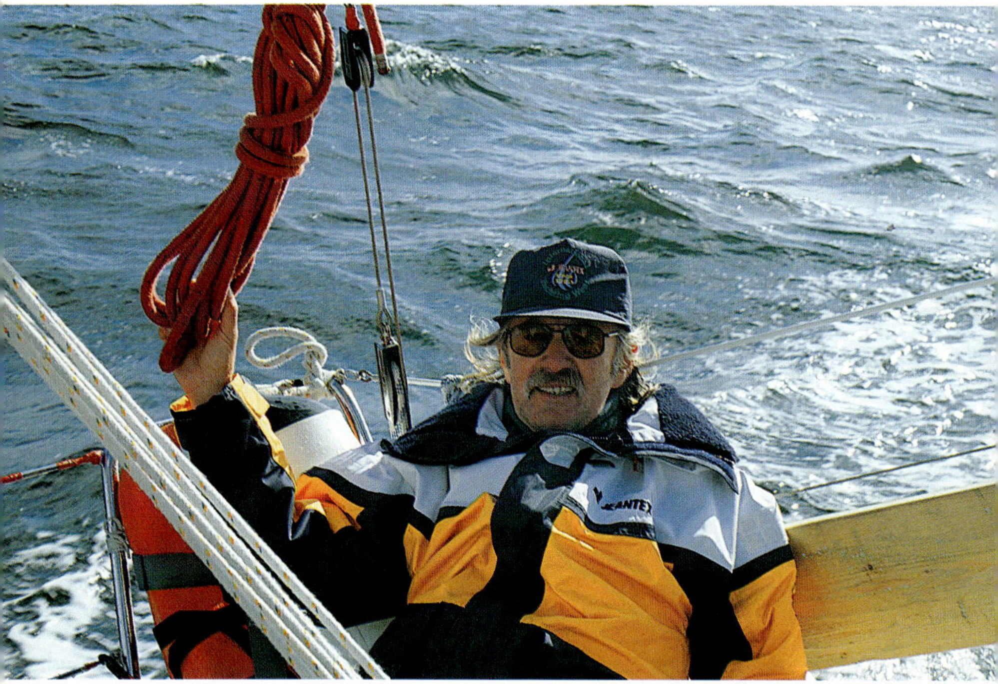

Die tägliche Segel-Wirklichkeit an der englischen Ostküste sieht insgesamt anspruchsvoll aus: fast immer Ölzeug, wechselnde Winde, schlechte Sicht. Kleine Fischerorte und winzige Inseln entschädigen. Oben: Sehenswert die Insel Holy und (auf der nächsten Doppelseite) das schottische Inland.

Wenig genutzt und von Bergrücken umgeben: der Kaledonien Kanal. Oben: Loch Oich mit seinen Inseln, der schönste Teil des Kanals. Im Nu habe ich einen der hohen Berge bestiegen und somit einen herrlichen Blick über den See.

Die Strecke, 162 Meilen, war seglerisch „Fish'n chips". Erst mal, als Edinburgh (Firth of Forth) querab lag, hatten wir idealen Segelwind inklusive Wetterbericht.

Logbuch 14. Juni:
Edinburgh, die Kapitale, lassen wir links liegen. A. meint, bei diesem Wetter können wir doch nicht in eine Marina, die schwellig sein kann und weit von der Stadt entfernt liegt. Eine Großstadt reicht mir auf der Fahrt: Shopping-Boulevard, Altstadt, Zebrastreifen. Durch die Stadt latschen und nichts kaufen gibt keinen Sinn. Ich gebe zu: Fällt mir schwer, daran vorbeizusegeln. An den Anblick Edinburghs mit seiner majestätischen Burg von See aus werden wir uns nicht erfreuen können. Soll sehenswert sein, ebenso die historischen Gebäude, Museen ... Viele werden es nicht verstehen. Vielleicht fahren wir mal von irgendwo in Schottland mit dem Bus hin. Die Busverbindungen sollen hervorragend sein.

Logbuch 15. Juni:
Dümpeln in der Flaute. „Flaute ist auch Natur", ich zu A. „Tja, dieses Lied kenne ich. Ist mir bekannt." Heute ist die Natur eine sehr traurige, denn sie findet in Sicht der Küste statt. Da fällt es auch mir schwer, auf Wind zu warten. Zumal das Großsegel (Lattensegel) schwer an den Rutschern reißt. Aber ich sage mir, man kann in allen Lagen sein Gefühl für die Natur bewahren. Also auch bei schwelliger Flaute. Und ich muß, trotz Dieselmotor im Boot, versuchen, dieses Gefühl und die Aufmerksamkeit für Flautensegeln nicht zu verlieren. Konträr gesehen: Bei Sturm ist Natur immer sehr spürbar, wenn auch, mangels Interesse, eine Tote.

Wir motorten dann doch. Irgendwann. Und immer wieder. Der Wind war höchst wendisch. Speziell unterhalb der bergigen schottischen Küste im Moray Firth. Dicht vorbei an den berühmten Fischer-

Fish'n Chips, auch Astrids „täglich Brot" an
den Küsten der Britischen Inseln. Ich kann leider
wegen meiner Fischallergie nicht mitessen.

häfen Fraserburgh, Gardenstown, Macduff, bis wir uns für Buckie entschieden, das vor einem bewaldeten Hügel liegt. Die Hafeneinfahrt markiert ein Leuchtturm am äußersten Ende des Piers.

Draußen herrscht ein Sturmwind. Nordost. Das Meer ist stumpf und grau mit Schaumkronen bis zum Horizont. Die Gischt peitscht über die Mole, knallt aufs Deck der KATHENA. So was habe ich auch noch nicht erlebt. Im Hafen Gischt aufs Boot. Astrid duckt sich unterm Spritzschutz und verzieht die Mundwinkel. Ich schiebe meine alten Kassetten in den Recorder: Patricia Kaas, eine Stimme wie Ebbe und Flut.

Was soll ich jetzt schreiben? Daß wir bleiben, ist klar. Einen Tag und noch einen, der harte Wind aus dem Norden hält sich. Man lockt uns ins Hafenbüro zum Aufwärmen, zum Wetterbericht ablesen, zum Quatschen: Über unsere Ziele, über die Krise in der Fischerei, daß viele Kuttereigner hoch verschuldet sind, und selbstverständlich ist Fußball ein Thema. „Nichts anderes wollen wir so sehr, als die Engländer im Fußball besiegen." Das „einzige Spiel" der Schotten bei der Europameisterschaft ist dann nach hinten losgegangen: 0 – 2.

Buckie ist eine kleine, auf einer Anhöhe gelegene Stadt. Mitten in der grauen Häuserfront eine hochaufragende Kirche. Gegenüber dem Pub „The Square". An der breiten Hauptstraße Teestube, Lebensmittelladen, Papiergeschäft, alles Einrichtungen, die wir in Anspruch nehmen. Richtung Osten liegt der Golfplatz, ohne Baum und Busch, völlig dem Wind ausgesetzt. Nach Westen hin der River Spey, und an seiner Mündung der kieselige Badestrand von Buckie. Das Hinterland, die Region Grampian, hat das ideale Reifeklima für Gerste, die in den örtlichen Whiskydestillen verarbeitet wird.

Ich laufe die Region um Buckie kilometerweit ab. Durch die Landschaft, in die Dörfer. Nie begegne ich einem Menschen außerhalb des unmittelbaren Ortskerns von Buckie. Offensichtlich findet das eigentliche Leben im Haus und im Auto statt. Unten am Hafen hat sich nur ein Pärchen eingefunden: Autourlauber aus Düsseldorf, die auch ein Boot haben, sonst hätten sie uns wohl nicht angesprochen. Eine Yacht im Mittelmeer. „Über 20 Tonnen Aluminium!" Sie verraten uns, daß sie sich in Schottland unheimlich wohl fühlen, „in einer kleinen Bucht parken und dann picknicken". So ist das Leben.

21   Kanal mit Aussicht

Westwärts durch den Kaledonien-Kanal wollen wir segeln und motoren. Von See zu See. Von Schleuse zu Schleuse. An Schilfbänken und Felsenufern entlang. Und in erster Linie diesen künstlichen Wasserweg quer durch Schottland nicht unbedingt in Eile befahren. Der Kanal, mit drei eingeschlossenen Seen, ist rund 60 Seemeilen lang, dabei sind 29 Schleusen und 33 Meter Höhenunterschied zu bewältigen.

Einstweilen tuckern wir gegen die Nachmittagssonne auf die erste Schleuse in Inverness zu. Streng nach Seekarte. Doch was ist das? Berühren wir wahrhaftig in einer Kurve Grund und sitzen schließlich mit dem Kiel total fest. Mit Hilfe der auflaufenden Tide und Vollgas zurück sind wir zum Glück bald von der Sandbank runter. Astrid ist ziemlich erbost. „Habe ich doch gewußt, daß du das Kap schneidest. Warum steuerst du nicht wirklich nach der Karte?" Ein Kap zu schnibbeln, da kann sie sich immer furchtbar aufregen.

Das „traffic light" der Schleuse Clachnaharry zeigt Rot. Wir schauen übers Land, in die verschiedenen Buchten, hinauf zu den Bergen und drehen Kreise, bis die Schleuse endlich öffnet. Vorschriftsmäßig laufen wir ein. Die Kammer erscheint schmal, und die Wände sind voll kleiner Muscheln. Mit einem Fenderbrett auf zwei Fendern läuft das Schleusen jetzt und in Zukunft sauber ab. Der Hub ist erst mal nicht bemerkenswert hoch, und das Ticket, beim Schleusenmeister gleich zu lösen, ist günstig: 102 Pfund für acht Kanaltage, mit eingeschlossen die Benutzung der Steganlagen.

Nach zwei Schleusen sind wir immer noch in Inverness. In der Stadtmarina übernachten wir. Heiße Dusche, Toilette, Müllbehälter, was in Schottland nicht die Regel ist. Mit zwei prall gefüllten Segeltaschen stürmt meine liebe Frau und Seglerin gleich nach dem Duschen mit frischgewaschenem Haar die kilometerlange Straße runter in die Stadt. Nein, nicht zum Bahnhof – in die Laundrette. „Nicht schon wieder." Eine häßliche Bude, mit Maschinen, deren Bedienungsanleitungen nicht zu verstehen sind, und wo die Maschinentür nur mit einem Trick zu öffnen ist. Das Wunderbare in solchen Salons aber ist, daß die Leute stets hilfsbereit sind. Sofort mit anfassen und einen in Gespräche über Kinder, Wetter und Preise verwickeln. Es ist auch so was wie eine Informationsbörse für Astrid. Die offiziellen Touristenbüros meidet sie wie der Teufel das Weihwasser. Abends um 21.00 Uhr in ihrer Vorschiffkoje seufzt sie: „Wird leider alles wieder schmutzig."

Dann die vierstufige Schleusentreppe von Muirtown. Astrid motort in die leere Schleusenkammer. Sie ist gleichzeitig für die Heckleine zuständig. Ich für die Vorleine. Dort auf dem Vordeck hat man praktisch die Wassermassen des Kanals meterhoch über sich. Wenn dann geflutet wird und das Wasser in die Schleusenkammer spritzt, brodelt, quirlt und schäumt, ist man überwältigt von der urwüchsigen Kraft dieses Elements. Wie es aufbraust. Voller Freude am Tosen, voller Gier, alles mit sich zu reißen, was ihm nicht widersteht.

Mit einem Mal riecht es nach Humus und kühlem Modder, nach Torf, Kraut und Felsgestein. Das Boot hebt sich Meter um Meter. Ich halte es mit der Vorleine an der Schleusenmauer, Astrid braucht achtern nur die Lose einholen, bis sich schließlich das knarrende Schleusentor öffnet und die Fahrt freigibt.

Aber nicht das Wasser regiert am Kanal, sondern der Schleusenwärter. Zwischen den vier Kammern erfahren wir ein wenig über „seinen" Kanal. 1882 wurde der „Caledonian Canal", der die kürzeste Verbindung von der Nordsee zur Atlantikseite Schottlands darstellt, eröffnet. Er sollte verschiedene Aufgaben erfüllen: Den Heringsfischern den Weg durch den gefährlichen Pentland Firth ersparen. Ebenso der Küstenschifffahrt Warentransporte erleichtern. Der Region Arbeit beim Bau bieten und später Industrieansiedlungen ermöglichen.

Inzwischen und schon lange ist dem Kanal der wirtschaftliche Nutzen abhanden gekommen. Die Fischdampfer und Handelsschiffe sind größer und seetüchtiger geworden. Sie brauchen diese Wasserstraße nicht mehr. Gegen die neue Zeit, Straße und Lastwagen, hat

Der Ankerplatz vor dem Fichteninselchen Cherry im Loch Ness hat etwas ungeheuer Geheimnisvolles. Die Kamera liegt zwar parat, aber das Monster taucht nicht auf.

der Kanal keine Chance. Aber so ein Kanal läßt sich nicht aus der Welt schaffen. So ist er zum Sanierungsgewässer geworden und nur noch für Wassersportler interessant. Aber die Einnahmen von Yachten und Kleinfahrzeugen decken nur einen geringen Teil der Kosten, während die Instandhaltung des Kanals sowie das Personal ein Vielfaches verschlingt.

Der Geruch des freien Wassers. Beidseitig dichtgedrängt blühender Ginster. Laubbäume halten den Wind fern. Farn wuchert über die Uferbefestigung. Weitläufige Wiesen, auf denen Galloways grasen. An den Steinen die grüne Haut der Algen.

Nach einer Stunde passieren wir eine einzelne Schleuse: Dochgarroch. Ein lauschiger Platz. Kein plätscherndes Wasser unterm Heck, kein Hauch Wind kann den Mast zum Dröhnen bringen. „Hier bleiben wir." Schleusenmann Donald McInnes erlaubt uns, KATHENA unmittelbar vor seinem Haus zu vertäuen. Weißgemalte Poller, der obligatorische Rettungsring, perfekter Grasschnitt, knubbelige Hecken, hier ist alles tipptopp. Wir legen uns ins Gras, schauen in den Himmel, Wolken fliegen der Nordsee zu. In der Stille nur ein leichtes Rauschen des River Ness, der parallel zum Kanal fließt. Sein Wasser ist glasklar. Nach sieben Meilen Kanalfahrt bereits ein Zeitpunkt, wo wir sicher sind, die Wirklichkeit dieser Gegend erreicht zu haben.

Astrid träumt immer noch von diesem Liegeplatz, als wir längst im Loch Ness sind – Schottlands bekanntestem See.

Loch Ness, einer von drei Seen im Kaledonien-Kanal. Cañonartig, langgezogen, eindrucksvoll. Im weiteren Verlauf folgt Loch Oich, der mit 33 Meter höchstgelegene See, und Loch Lochy, beide ebenfalls am Talboden eines tiefen Glens.

Bekannt ist Loch Ness vor allem wegen des prominenten Monsters Nessie, das angeblich darin lebt. Ein schöner Mythos, von dem am See wenigstens eine Menge Bewohner leben. Ausflugsboote, Hotels und Campingplätze sind gut besucht. Der Beweis von der Existenz Nessies ist sehr dürftig. Auf den wenigen Fotos, die es vom Ungeheuer gibt, sieht man, daß sie getürkt wurden. Schließlich wurde des öfteren Geld, viel Geld auf einen unumstößlichen Beweis vom Nessierätsel ausgelobt. Die Monsterjäger strengen sich zwar ungeheuer an, aber die Bilanz ist nebliger als trüb. McInnes von der Schleuse glaubt nicht an das Lebewesen im Loch. Er wundert sich: „Mehrere Male im Jahr finden richtig aufwendige Expeditionen statt."

Was wir fürs erste zu sehen bekommen, ist ein tiefeinschneidendes Tal mit steil abfallenden Felshängen. Die Hänge sind stark bewaldet, was dem See auf Anhieb etwas Unergründliches gibt. KATHENA schiebt sich unter Spinnaker nur meterweise über das spiegelglatte Wasser des „Monster Territory". Es herrscht nämlich fast Flaute. Die Sonne bemüht sich nach Kräften, doch dunkle Wolken klettern erneut über die Berghänge.

Das Wasser der Flüsse und Bäche von den Hochmooren macht Loch Ness trüb wie ein Faß Bitter. Wer jemals am Loch Ness war, wird mir sicher darin zustimmen, daß der See wirklich etwas Geheimnisvolles, ja Unheimliches hat. Er ist etwa 20 Seemeilen lang, eineinhalb breit, sehr tief, 250 Meter, und sehr kalt. Ich messe fünf Grad.

Einzelne, kräftige Windstöße fordern uns auf, den Spinnaker zu bergen. Aber da sind wir schon vor Urquhart Castle, einer stattlichen Burgruine, die es zu besichtigen gilt. Deswegen machen wir in einem kleinen Hafen fest, der in die Felsen gesprengt wurde. Mit Hilfe von EU-Fördermitteln, wie ein blaues Schild ausweist. Das Becken hat 2,20 Meter Tiefe. Bezahlautomat und Sanitär befinden sich in einer super gebauten Holzhütte.

Die Nacht verbringen wir trotzdem nicht in der neuen „Marina" Urquhart. Wir haben Cherry Island ins Auge gefaßt. Auf fünf Meter fällt gegen Abend der Anker hinter einem Inselchen von fünf Schritten im Durchmesser, das mit 17 Fichten bewachsen ist. Außergewöhnlich und schön. Nur schön, weil einmalig. Cherry liegt ganz am anderen Ende des Loch Ness. „Vielleicht werden wir hier Augenzeugen des Nessiewesens", konstatiert Astrid. Ich ergänze: „Bei Mond soll es an die Oberfläche kommen, womöglich guckt es mal bei uns durchs Fenster."

In Fort Augustus mit seiner imposanten Benediktinerabtei beginnt wieder der Kanal. Eine fünfstufige Schleusentreppe, die wir mit vielen Motorbooten und einem Segelboot teilen, ist in zwei Stunden

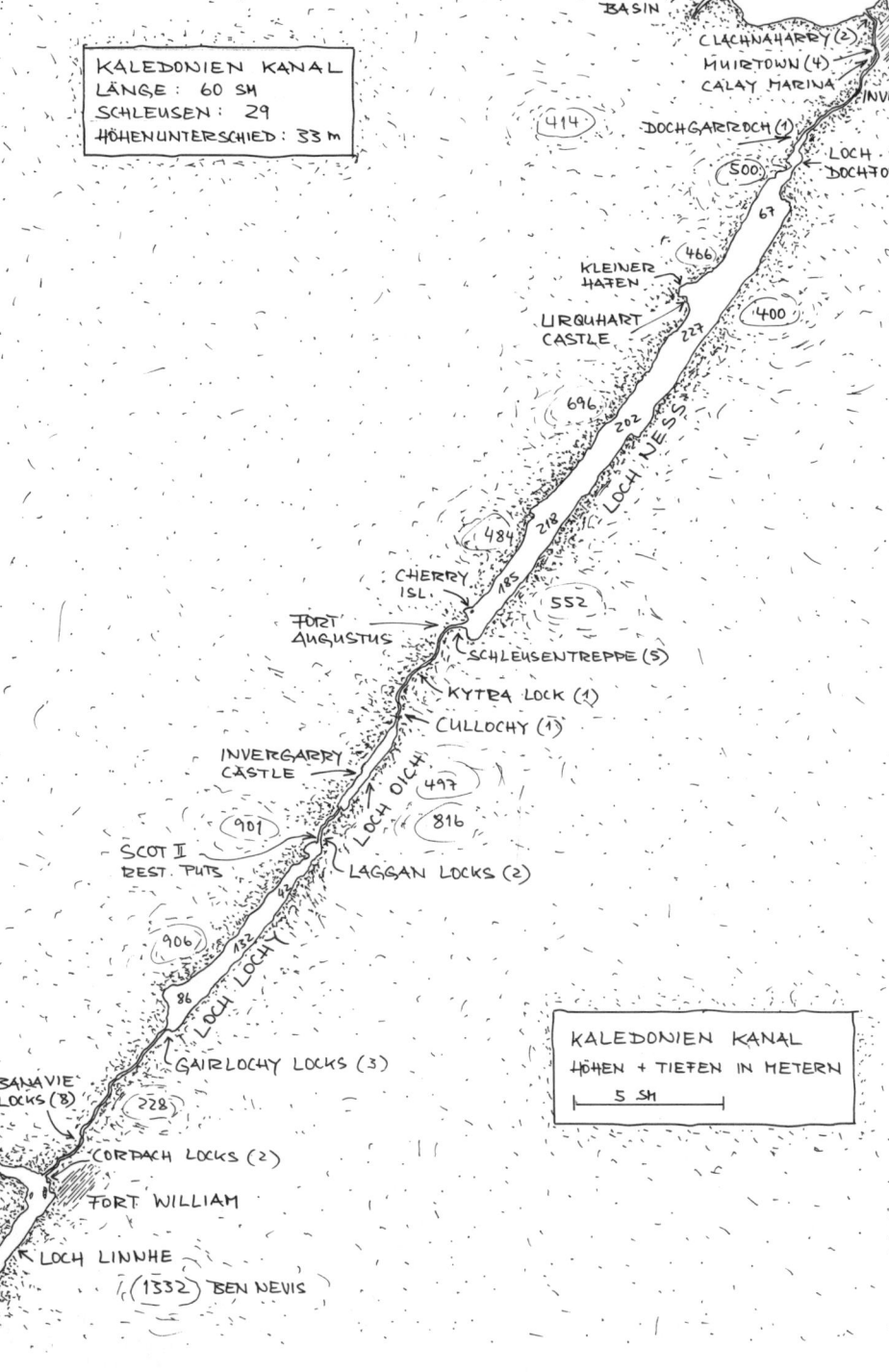

KALEDONIEN KANAL
LÄNGE: 60 SM
SCHLEUSEN: 29
HÖHENUNTERSCHIED: 33 m

BEAULY BASIN

CLACHNAHARRY (2)
MUIRTOWN (4)
CALAY MARINA
INVERNE

DOCHGARROCH (1)

414

500

LOCH DOCHFOUR

67

466

400

KLEINER HAFEN

URQUHART CASTLE

227

696

202

LOCH NESS

218

484

185

CHERRY ISL.

552

FORT AUGUSTUS

SCHLEUSENTREPPE (5)

KYTRA LOCK (1)

CULLOCHY (1)

INVERGARRY CASTLE

LOCH OICH

497

816

901

SCOT II REST. PUTS

LAGGAN LOCKS (2)

42

906

432

86

LOCH LOCHY

GAIRLOCHY LOCKS (3)

BANAVIE LOCKS (8)

228

CORPACH LOCKS (2)

FORT WILLIAM

LOCH LINNHE

(1332) BEN NEVIS

KALEDONIEN KANAL
HÖHEN + TIEFEN IN METERN
5 SM

erklommen. Die Fahrer der kleinen Kabinenkreuzer machen Schleusen und Bootsanleger zum Wassernarrengebiet. Ohne Führerschein oder irgendwelche Kenntnisse werden diese Boote beidendig des Kanals vermietet. Im Normalfall für eine Woche, das reicht, um den Kanal hin und zurück abzumotoren.

Unser Motor tuckert weiter fleißig durch das sich windende Kanalbett. Angenehm laut und ohne zu mucken. Nichts als rechtzeitigen Ölwechsel habe ich der Maschine bisher zukommen lassen. Gut, doppelt gefilterten Diesel als Brennstoff natürlich. Und: trocken und sauber gehalten.

Als wir der Schleuse Cullochy nahe kommen, haben wir das Gefühl, wir reisen durch eine Märchenlandschaft. Unter einem Gewölbe grüner Bäume schlängelt sich der Kanal dahin. Wie ein vergessenes Kleinod liegt in diesem Meer von Wald auch die Schleusenanlage. Gestapeltes Kaminholz, ein Steingarten, englischer Rasen und der obligatorische Rettungsring zieren das Reich von Schleusenwärter Andy Brady. Er animiert uns zu bleiben. Wir nehmen an: Solo am Steg vor der Einfahrt, da kann man nicht murren. Spaziergänge. Sonst nur umsehen. Auch hier wuchern gelbblühende Ginsterbüsche bis ins Wasser.

So lieblich habe ich einen Kanal noch nie gesehen. Der schwedische Götakanal, den wir vor drei Jahren durchfuhren, war schon ein Schmuckstück. Dieser Kaledonien aber ist grandios, weil allemal stiller, auch griffiger, uriger. Schwer, die richtigen Worte zu finden. Er ist irgendwie geltender. Okay. Liegt auch daran, daß er nicht so organisiert ist. Keine Funkgeräte, keine Hetze, kein Gedrängel wie im überfüllten Götakanal.

Was macht man abends an einem idyllischen Platz? Spaghetti, Blue Cheese, Rotwein. „Missunder Rotwein" von Melitta und Helmut ausreichend mitgegeben. Die beiden schenken uns nicht nur den Liegeplatz in Missunde an der Schlei, sondern sorgen auch für gute Stimmung unterwegs.

Wir verträumen den Abend. Jeder schläft mit offenen Augen.

Wir waren gut beraten zu bleiben. Eine „early morning" Ansteuerung des Loch Oich muß man erlebt haben. Nicht nur Bäume spiegeln sich im Wasser des Sees, ganze Bergrücken, Inseln, unser Boot, alles. Eine faszinierende Stunde. „Wenn man's Fotografieren vergißt, war es wirklich klassisch."

Wir ankern mal wieder vor den Ruinen eines Kastells: Invergarry. Immer nur Ruinen, wer will die noch sehen? Astrid will. Folglich trennen wir uns. Sie stöbert durch die Burgreste, ich besteige meinen ersten Highlandberg: den 816 Meter hohen Carn Dearg. Nie und nimmer hätte ich gedacht, daß so ein kleiner Berg zur Strapaze werden kann. Trotz fester, knöchelhoher Wanderschuhe und relativ freier Wegstrecke. Feuchtes grünes Gras, gelbes trockenes Gras, Steine, Gebüschflächen, engmaschige Schafzäune und Sonne lassen mich schwitzen. So steil und holperig sah er beim Start gar nicht aus. Dann der Blick nach oben: noch immer nicht „the top". So ein Anstieg kann sich hinziehen. Und dann nur einen Apfel und nichts zu trinken dabei. Der Rundblick über Loch Oich entschädigt. Das Grün der Inseln und mittendrin ein segelndes Boot mit einem Kielwasser wie eine Brautschleppe.

Diese Wanderung hatte ich mir leichter vorgestellt. Das Gelände erschien vom Boot aus betrachtet viel sanfter, ebener. Mir fehlte ganz sicher das Training. Die Muskelbewegung an Bord ist doch eine andere. Nächstes Mal will ich's niedriger angehen lassen. Besser vorbereitet losgehen und nicht nach dem Motto: Dort ist ein ordentlicher Berg. Auf geht's.

Die Sonne im Rücken. Die Segel im Rigg. So steuern wir das nächste Kanalstück an. Gegenüber von SCOTT II, einem Schlepper, machen wir vor der Lagganschleuse fest. Sieht ganz hübsch aus. Der Schlepper ist zum Restaurant umfunktioniert worden. Wir trinken und essen dort eine Kleinigkeit. Astrid verwickelt sich in Gespräche mit englischen Seglern, die uns Gesellschaft leisten.

Astrid:

Wir sind vermutlich das unpopulärste Volk in Europa. Bei aller Höflichkeit der Engländer spüre ich das. Derzeit reizt das Thema Ausweispflicht und Meldezwang. Das will hier niemand hinnehmen. Noch mehr Staat als jetzt? Man kämpft vehement dagegen. Im Rundfunk ist das täglich zu hören. BBC läßt offenbar noch mehr Hörer zu aktuellen Themen zu Wort kommen als der NDR. Unsere Bootsnach-

barn, eine Großfamilie, sind im Bauch der Scott gar der Meinung,
das komme alles aus Bonn. Zu diesem Zeitpunkt hatten sie allerdings
ein paar Pints durchgereicht. Tatsächlich: An allem Schlechten für
sie ist der Kontinent schuld und dort die Deutschen. Geldprobleme,
Wirtschaft, Rinderseuche. Die schlimmste Sache für die Briten war
wohl der Kampf um die „Brent Spar". Daß wir da die moralisierende
Herrschaft an uns gerissen haben, ist mir nie zu Bewußtsein gekom-
men. „Was bedeutet das für unsere Ölfelder?" fragt einer gerade
mich. Unfaßbar. Die Sprache ist nie aggressiv. Immer höflich. Gott
sei es gedankt, daß es für uns noch Bootsthemen gibt: Meilen, Wet-
ter, Ziele. Und glücklicherweise greift der Vater der Familie bald zum
Akkordeon: Hohner. Worauf er wiederum stolz ist. So ist es noch ein
gemütlicher Abend. Ihre Lieder, die sie lautstark vortragen, erinnern
mich an die der deutschen Segler in Texel. So weit auseinander sind
wir doch gar nicht.

Mit Loch Lochy, dem letzten See in der Kette des Kanals, liegt
der eigensinnige Zauber einer Natur achteraus, die ganz anders war,
als das, was wir bisher gesehen haben.

Eben noch 400 Meter hohe Bergflanken bis ans Ufer, nun eine flache Landschaft. Die Berge haben sich zurückgezogen. Weit hinten,
südlich von uns, können wir den ganzen Tag die schneebedeckten
Gipfel des Ben Nevis bewundern. Mit 1332 Metern ist er der höchste Berg Großbritanniens.

In Fort William erwartet uns nach neun Tagen in Binnengewässern
eine achtstufige Schleusentreppe, Neptune's Staircase genannt. Sie
führt abwärts, auf Atlantikhöhe. Und das wird noch mal lustig. Mit
uns schleusen 12 Mädchen und Jungen aus Norwegen, die mit einem
Wikingerboot von Haugesund nach Brest unterwegs sind. Ihre
Skorougen ist 13 Meter lang. Und offen, versteht sich. Ich bewundere diese Schiffe mehr als unsere Oldtimer auf Ost- und Nordsee.
Mein Freund Burghard Pieske ist ja mit einem Wikingerboot dieser
Größe über den Nordatlantik gesegelt. Eine beachtenswerte Fahrt
meiner Auffassung nach.

Die norwegische „Kindercrew", wie Astrid sie sofort nennt, schläft
unter einer Persenning und kocht – wenn überhaupt – auf einem ein-

flammigen Kocher. Zum Frühstück, das können wir beobachten, gibt's für jeden eine Schüssel Müsli mit kalter Milch. Gewaschen wird sich mit Schlauch und Handpumpe, die das kalte Kanalwasser ansaugt. Bei der Gelegenheit werden gleich diejenigen mit abgespritzt, die nicht wollen – Balz auf Wikingerart. Das einzige Stück Trockenheit ist der Kartentisch, eine Art Kommode mit Glasplatte. Da sehen wir mit Origo, Spiegel und frischer Bettwäsche noch älter aus, als wir schon sind. Offenbar sehen die „Wikinger" das auch so: Sie treideln unsere KATHENA von Schleusenkammer zu Schleusenkammer. Herrlich, wir brauchen uns um nichts zu kümmern.

Oder doch: um die Tide. Astrid blättert im „MacMillan", unserem Tidenatlas, und stellt fest, daß wir zur richtigen Zeit ins Meer gesenkt werden. Die starke Strömung im Loch Linnhe ist mit uns. Der Wind kommt von Land, das bedeutet halber Wind. „Klasse. Heute abend Oban", freue ich mich. Die Wikinger setzen ihre Breitfock. Sie segeln ihr schmales Boot erstaunlich schnell. Mithalten mit unserem „Porsche unter den Fahrtenyachten" (Astrids plastische Sprache) können sie nicht. Zugegeben: Wer schnell segelt, sieht weniger. Und an dieser Seite Schottlands gibt's viel zu sehen.

22   Fußball heißt das Menü

In Oban dann: duschen, umziehen und ab in die Stadt. Astrid und ich suchen einen Pub mit Barmeals und Fernseher. Im „Coasters" an der Wasserfront, Corran Esplanade, werden wir fündig in jeder Hinsicht, der Laden ist nämlich voll; trotzdem ergattern wir noch einen Stehplatz. Es kann sich nur noch um eine halbe Stunde handeln. Hastig bestellen wir Roast chicken und chips sowie Fish und chips, nur, um nach dem langen Segeltag etwas im knurrenden Magen zu haben. England – Deutschland heißt das eigentliche Menü des Abends. Es geht um den Einzug ins Endspiel der Europameisterschaft. Das wollen wir uns nicht entgehen lassen. Weniger des Fußballs als der

Atmosphäre wegen. Lediglich mit „The Game" (das Spiel) wurde die Begegnung heute auf der Titelseite der Zeitung angekündigt.

Der große Augenblick beginnt. Wir stehen genau in der Mitte des Lokals. Rechts von uns stehen und sitzen die schottischen Gäste, links die englischen Fans. Für rund achtzig Augenpaare, zumeist männliche, stehen fünf Großformat-Fernsehgeräte zur Verfügung. Alle haben ihr half pint randvoll vor sich. Ich schaue mich um: Trinkt denn hier niemand was anderes als Bier? Sieht so aus. Hinter der Bar stehen drei Keeper für den Nachschub. In Pubs ist ausschließlich Selbstbedienung, dazu das bereits erwähnte Sofortbezahlen.

Astrid, die mehr als nur die Abseitsregel im Fußball versteht, gibt sich kameradschaftlich als deutscher Fan zu erkennen. „Ist das nötig?" Mir ist mulmig. Was haben die fußballverrückten Engländer nicht schon alles angestellt. Weitere Touristen vom Kontinent sind in der Enge nicht auszumachen.

Ballfieber bricht aus, als die Engländer in der dritten Minute durch Alan Shearer in Führung gehen. Eine ekstatische Erregung macht sich breit. Die Gläser werden rasch nachgefüllt, und man kann von Glück sagen, daß es kein schaumiges Pils ist, das in England verzapft wird. Damit den Gästen, während sie Nachschub holen, nichts vom Spiel entgeht, hat der Wirt über dem Tresen in den Regalen mit Chivas und Bacardi einen Bildschirm plaziert. Bewundernswerter Service. Und wer in einem Trikot der englischen Nationalelf gekommen ist, bekommt ein Pint gratis. Aber das sind nur wenige.

Wie sie bei diesem Spektakel mit dem Ton zurechtkommen, bleibt uns ein Rätsel. In der Pause gibt's die Wiederholungen, die Zeitlupen, die Interviews. Ich sehe nicht besonders aufmerksam hin, neben mir ist ein viel schöneres Spiel, Schauspiel zu beobachten: Die Sonne geht unter. Über Hafen und Bucht von Oban schimmert es knallrot.

Die zweite Halbzeit eilt vorbei. Der Reporter wiederholt: „You cannot write the germans off." Und da ist er: der Ausgleich. Stille auf der englischen Seite. Verlängerung. Hier hätte der Fußballer Paul Gascoigne Geschichte schreiben können. „Klar zum Reinschieben." Nur um Zentimeter verpaßt er den Ball vor dem leeren deutschen Tor. Der Tresen wird gestürmt. Keiner will beim Elfmeterschießen mit leerem Glas sein. Zu verstehen ist eh nichts mehr. Rauch vernebelt die Schirme.

Dann wird es richtig spannend: Elfmeterschießen. Beispiellose Stille auf beiden Seiten. Auch wenn es dramatisch klingt: Die Leute schauen zu, als ob es um ihr Leben ginge. 6 : 5 für die deutschen Fußballer. Das Paradoxe: Jedesmal, wenn die Engländer treffen, jubelt die englische Seite, die schottische verharrt. Versenken die Deutschen den Ball im Netz, ist's genau umgekehrt.

Ende des Spiels – ja, und was nun? Da stehen einige ratlos herum. Das Bier will ihnen nicht mehr schmecken, doch kein häßliches Wort fällt. Uns werden die Hände geschüttelt. Man gratuliert. Warum? Wieso uns? Es ist der Respekt vor dem deutschen Fußball, der solche Gesten zustande bringt.

Hier wie bei uns im Fernsehen erneut die Analyse, die Zeitlupe: Gascoigne rutscht immer noch und immer wieder, pro Minute mindestens ein halbes Dutzend Mal am Ball vorbei. Das Lokal leert sich. Ich stehe mit Astrid noch am Fenster. Der Himmel ist jetzt pastellfarben. Ein schwer enttäuschter Brite verwickelt Astrid in ein Gespräch: „Ich glaube, diese methodische, nüchterne Abwicklung des Fußballspiels ist euer Erfolg. Das sagt uns Briten auch viel über den deutschen Charakter." Sie bewundern das und finden es gleichzeitig beängstigend. Und diese Ambivalenz gilt für das ganze Verhältnis. Nur, im Fußball haben sie Respekt vor uns. „Und im Segeln?" „Gosh, I don't know."

Um dies vorwegzunehmen: Zwei Wochen nach Ende der Europameisterschaft schaltet der Deutsche Fußballbund eine Anzeige in der „Times". Er bedankt sich ganzseitig bei den Organisatoren, den Helfern und vor allem bei den britischen Fans. Das wird mit viel Aufmerksamkeit und Wertschätzung zur Kenntnis genommen. Es ist über alle Sender zu hören und in vielen Zeitungen nachzulesen. Die Anzeige kostete 52 000 Mark, darauf wird auf Seite eins der „Times" hingewiesen.

23 Brücke über den Atlantik

Craobh Haven. In einer Cafébar packe ich mir Broschüren ein. Texte und Bilder beschwören Abgeschiedenheit, Historie, Schönheit, Sehenswürdigkeiten. Das Übliche. Die Hebriden werden wie andere Touristik-Landschaften auch als einzigartig dargestellt. Der Grund dafür liegt sicher in dem Bedürfnis, sich bedeutend zu machen, um auf diese Weise zu suggerieren, daß man ist, wo man ist. Noch sind wir aber nicht da, um feststellen zu können, ob es sich tatsächlich so verhält. Doch wir können immerhin einige Inseln der Inneren Hebriden, die sich dicht ans Festland schmiegen, sehen.

Um dort hinzukommen, wo wir jetzt sind, noch an der Westküste Schottlands, benötigten wir einen halben Segeltag. Die neue und moderne Craobh Marina liegt 30 Meilen südlich von Oban. Hier haben wir nicht festgemacht, um Wasser zu bunkern, Gasflaschen zu tauschen oder gar bequem an Land gehen zu können, nein, eigentlich wollten wir den Absprung nach Irland vorbereiten. Rathlin, Portrush und die offenen oder tief ins Land reichenden Buchten zwischen Malin Head und Aranmore sind geplant. Für mich.

„Du bist zum Verrücktwerden. Das ist nun wirklich nicht mehr die Nordsee." Astrid kommt mit solchen Argumènten immer in letzter Minute.

„Wir haben doch all die neuen Seekarten und Pläne ..."

„Guck sie dir mal genau an. Die Häfen und Ankermöglichkeiten sind „exposed", umständlich, und zusätzlich gibt's im Norden heftige Tiden. Weißt du doch selbst."

Es regnet. Es windet aus der falschen Richtung. Man hat Zeit, zuviel Zeit zum Abwägen. Ein Stück Irland fällt so praktisch ins Wasser. Manchmal sind mir Einwände ihrerseits ganz recht. Sonst würde ich bei meinen Wunschzielen nie in einem Sommer um die Nordsee kommen. Aber muß es gerade Irland treffen? Ein kleine Ecke hätte ich gerne erlebt.

„Alles in Ordnung."

„Ist schon gut, Schatz."

Dafür gibt's ein letztes Stück Fußball. Das Endspiel im Wembley Stadion. In dem einzigen Pub, dem „Lord of the Iles", stehen drei

127

Fernseher bereit, aber nur wenige wollen das Spiel der Deutschen und Tschechen sehen. Stimmung, Ambiente, nichts gegen Oban. Kein Fachsimpeln. Nur der Wirt der mehr einer Kirche als einem Pub ähnelnden Kneipe sagt beim Abschied: „Mir ist eine Steffi Graf lieber als ein Dutzend Fußballerbeine."

Ich schreibe über Fußball und Tennis, weil mir unser deutsches Segeln zum Hals raushängt: Olympia – ein Erfolg. Hochseeregatten – Fehlanzeige. Reisesegeln – nur 08/15.

Craobh Marina, fast ein Naturhafen, nur zwei kleine Steinmolen schützen gegen nördliche Winde. Der Rest sind umliegende kleine Inseln. Die Siedlung ist neu und künstlich. Einfach an die Küste gestellt. Die Architektur der Häuser an der gut hundert Meter langen Hauptstraße haben mediterranen Charme. Dicht schmiegt sich Giebel an Giebel, die in verschiedenen hellen Tönen gestrichen sind. Und: Verschachtelt gebaut, bekommt jeder einen freien Blick zum Meer, zu den Inseln. Ganz offensichtlich ist das abgelegene Craobh nicht angenommen worden. Nur wenige Bewohner und Besucher sind wahrzunehmen. In den Vorgärtchen einiger Häuser stehen Schilder: „For Sale". „Das könnte mir gefallen", meint Astrid. „Mit Garten. Nur gedeiht hier wohl kein Gemüse." Sie möchte vor dem Absprung zu den Hebriden noch einen Tag bleiben. Also bleiben wir. Faulenzend, im Gras liegend, mit Blick über Häuser und Bucht. Es ist wahrscheinlich nützlich, einen Hafen, der gefällt, zu fixieren. Zum Drandenken, zum Erinnern. Früher, als wir noch um die Erde segelten, haben wir das immer getan. Das Dranhängen von Zeit. Hier eine Woche, dort einen Monat.

Seil Island. Der Absprung zu den Hebriden ist nur ein Hüpfer. 20 Seemeilen um die Ecke. Puilladobhrain, der „schlichte" Name der Bucht ist das Faszinosum. Andere haben das wohl auch so gesehen. Die geschützte Bucht ist gut beankert. Von der CAROLINE EMMA werden wir gleich rübergewunken: „Come for a drink." Vor freudiger Überraschung will ich ins Beiboot springen. Doch voll am Dingi vorbei. Meine Kleidung an diesem Juninachmittag, unter anderem Gummistiefel, Wollpullover und schwere Fleecejacke, ziehen mich mächtig nach unten. Wieder trockenfrottiert, messe ich die Wassertemperatur: 11 Grad Celsius.

Auf dem alten, stäbigen Motorsegler wird, was Wunder, Tee angeboten. Man reicht ihn uns in hohen Tassen mit Untertassen. Es ist Milchtee, ein herber, schwarzer Tee mit viel Frischmilch und Zucker. Die Wärme und Süße ist mir nach meinem „Reinfall" willkommen. Ich trinke die Tasse hastig leer. Die Crew, zwei Schotten um die Fünfzig, haben eine Aufgabenteilung, wie sie auf deutschen Booten selten anzutreffen ist: Der eine ist Eigner und der absolute Chef. Er sitzt im Cockpit in feinem Tweed, unterhält und delegiert. Der andere in einer schäbigen Öljacke spült Gläser, verstaut die Segel, reißt an der rostigen Kette. CAROLINE EMMA ist nur neun Meter lang. Unsere Gesprächsthemen kreisen um Aktuelles: BSE, EU, Sport.

Ihre Neugierde an uns basiert auf KATHENA. „Do you feel secure?" Ob wir uns mit diesem Design in diesem Revier sicher fühlen. Viele meinen in der Tat, der gerade Steven würde bei Welle das Boot glatt in die Tiefe ziehen. Mit unserer „Dehler 33" sind wir wahrhaftig Exoten unter den schwerfälligen Britenbooten an dieser Küste. Und erst unser Ankertau über der Teleskopbugrolle – das sieht nun wirklich spillerig aus. Wir sind nämlich die einzigen, die hier mit Kette und angeschäkeltem Tau ankern, alle anderen haben ausschließlich Kette im Wasser. Als es aber in dieser Bucht zu einem unangenehmen Sturm kommt, sind wir eine der wenigen Crews, die nachts durchschlafen können. Andere haben die uns zugedachten Probleme. Sie müssen immer wieder neu ankern.

Die Sehenswürdigkeit der Bucht ist eine Brücke aus dem 18. Jahrhundert, die Seil mit dem Festland verbindet. „Brücke über den Atlantik" genannt. Zwar führt sie nur über einen 50 Meter breiten Wasserarm, aber früher sagten die Einheimischen bei jeder Annäherung der Inseln, sie gingen „across the atlantic". Ein zwei Kilometer langer Fußweg führt von Puilladobhrain zur gemauerten Brücke. Lange stehe ich auf dem Scheitel der schmalen Brücke. Gedanke: Ein neues Stück Segeln beginnt mit den Hebriden, deren Berge ich am Horizont sehe.

Astrid schaut sich derweil den in unmittelbarer Nähe gelegenen famosen Pub an. „Tigh na Truish". Das ist Gälisch und heißt „House of the Trousers" (Haus der Hosen). Als zu Zeiten der Jakobiner Rebellion der Schottenrock per Gesetz verboten war, haben die Inselbewohner, bevor sie aufs Festland gingen, hier ihren Kilt gegen lange Hosen getauscht.

Der erste Blick wird allgemein für informativ gehalten: eine Häuserfront, in grellen Farben gestrichen, Hotel neben Hotel, Bar neben Pub, Boutiquen, Shops, eine schöne Hafenpromenade, zahlreiche Segelyachten spiegeln sich im klaren Wasser der Bucht. Der erste Augenschein von Tobermory signalisiert ein Touristenzentrum. Besonders idyllisch nehmen sich die kleinen Cafés aus, in denen vorwiegend Tee getrunken wird. Astrid widmet ihre Aufmerksamkeit einem Eisenwarenladen. In den Regalen von Browns Ironmongers findet sich ein Sammelsurium von Teekesseln, Zaundraht, Kekspackungen, Büchern. Sie kauft „hanging baskets" – hängende Drahtkörbe für Blumen.

Ein Spaziergang zum Leuchtturm Rubha nan Gall beschert einen phantastischen Ausblick. Wohin? Aufs Festland.

Segeln in diesem Revier ist derzeit keine Erholung: Böen, Regen, Flaute, Sonne und immer Strömung. Ohne die Tidendaten aus dem „MacMillan" läuft hier nichts für KATHENA. Vor dem weißen Leuchtturm von Eilean Musdile, am Eingang zum Sound of Mull, schob der Strom mit 5 Knoten. Das Wasser rotierte mächtig und großflächig. „Sind wir etwa verkehrt?" Gegen den Strom hätte man keine Chance.

Einzigartig nur die farblichen Abstufungen der Berge und Wolken. Über der 700 Meter hohen Insel Mull Regenschleier, Dunstschleier, Lichtstrahlen, Sonnenstrahlen. Alles geht dabei stufenförmig ineinander über. Atemberaubend. Hier trifft das Wort.

24   Loch Scavaig

Wieder vor Anker. Auf neun Meter im Loch Sunart. Die nassen Felsen der ovalen Bucht scheinen im Regen zu zerfließen. Um uns herum ragen sieben eloxierte Alumasten und zwei Holzmasten auf. Die Luken sind dichtgezogen, einige ölzeugbekleidete Seeleute turnen über die rundgeschliffenen Felsen am Strand. Dies ist eine Abwarte-Bucht. Fallender Druck, Regenwindböen und Nebelschwaden haben die meisten wie auch uns hier hinein getrieben. In der Kajüte der KATHENA schimmert sanft das gelbliche Licht der Petroleumlampe. Draußen fegt ein eisiger Regen übers Wasser.

Astrid liegt rücklings auf der Salonbank mit einem Buch in der Hand. Während der Regen aufs Deck tropft, liest sie „Auf der Route der Albatrosse" von Heide Wilts. Und bleibt dran. Nicht, weil es so spannend ist oder aus Interesse an der antarktischen Inselwelt, sondern nur, um zu erfahren, warum Frau Wilts sich das antut, dauernd mit fremden Menschen das Schiff zu teilen. Mit zahlenden Mitseglern in diesen scheußlichen und kalten Windregionen, dazu die Enge auf der dann doch relativ kleinen Yacht.

Ich sitze derweil am Tisch, das Logbuch aufgeschlagen vor mir. Bei Schlechtwetter habe ich die beste Kraft fürs Aufschreiben. Neben nautischen Daten und persönlichen Eindrücken kommt auch jede Menge Statistik ins Logbuch.

Logbuch 5. Juli:
Addiere die Tage, an denen es länger als eine Stunde geregnet hat. Es sind 12. Weniger als gedacht, bei 69 Tagen, die wir unterwegs sind. – Liegen unruhig. Wind steht genau in die Passage. Rollen und stampfen. Getöse im Mast ist schon am Tage eine Zumutung. Durchgesteckt (in die Kajüte) überträgt ein Mastprofil Geräusche doppelt stark. Dazu klatschen die Wellen rhythmisch unterm Heck. Muß deswegen dauernd auf die Toilette laufen. Erregt Astrids Heiterkeit. Frauen haben eine viel größere Blase als unsereins. Abwechslung bringen, als der Wind zum Sturm wird, zwei Pärchen. Sie ankern genauso katastrophal, wie mein Freund P. Die PASCAL OF RHUM ankert sechsmal. Entweder zu wenig Kette gesteckt, einem anderen Schiff zu nahe gekommen oder zu dicht unter Land. Dabei gibt es Raum „en masse".

Am nächsten Morgen zieht ein leichter Wind über die Bucht. Die Luft riecht nach Wald, sumpfigem Gras und Torf. Rein in die klammen Klamotten. Ohne Frühstück geht's an das 30 Meter lange Ankergeschirr. Als ich die Kette kurzstag habe, bricht Astrid den Anker mit Motorkraft aus. Seegras und Mud machen es schwierig, den Anker sauber an Deck zu kriegen. Völlig aus der Puste fällt mir der Schrubber dabei über Bord. Weg ist er. Blätterartige Unterwasserpflanzen daran ziehen ihn in die Tiefe.

Bald köcheln Haferflocken, englisch zubereitet mit Wasser und Salz, auf dem Herd. Dazu Kaffee. Damit den Magen gefüllt, macht es Spaß, in den Tag hineinzusegeln.

Wind, Regenböen, Berge. Inseln. Das sind die Inneren Hebriden. Zwischen Muck und Eigg hindurch, entlang der verlockenden Ostküste von Rhum, steuern wir Skye an. Genauer Loch Scavaig. Nichtahnend, daß dies der spektakulärste Ankerplatz der gesamten Hebriden wird. Mit Blick auf die „Peaks of Cuillin Hills" liegen wir solo in einer vollkommen geschützten Bucht. Kreisförmig und gerade so groß, daß sie sich als totale Isolation empfinden läßt. Der Gipfel des höchsten Berges, Sgurr Alasdair, 1009 Meter, ist umwoben von Regenwolken. Immerfort. Unmittelbar neben Kathena rauscht ein Wasserfall. Ohne Ende. Fallböen kräuseln die spiegelglatte Wasseroberfläche. Unentwegt.

Die Intensität der Szenerie macht landscharf. Auf zu den Kuppen. Leider komme ich beim ersten Mal nicht weit. Die Felshänge in der Bucht sind von schroffer Oberfläche, aber steil und naß. Astrid versucht es erst gar nicht. Schon der Landgang ist eine Aufgabe. Wir kommen aus dem Dingi nur gefährlich balancierend über glitschiges Geröll und Tang auf den schmalen Strand. Der bietet auch nicht gerade das, was man Auslauf nennen kann. Was nun, angesichts der Fels- und Steinwüste? Verdattert stehen wir am Ufer: Öljacke, Gummistiefel, hängende Schultern. Astrid lakonisch: „Jetzt verstehe ich Heide Wilts, wenn sie oft von den Vögeln schwärmt. Auf den rauhen antarktischen Inseln gibt es ja nichts anderes, was sich zu beobachten lohnt."

Vögel schwirren hier nicht. Was können wir tun? Unseren Tank mit Fallwasser auffüllen. Gut, sind aber nur 85 Liter. Körperwäsche. Geht wegen der Kälte schneller als geplant. Rechts vom Ufer sprudelt ein Fluß über Geröll ins Meer. Dort geht Astrid ihrer liebsten Beschäftigung während einer Segelbootreise nach: Wäsche waschen.

Astrid:

Wäsche waschen im reißenden Wasser des Flusses: Kariertes, Handtücher, Wollsocken. Die geballte Kraft des wirbelnden Wassers läßt die Kälte in den Händen nicht sonderlich spüren. Vielleicht ist es auch, daß ich mich wie eine Pionierin fühle. Was aber wirklich zählt, ich fühle mich, als wäre ich allein auf der Welt. Verschollen beim Wäsche waschen. Scavaig: eine unglaublich atmosphärische Bucht. Ich liebe sie. Das ist klassisch hier, dagegen ist der erste Teil unserer Reise Napfkuchen. – Das Wasser des Flusses kommt aus dem Gebirgssee Coruisk, „Schottlands wildestem See" steht in einer Werbebroschüre. Der ist am Fluß entlang über einen Trampelpfad zu erreichen. Völlig eingeschlossen von nackten Felswänden. Aus klaffenden Erdrissen rinnt überall Wasser. Mitunter ist das Gelände um den kilometerlangen See buchstäblich zusammengebrochen. Nur wenig Vegetation am Ufer des Sees, die allem standhält – Sumpfgras, etwas Kraut.

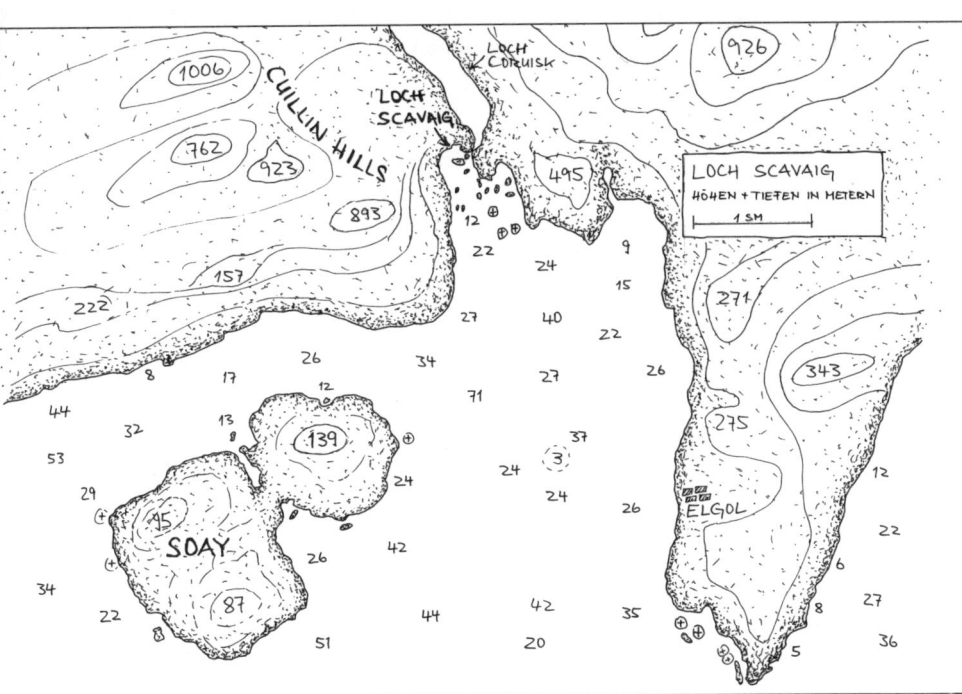

Scavaig bei Ebbe. Seeanemonen und Muscheln haben auch einen Ankerplatz gefunden. An trockengefallenen Steinen sehe ich sie so festgeklebt. Selbst Strömung kann sie nicht vertreiben. Auf dem Inselchen, das die Bucht südlich einrahmt, warten ganze Algenwälder und Tang auf die nächste Flut.

Obschon KATHENA ein Technologieprodukt der Industriegesellschaft ist (GFK, Kevlar, Dacronsegel, Digitalanzeigen, Autopilot), bietet sie die Möglichkeit, das einfache Leben in der Natur, das wir mit Segelreisen verbinden, zu erleben. Das „Fahrzeug" dazu ist nicht überausgerüstet. Heutige Standards wie Rollreff, installierte Heizung, Navtex, Kühlbox befinden sich nicht an Bord. „Das Bier aus der Backskiste ist eh kälter als zu Hause aus dem Kühlschrank", meint Astrid und: „Das häusliche Leben mit Dusche, Toaster, Staubsauger, Fernseher, Mixer will ich nicht an Bord transportieren."

Skye hält eine hohe Niederschlagsmenge. Statistisch gesehen soll es jeden zweiten Tag regnen. Die Statistik hält, was sie verspricht. Am zweiten Tag reißt der Himmel auf. Schattenbilder der Wolken spiegeln sich auf der Wasseroberfläche. Dingi und Rucksack werden klar gemacht. In Gummistiefeln ans Ufer. In Wanderschuhen aufs Plateau, das sich steil vor unserem Ankerplatz erhebt.

Es sind nur 338 Meter, aber was für welche. Die direkte Route ist sowieso ausgeschlossen. Zu steil und gefährlich für uns Amateure. Verschiedentlich überqueren wir auf unserem Umweg zum Gipfel abstürzende Wildbäche, hangeln uns an schrägen Abgründen hoch. Die rotbraune Gesteinsart ist ziemlich rauh. Es ist eine Lust, in die wilde Felslandschaft hineinzulaufen, zu klettern und springen. Das am meisten. Über tiefe Felsspalten. Auf Geröll von Stein zu Stein.

Astrid und ich keuchen also den Hang hinauf. Eine Stunde lang norddeutscher Höhenrausch. Viel zu schnell, um sich zunächst über den weiten Blick zu freuen. Rhum, Soay, Canna. Die Sicht ist klar und strahlend. Sie ist grenzenlos. Wenige Wolken am Himmel. Umliegende Klippen zeichnen sich deutlich ab. Eine Gruppe Robben und Seehunde sonnt sich auf der von Wind und Wellen abgeschliffenen Felseninsel Reamhar. Spiegelungen auf dem spiegelglatten Wasser kehren das Gesamtbild auf den Kopf. „Schön kitschig", versucht

Astrid ihre Ergriffenheit herunterzuspielen. In Wirklichkeit ist es das Traumbucht-Wunschbild, das tief im Unterbewußtsein jedes Fahrtenseglers steckt.

Berge, die man besteigen kann, haben etwas Magisches. Die Cuillins, das Bergmassiv im Hintergrund mit 1000 Meter Höhe, sind viel grandioser, nur leider mit einem Tagesausflug nicht zu packen.

Inmitten dieser steingrauen und rotschwarzen Landschaft verkehrt auch ein Ausflugsboot. Nur bei schönem Wetter zeigt es sich. Die BELLA JANE macht zweistündige Fahrten von Elgol aus an sich ausruhenden Robben vorbei bis zu der nur von See zugänglichen Bucht Scavaig. Den maximal zwölf Gästen wird ein 40minütiger Aufenthalt an Land gewährt. Da haben wir mit drei Tagen Glück. Dafür gibt es bei ihnen an Bord Tee und Walkers Shortbread, den schottischen „puren" Butterkeks. „Astrid, das würde mir auch gefallen."

25   Grüne Inseln am Rande Europas

Auf See in der „Sea of the Hebrides". Das ist ein 50 Meilen breiter Wassergraben, der die Inneren von den Äußeren Hebriden trennt, die auch Western Isles genannt werden. Über 200 Inseln, von denen ein Dutzend bewohnt sind, bilden eine 200 Kilometer lange Kette.

Ganz klares Wetter. Aus dem silbrig glänzenden Wasser ragen voraus felsige Eilande wie ungeschliffene Smaragde empor. Achtern zeichnet sich noch die Silhouette der gewaltigen Berge von Skye ab. KATHENA zieht mit leichtem Schrick in den Schoten durchs Meer: 4 Knoten, 4,8, 5,5, 6,5, 7,3. Ein Traum. Das Segeln, das weiße Boot, das leicht aufgerauhte Meer. Barra, unsere Destination, ist auch schon auszumachen. Es scheint von weitem, als bestünde die Insel nur aus einem Berg.

Eigentlich fabelhaft. BBC und Luftdruck signalisieren stabile Wetterlage. Meine Mitseglerin räkelt sich im Cockpit. Ich toaste altes Brot in der Pfanne, belege es mit Cheddar. Das Gummibeiboot im

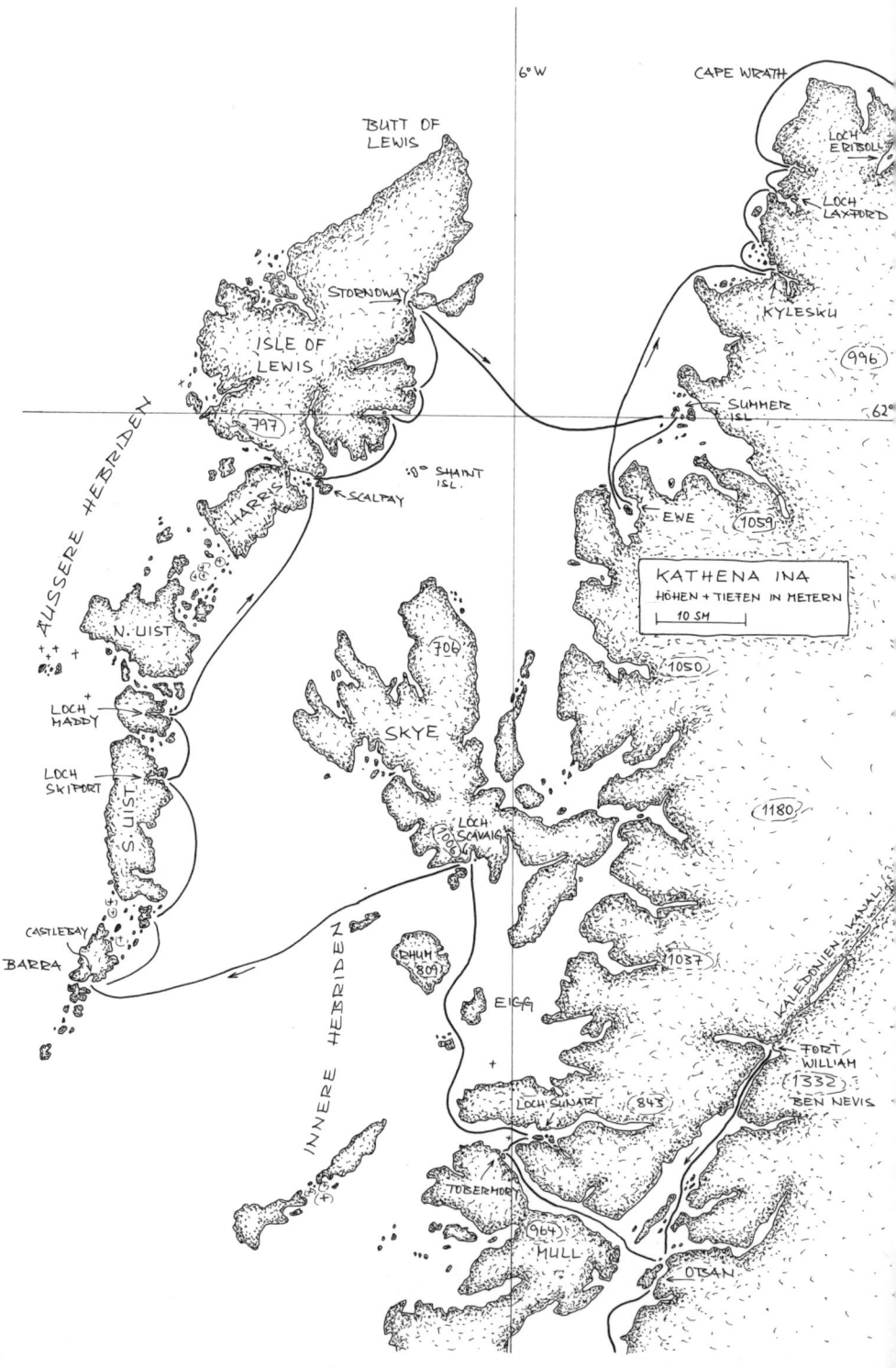

6°W

CAPE WRATH

LOCH
ERIBOLL

BUTT OF
LEWIS

LOCH
LAXFORD

STORNOWAY

KYLESKU

ISLE OF
LEWIS

996

797

62°

SUMMER
ISL.

AUSSERE HEBRIDEN

HARRIS

SCALPAY

SHANT
ISL.

EWE

1059

N. UIST

706

KATHENA INA
HÖHEN + TIEFEN IN METERN
10 SM

LOCH
MADDY

SKYE

1050

LOCH
SKIPORT

S. UIST

1180

LOCH
SCAVAIG

CASTLEBAY

1037

BARRA

RHUM
809

EIGG

INNERE HEBRIDEN

KALEDONISCHER KANAL

FORT
WILLIAM

LOCH SUNART

843

BEN NEVIS
1332

TOBERMORY

MULL
964

OBAN

Schlepp bremst leider die Fahrt. Aber was soll's, wir sind zu faul, es an Deck zu holen. Der Kampf mit den Elementen findet sowieso nicht statt. Denken wir. Doch auch heute kommt es anders. Die letzten 15 Meilen am Wind: Genua gegen Fock wechseln; Großsegel 1. Reff; Fock bekommt eine Reffreihe; Groß 2. Reff. Glücklicherweise kann der Kurs gehalten werden. Die Ansteuerungstonne Bo Vich Chuan von Barra/Castlebay schneide ich. Weil's so schön kribbelt. Inverness liegt ja lange zurück.

BARRA Ziel britischer Segler, die sich fordern wollen. Die exponierte Insellage trifft das Nordatlantikwetter nämlich vierkant. Die meisten der blauen Gästebojen in Castlebay sind dann auch frei, als wir unter Segel eine Boje greifen. Ja, unter Segel. Das muß auch mal sein.

Barra ist die südlichste bewohnte Insel der Western Isles. Ganze 200 Meter hoch. Sie hat nackte Hügel mit weichen Linien. Jahrtausende haben sie gerundet, Eis die Steine geschliffen. Geologisch haben die Hebriden mit Europa nichts zu tun, diese Inseln existieren mindestens seit 30 Millionen Jahren.

Das im Durchmesser zehn Kilometer große Barra bietet als Leckerbissen im Norden einen Flughafen, dessen Landebahn wegen der Tide zweimal täglich überflutet wird. Infolgedessen muß sich der Flugplan nach der Tide richten. Das gibt's bestimmt nur einmal auf der Welt.

Ausgangs- und Zielpunkt allen Lebens ist der Hauptort Castlebay, bei Schönwetter malerisch gelegen an der breiten Bucht. In deren Mitte hebt sich auf einem größeren Steinhaufen ein trutziges mittelalterliches Schloß aus dem Wasser: Kishmul Castle. Die Burg gleich neben KATHENA, die lange Hauptstraße, an der aufgereiht unscheinbare Häuser stehen – und natürlich die Kirche, all das sehen wir. Nur: keinen Liegeplatz für unser wertvolles Beiboot. „Die Rampe bei den Fischern, versuchen wir es dort." Astrids Idee ist naß. Ich springe aus dem Dingi. Komme ins Rutschen und finde mich halbwegs im Wasser wieder. Glücklicherweise trage ich meine Standardkleidung (Ölzeug). „Naß werden ist wohl dein Schicksal auf dieser Fahrt."

Landgänge beginnen häufig damit, daß Astrid Hunger hat. In einem Trödelladen mit angeschlossenem Café bestellen wir etwas

Fritiertes und eine Kanne Tee. Das Lokal muß man sich so vorstellen: Neben Papierwaren, Socken und Stoffballen werden drei Tische gestellt, Wachstuchdecken drübergelegt, der jungen Tochter eine weiße Schürze umgebunden, und schon ist man klar. Ein Blick in die Küche bleibt verwehrt. Das Essen kommt aus einer Durchreiche in der Rückwand. „Der Fisch ist zum Hineinbeißen."

Die zwei Lebensmittelgeschäfte haben am späten Nachmittag geschlossen. Die Regale sind sowieso leer. Nachschub kommt erst mit der Abendfähre aus Oban. Es gibt keine Buchhandlung, keinen Eisenwarenladen, kein Kino, geschweige denn eine Diskothek. Also bleibt uns nur der Pub. Das haben andere auch so gesehen. Die Castlebay Bar ist gut besucht, und der Geruch von süßem Sprit durchzieht den großen Raum. Wir stellen uns an den Tresen. Hinter uns rollen die Kugeln beim Poolbillard. Rechts von uns spielen zwei junge Männer Dart. Aus den meterhohen Lautsprechern ertönen alte Hits wie „I never promised you a rosegarden."

In der Castlebay Bar wird der Fremde noch angesprochen. „You had a nice day?" Ja, wir hatten einen schönen Tag. Nicht sonderlich angenehm auf See, aber ... Und in Schottland immer wieder am Anfang und am Ende des Tages und zwischendurch das Wetterthema. Wenn's nieselt und der Wind um die Ecken pfeift: „Last year we had a beautiful summer." Unser Nachbar will uns unterhalten. „Alistair is my name." Er verdient sein Geld auf einer Nordseeplattform, und darüber ist er froh, denn die Arbeitslosigkeit ist groß auf der Insel. Von diesem dunklen, gedrungenen Barrainsulaner erfahren wir auch etwas über Glauben und Sprache.

Die Bevölkerung der südlichen Inseln ist katholisch, während die Bewohner der nördlichen Inseln protestantisch sind. Diese eigentümliche strikte Trennung nach Konfessionen ist auf die frühere Clanzugehörigkeit zurückzuführen, auf skrupellose Großgrundbesitzer, denen die Hebriden gehörten und die sie an „crofter", Kleinbauern, verpachteten.

Irgendwann am Abend klingt die gälische Sprache durchs Mikrophon. Zwei Musiker benutzen die ausdrucksvollen Melodien alter Gesänge. Weiche gälische Stimmen. Sie singen live auf der kleinen Bühne. Gälisch ist die „Muttersprache" der Hebriden. Überall ist sie

gegenwärtig. Straßenschilder, Hinweise und dergleichen sind zwei-
zeilig: oben gälisch, unten englisch.

Nur auf den Western Isles existiert heute noch eine intakte gälische Sprachgemeinschaft. Lange war Gälisch auf den Hebriden
bedroht. Das Radio und der genehmigte Kulturetat aus Edinburgh
machten es möglich, daß sich die Sprache nach jahrzehntelangem
Niedergang erholt.

Gälisch, verwandt mit dem Keltischen, wird zur Zeit von etwa
70 000 Menschen fließend gesprochen. Die Bedrohung der gälischen
Sprache ist in erster Linie ein Ergebnis der historischen Entwicklung.
Jahrhundertelang wurde das Gälische unterdrückt, während das Englische zur Weltsprache avancierte.

Mit einem Leihrad entdecke ich ein Stück landschaftliche Schönheit Barras: versteckte, sandige Buchten mit einer herrlichen, klaren
atlantischen Brandung. Klar zum Reinspringen. Die feinsten Sände
ziehen sich an der gesamten Atlantikseite der Inselgruppe hoch.

Meine Frau besorgt währenddessen Lebensmittel im Supermarkt
von Castlebay. Ihr Problem ist: „Was kaufe ich bloß zu essen?"
Schicksal, daß sie gerade dran ist.

ERISKAY Ein winziges Eiland in der Kette der Hebriden. Aber
mit einer total geschützten, geradezu kuscheligen Hafenbucht. Man
kann nicht daran vorbeisegeln. Wie alle Hebridendörfer wohnen die
Leute in einer Art Streusiedlung. Also weit auseinander. Das liegt am
System der „crofter", die um ihr Haus herum Land- und Viehwirtschaft betrieben und betreiben. Von jeher durch ungünstiges Klima
und nährstoffarmen Boden benachteiligt, sind nur noch zwei Halb-
tagsbauern auf der Insel übriggeblieben.

Das Zentrum der 170 Insulaner bildet der Kaufmannsladen und die
alles überragende Kirche St. Michael's Church. Die Kirchenglocke
stammt von dem deutschen Kriegsschiff DERFFLINGER, das 1919 bei
Scapa Flow gesunken ist. Der Altarunterbau ist der Bug eines Ret-
tungsbootes vom Flugzeugträger HERMES. Vom Glockengalgen im
Freien kann ich in die Inselwelt schauen und weit auf den Atlantik,
also in die Ewigkeit. Gerne hätte ich an der Glocke gebimmelt.

Vorwiegend Kinder und Frauen sind im Dorf unterwegs. Die Männer verdienen ihr Geld auch wieder „auf der Nordsee". Das erfahren

Astrid und ich am Straßenrand. „Gäbe es Arbeit auf Eriskay, würden sie nicht fortgehen. Es ist schön, hier zu leben." Der Beruf des Fischers ist ebenso wie der des Landwirtes unbedeutend geworden. Die paar Boote im Hafen landen nur noch geringe Mengen Garnelen, Hering und Makrelen an. Das Resultat: Arbeitslosigkeit auch auf Eriskay. Am schlimmsten sind die Jugendlichen dran. Die Enge der Insel wird zum Gefängnis und die umgebende rauhe See zur Mauer.

Die Sommertage sind lang im Norden. Uns bleibt noch Zeit für eine Bergbesteigung. Der 185 Meter hohe Ben Scrien soll's sein. Über Felsgeröll, Heidekraut und einen moorigen Höhenzug geht es aufwärts. Weidende Schafe schauen uns verblüfft nach. Und überall Spuren der Vergangenheit – alte Gräber mit Kreuzen, überwucherte Mauern, zugewachsene, verfallene Häuser. Das Innere der ehemaligen Wohnhäuser mit Kaminen an beiden Giebeln mißt gerade vier mal sieben Schritte.

Das Ende des Ausflugs ist rasch erzählt.

Astrid:

Vorweg: Den Gipfel haben wir nicht erreicht. Haben uns verdammt noch mal verirrt. Wahrhaftig. Auf dem winzigen Eriskay. Auf einem baumlosen Eiland. Das kam folgendermaßen: Nebelwolken zogen von Westen auf. Erst in Schwaden, dann dichter. Ufer und Bergrücken waren im Nu verschwunden. Innerhalb von einer viertel Stunde betrug die Sicht wenige Meter. Wir verloren glatt die Orientierung. Wußten nur, solange wir bergab gehen, kommen wir irgendwo ans Meer. Nur direkt abwärts ging es nicht. Kurzsichtig umgingen wir Abbrüche, Zäune, Senken. Blöd, daß der Boden stellenweise sumpfig war. Knöcheltief stand das Wasser. Meine einzigen festen Schuhe wurden naß und schwer. Doch in den Niederungen war's vorbei mit dem dicken Nebel. Erst dort wurde mir bewußt, daß wir ein bißchen zappelig waren. Weitab vom Hafen, seewärts, sind wir gelandet. Um 23.00 Uhr. Da war es noch leidlich hell.

Innerhalb der Hebriden wird nur noch geankert.
Die Teleskop-Bugrolle sieht zwar spillerig aus, aber beim Ankern läßt es sich hervorragend damit umgehen.

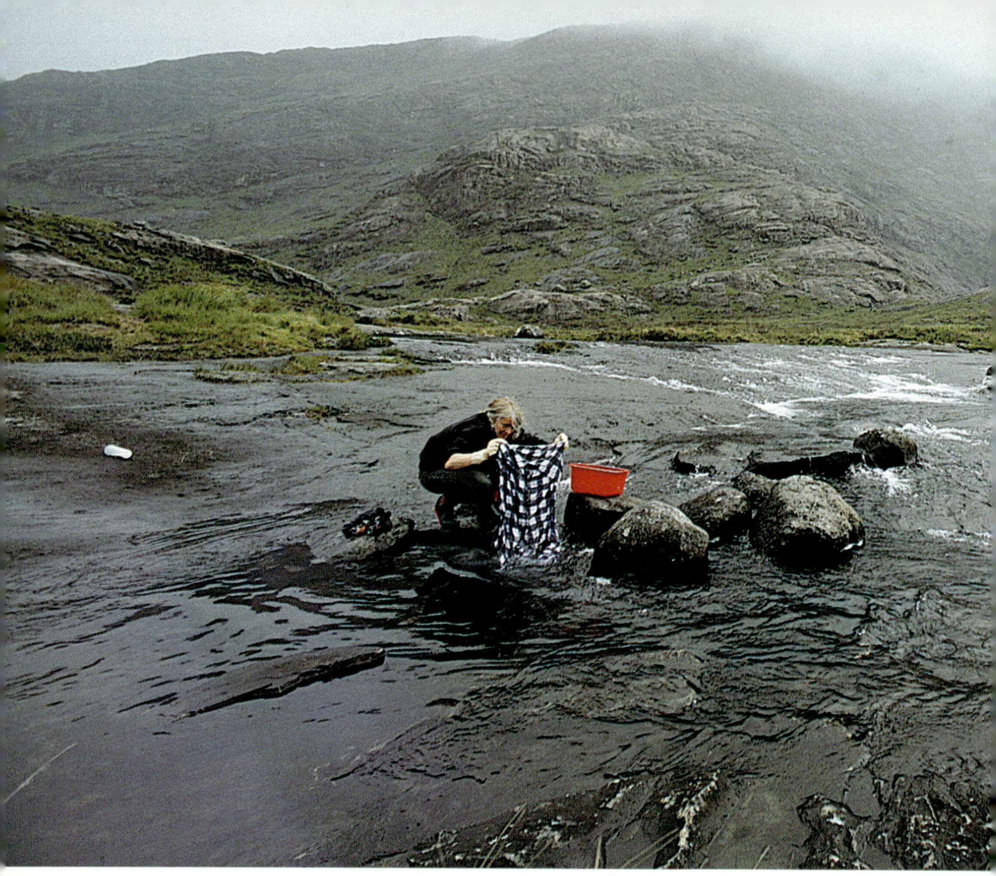

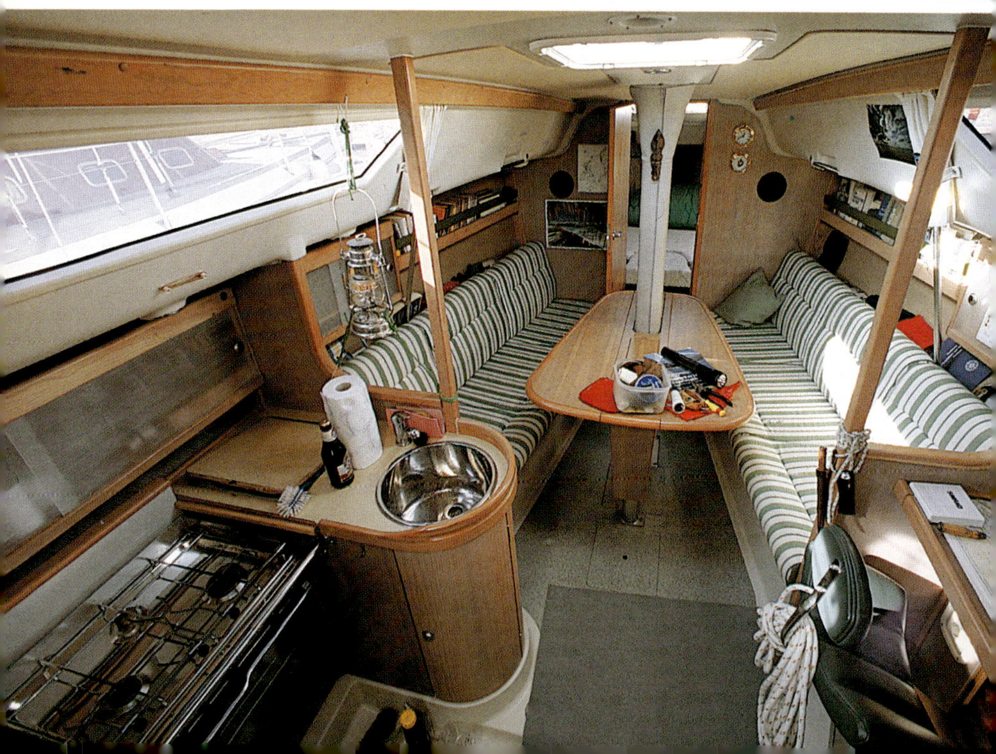

Loch Scavaig an der Südküste
von Skye: sicher, traumhaft,
nutzbar. Rundum eine Bucht,
in der sich speziell Mitseglerin
Astrid wohlfühlt. – Nächste
Doppelseite: die Ankerbucht
Loch Scavaig aus der Vogel-
perspektive.

Merkmale der Hebriden:
Golfplätze, Schafzucht,
Disteln, Lichtspiele.
Übrigens, die Distel ist
Schottlands National-
blume. – Rechts: Auch
hier ist Fischer ein aus-
sterbender Beruf. – Ein
Spiegel aus Wasser:
Morgenstimmung in
Tobermory.

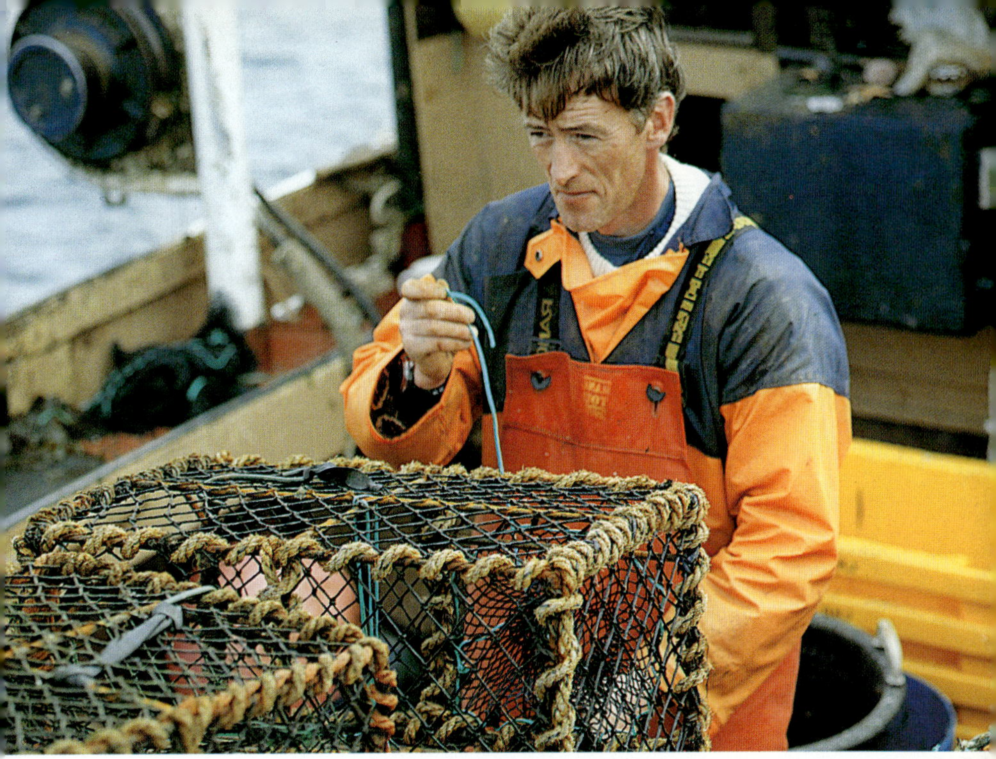

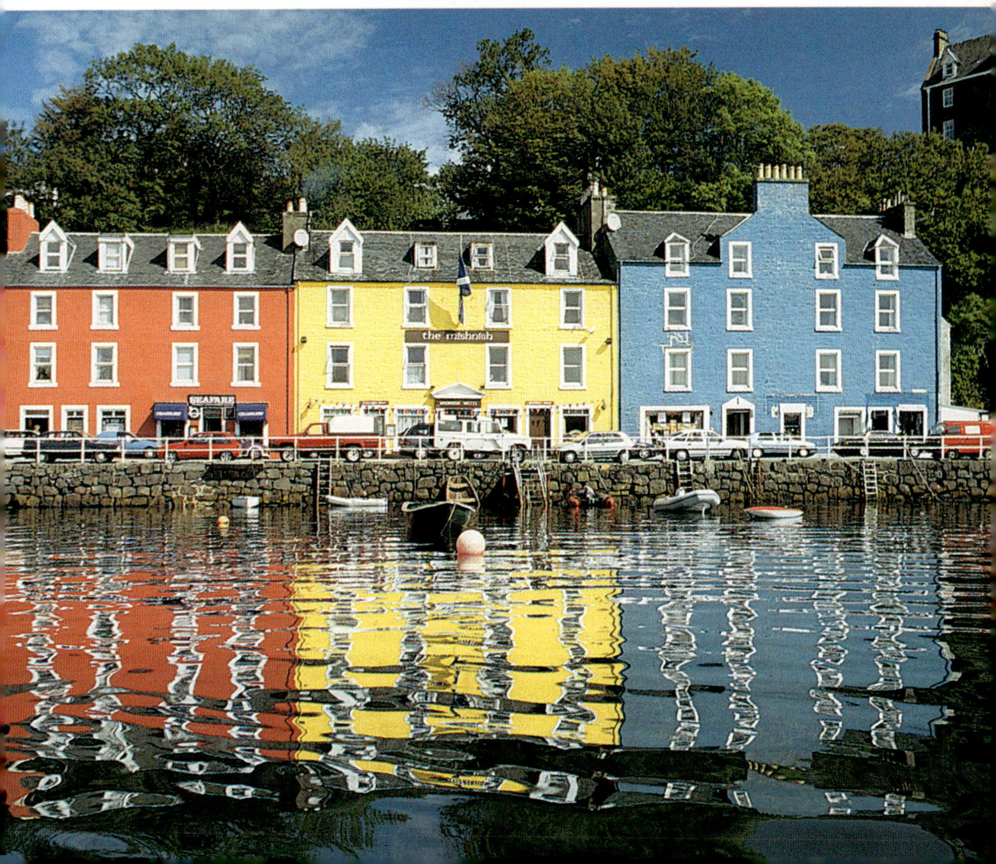
the mishnish
SEAFARE

Unser Tip: Golfschläger mitbringen. Ein ungewöhnlicher Golfplatz mit Fernblick übers Meer Richtung Amerika lädt zum Einlo-
chen ein. Doch bitte beachten: Sonntags ist Golfspielen auf Eriskay
verboten.

LOCH SKIPORT „Werden hier die schottischen Skimeisterschaf-
ten ausgetragen?" fragt Astrids sarkastisch beim Anblick auf hohe
Berge und Täler. Achteraus von unserem Ankerplatz Nebelschwaden
und weiße Schaumstreifen.

Eine schlimme Überfahrt liegt hinter uns. 20 Meilen im dichtesten
Nebel und Sturm. Es wehte so heftig, daß es notwendig wurde, auf
dem Vorschiff die rote Sturmfock anzuschlagen. KATHENA raste aber
trotzdem weiter. Sichtweite: vom Heck aus nur wenig über den Bug.
Furcht vor Kollision hatte ich nicht. Fischer sind sozusagen ausgestorben, Dampfer fahren so dicht unter der Küste nicht. Und das GPS
gab uns fortlaufend den Standort. Da ich bisher davon nicht enttäuscht wurde, vertraue ich dem Gerät. Astrid war mir unverständlich verbissen an der Pinne. „Ich bin kein junges Mädchen mehr",
sagte sie, als ich sie auf ihre Ernsthaftigkeit ansprach. „Eigentlich
sind wir die ideale Crew: Du machst die Arbeit und trägst die Sorge,
ich trage die Verantwortung." Darüber konnte sie nun gar nicht
lachen. Ich allerdings auch weniger, mußte am Ende selbst die Sturmfock noch gerefft werde. Die Sturmböen stürzten sich aus allen Berg-
schluchten. Die restlichen vier Quadratmeter Tuch ließen das Schiff
bis zum Kajütaufbau wegkrängen. Keine Bange, nicht gefährlich.
Mein aufmerksamer „Steuermann" hatte die Pinne mit „Griff" immer
gut im Griff.

Loch Skiport hat verschiedene Buchten, und es sind die sichersten
in den Western Isles. Es ist angesichts der schwarzen, kahlen Berge
auch noch „beautiful". Sehr.

Beim Sichten der Seekarten von den Hebriden stelle ich fest, daß
man, nur um die geschützten Buchten abzusegeln, mehrere Sommer
brauchen würde. Irre Aussichten.

Feine und einsame Strände bietet die Atlantikseite
der Insel Harris. Sie sind mit Segelyachten sehr schwierig zu
erreichen. Die Ankerplätze liegen zudem meist exponiert.

LOCHMADDY Wieder ein harter Windtag. Hart = reffen, naß, kalt, ungemütlich. Astrid sagt nach der Ankunft resignierend: „Windstärke 3 gibt's hier wohl nicht." Ich plane für mein Buch eine Wind-, Wetter- und Temperaturentabelle. Meine Mitseglerin winkt ab: „Dann segelt bestimmt keiner zu den Hebriden."

Im Hafen machen wir an einer Gästeboje fest. Dann das übliche Ritual: Klarschiff machen. Tasse Kaffee. Gesichtswäsche und kämmen. Landgang mit Hilfe des Dingis. Dort Blick zurück. „Liegt sie auch sicher", unsere KATHENA? Anschließend Rundgang: Store, Kirche, Heimatmuseum, Pub. In Lochmaddy steht noch ein wichtiges Telefonat an: Unser Sohn Kym will uns demnächst besuchen und ein Stück mitsegeln. Das gehört organisiert.

Das Lochmaddy-Hotel offeriert Seglern heiße Duschen. Wir nutzen die Möglichkeit, haben wir doch seit Craobh Haven keine betreten. Das klasse Bad kostet fünf Pfund, ohne Zeituhr und inklusive Seife und weißen Handtüchern.

Seit dem späten Mittelalter wird auf den Hebriden und im Hochland Schottlands Whisky gebrannt. Im Salon des Hotels, bequem in geblümten Polsterstühlen, genießen wir den ersten dieser Fahrt. Einen Single Malt in kurzstieligen, birnenförmigen Gläsern. „Uisgebeatha" heißt Whisky auf gälisch, und das heißt genau soviel wie der lateinische Begriff aqua vitae, Lebenswasser. In diesem Sinne – runter damit.

SCALPAY Ein Inselchen, Harris zugehörig. Eine exzellente Hafenbucht mit urbaner Atmosphäre: abgewrackte Boote, verrottete Stege und ein neuer Kai mit Unmengen von „fishinggear" säumen die Ufer. Vom Wetter verwaschene helle Häuser ziehen sich am Hang hinauf. In den Hügeln dahinter sind Streifen übersät mit Felsbrocken, die aussehen wie übriggeblieben in Gottes Werkstatt nach Erschaffung der Erde.

Während andere schottische Inseln ihre Bevölkerung verlieren, ist Scalpay eine der ganz wenigen, die sie hält. 1861 lebten hier 388 Leute, heute sind es 382. Die Infrastruktur, das Gemeinwesen stimmt. Wichtiger aber wohl, die Bewohner haben Arbeit: Ackerbau auf dem schmalen Streifen Marschland. Schafzucht, dazu Knittwear. Strickwaren wie naturreine Pullover, Westen, Socken werden zu Hause produziert. Reine Natur sind auch die Farben, die zur Wollfärbung benutzt werden. Dann ist da noch Fischfang. Hauptsächlich Garnelen. Die Trawlerflotte liegt ein wenig danieder.

Auf Scalpay ist der Glaube, wie im gesamten Norden der Hebriden, der Fels in der Brandung. Der Sonntag findet im protestantischen Gotteshaus „Free Church of Scotland" statt. Auch auf dem meilengroßen Eiland wird der Sonntag mit fundamentalistischem Eifer eingehalten. Die Fähre darf sich nicht vom Kai rühren. Die kleine Fischerflotte liegt sauber vertäut im Hafen. Kinder auf dem Spielplatz mit Supergeräten und Tartanboden sind verpönt. Messen werden in Gälisch gelesen und sind allesamt gut besucht. Sonntag in Scalpay, da gehen die Menschen auch anders. Gottesfürchtig irgendwie.

Die blitzweiße KATHENA liegt neben der rostigen, von Drahtseilen schmierigen HOPEFUL. Solo. Eingeweiht im übertragenen Sinne. Fischer Donald MacKay kommt vorbei, führt tatsächlich am Sonntag

Schroffe Küsten, über deren Gipfel die Wolken jagen, machen das Segeln innerhalb der Hebriden faszinierend.

ein Funkgespräch – in Englisch: „Gälisch ist gut und schön – aber schon mit der Coastguard in Stornoway nutzt es dir gar nichts." Uns macht er Hoffnung: „Should clear up soon." Selbst will er nämlich Montag morgen um 2.00 Uhr auslaufen.

MARIVEG Wie entzückend. Die Sonne kommt raus. Schnell die muffigen Polster an Deck zum Trocknen. Astrid: „Ich wußte nicht, daß dies ein Überlebenstrainingstörn werden sollte, dachte eher an eine Vergnügungsfahrt." Mariveg, das ist bereits auf der nördlichsten Insel, der Isle of Lewis. Eingerahmt von 200 Meter hohen Berghängen, bietet sie nichts weiter als Schutz bei schon wieder 7 Windstärken draußen. Der Anker faßt zum ersten Mal nicht gleich, ein dicker Gras- und Tangteppich bedeckt den Sandgrund. Leider wie so häufig miserable Landungsmöglichkeiten. Ich möchte einen Berg besteigen, komme aber einfach nicht vom Ufer weg. So genießen wir die Ruhe im Cockpit. Beide auf der Steuerbordbank.

STORNOWAY Anfang des Jahrhunderts war Stornoway ein mächtiger Fischereihafen. „Damals waren hier 1000 Boote beheimatet", erzählt man uns im Hafenamt, „heute zählen wir bestenfalls 30 bis 40 Trawler. Ausländische Flotten haben das Revier leer gefischt." Der Hinweis ist uns an schottischen Küsten schon bekannt. Der gute Hafen zieht jetzt Kreuzfahrtschiffe an und Fähren natürlich. Stornoway ist die Hauptstadt von Lewis und den nördlichen Hebriden. Uns fällt auf, daß die Leute, mit denen wir in Kontakt kommen, MacDonald oder MacLeod heißen. Neuerdings bemüht man sich um Besucheryachten. Brandneu ein Schwimmsteg im Scheitel des Hafens. Acht Pfund pro Nacht. Duschen gibt's in der Seemannsmission gegenüber vom Fischereikai. Ausblick: Lews Castle, umgeben von einer auf den steinigen Inseln seltenen Baumlandschaft.

Es gefällt uns in Stornoway. Eine kleine Stadt mit einer übersichtlichen Ladenstraße. Ich kaufe mir einen handgestrickten grünen Pullover. Original Harris Knittwear. Harris Tweed habe ich schon zu Hause im Schrank hängen. Astrid langt bei den schönen Postkarten zu. Ich habe Sorge, daß sie wie so oft ungepostet bleiben. Fürs Schiff bunkern wir Diesel und Gas. Am Steg wird endlich eine Holzkiste für die Gasflaschen gebaut, damit sie bei Seegang nicht weiter durch die Backskiste rollen. Mit solchen kleinen Arbeiten am Boot kommt mir der Serienbau KATHENA näher. Gewinne ich sie. Wird sie mir vertrauter.

Mit der Wochenzeitung „Stornoway Gazette" gehe ich in die Koje: „Neue Märkte für Schaffleisch in Aussicht. Die Supermarktkette Presto vereinbart, 2000 Schafe abzunehmen ..." – „Drei neue Leuchtfeuer sind an der Westküste von Lewis geplant. Sie sollen die Sicherheit von Schiffen, vor allen Dingen Öltankern, erhöhen ..." – Auf Seite sieben werden verurteilte Verkehrssünder mit Namen und Anschrift genannt: „Mr. Kenneth Wilson, 39, 2 Lewis Street, Stornoway, wurde zu 200 Pfund verurteilt. Er überfuhr eine rote Ampel und hatte zusätzlich keine Autoversicherung." – Alkohol am Steuer kostet in den Hebriden 300 Pfund und 18 Monate Führerscheinentzug. Die letzte Seite der „Gazette" ist groß den Mädchen vorbehalten: „Misswahlen von Lewis und Harris. Fünfzehn Mädchen haben sich für die Endausscheidung im Cabarfeidh Hotel qualifiziert. Darunter Miss co-op Lorraine MacKenzie, Miss Harris Agricultural Queen Christina MacLennan und Miss Stornoway Gazette Julia MacIver. Die 18jährige Kirsteen MacLeod hat gewonnen. Sie ist die Island Queen."

26   Lewis Highland Games

Ja, es geht uns fabelhaft. Brennende Sonne. 25 Grad Celsius. Und: Kym fliegt ein. Nach vielen Jahren will unser Junge mal wieder „en famille" segeln. Drei Wochen lang. Und fotografieren. Inzwischen sind ja auch die visuellen Ansprüche der Reisebücher gestiegen, so können wir einen guten Fotografen gebrauchen. Gemeinsam haben wir ein ordentliches Stück Leben im Kielwasser: dreieinhalb Jahre Südsee. Heute studiert Kym Grafik/Design.

Er freut sich über das Wetter. Guter Einstieg. Nimmt doch das Wetter auf einer Segelfahrt Einfluß auf Großzügigkeit, Geduld und landschaftliche Eindrücke.

Am Abend gehen wir feingemacht ins „Crown Inn" essen. Ist wenig umwerfend. Bestimmt sind die Restaurants der Insel für ihre Kochkünste nicht so bekannt. Muß ja auch nicht. Und weil der Abend noch hell und farbig ist, macht Kym eine Tour mit dem Dingi durch den Hafen, in dem viele Seehunde schwimmen: „Die tauchen immer genau neben dem Rumpf auf, ganz plötzlich schießen sie hoch. Bin beim ersten Mal wirklich zu Tode erschrocken, weil sie so zornig aussahen."

Um einen Eindruck von Lewis zu bekommen, müssen wir Stornoway verlassen. Also tun wir das, was Charterer in der Regel tun: einen Pkw mieten. Erstes Ziel sind die „Standing Stones of Callanish" auf der Atlantikseite von Lewis. Die stehenden Steine sind vier und fünf Meter hoch, rauh und sicherlich unheimlich schwer. Etwa vor 4000 Jahren wurden diese 48 Monolithen von Menschenhand kreisförmig auf einem Plateau aufgestellt. Wahrscheinlich ein prähistorischer Kalender. Oder ein Denkmal? Genau weiß das keiner. Ich

Autos umwerfen auf den Highland Games. Die einzige
Disziplin im Wettbewerb, bei der der Kilt abgelegt wird.

hasse typische Touristenziele, aber diesen „versteinerten Wald" aus der Steinzeit kann man nur bewundern.

Steine beherrschen auch den Rest des Tages. Auf der Fahrt über die Inseln Lewis und Harris sieht man, so weit das Auge reicht, Berge mit Millionen Steinen und Findlingen bedeckt. Die Straße ist unglaublich kurvenreich. B- mehr als A-Straßen und noch mehr C-Straßen. Diese winden sich an den zerklüfteten Küsten entlang, sind immer schmal und einspurig mit nur wenigen Erweiterungen, an denen zwei Fahrzeuge einander passieren können. Kaum zu erahnen sind manchmal die Richtung und das Gefälle nach einer Kurve. Vielleicht kommt ja auch eine Steigung? An der Westküste von Harris überwältigen uns mehrere kilometerlange, feine, weiße Sandstrände. Wir legen eine Rast ein, neben uns ein „Berg" einzelner ebenmäßig gemaserter Steine. Es fehlen nur der Palmenhain und eine annehmbare Wassertemperatur, und man könnte sich in der Südsee wähnen.

„Highland Games" sind ein Muß in Schottland, obschon sie sich inzwischen über die ganze Welt verbreitet haben. Überall will man die starken Männer in Aktion sehen. Wir erleben die „Lewis Highland Games" in Tong, eine halbe Busstunde von Stornoway entfernt. Es ist mehr ein größeres Dorffest, jedoch mit ernsthaften Wettbewerben. Einen Nachmittag lang sehen wir: Strohballen mit einer Forke über eine sechs Meter hohe Latte werfen; Steinstoßen; Gewichtheben mit einer Eisenstange, an der Autoräder montiert sind; einen Traktoranhänger mit zwei dicken Baumstämmen, einem Faß Wasser, einem Zementblock und einem Sack Blei beladen (Zeitdruck); ein Auto umwerfen (was nur einer der acht starken Männer schafft) und den traditionsreichsten Wettbewerb auf allen zirka 70 Highland Games: das Baumstammstoßen oder -werfen. Der Stamm, ungefähr fünf Meter lang, muß in die Luft geworfen werden und nach einer 270-Grad-Drehung in gerader Linie vom Ausgangspunkt landen. Das bedarf einer besonderen Technik und enormer Kraft.

Ich habe mich spaßeshalber mit dem Sack Blei erprobt. Erschrocken stelle ich fest, daß ich ihn kaum vom Boden hoch bekomme, während die Stars des Wettkampfes, allesamt im Kilt, ihn in Brusthöhe heben und ihn auf die Ladefläche des Anhängers werfen. Vielleicht gibt ja der Kilt die Kraft?

Über den gesamten Nachmittag hin findet am Rande des Sport-
platzes ein Tanzwettstreit für Mädchen statt. Der Highland Dance der
zierlichen jungen Mädchen in ihrer Tracht, Schottenröcken mit tra-
ditionellen Mustern, wird von einer sehr streng dreinschauenden
Richterin beurteilt.

Für die Normal-Sportlichen gibt's zwischendurch Sprints und Aus-
dauerläufe, Sackhüpfen und Tauziehen. Doch eines ist gewiß: Diese
Disziplinen dienen ausschließlich der Unterhaltung.

Star der Lewis Highland Games ist mit Abstand der „strongest
man".

27   Ich entscheide nicht mehr

Summer Isles. Eine Gruppe von 30 Inseln und Inselchen. Sie waren
nicht geplant. Unhandiges Wetter versetzte uns dorthin. Und wir sind
nicht enttäuscht.

Kyms erster Segeltag in seinem Tagebuch, das er konsequent seit
seinem zwölften Lebensjahr auf allen Reisen führt.

Kym:

*Leider müssen wir hoch am Wind segeln, und was zuerst noch
erreichbar scheint, gerät weiter draußen immer mehr ins Unerreich-
bare. Steuern erst mal, so hoch es geht. Anfangs bin ich erschrocken,
wie weit sich das Boot auf die Seite legt, doch A. und W. berührt das
nicht, da es normal ist. Der Wind nimmt jedoch schlagartig zu, in
Verbindung mit sich kreuzenden Wellen – wegen Strömung. Es
beginnt ordentlich zu schaukeln. W. refft erst das Groß, dann die
Fock, dann nimmt er die Fock weg, danach refft er das Groß ein
zweites Mal. Trotzdem hauen wir weiter voll in die See. Es weht jetzt
mit 7 Windstärken. Mir ist schlecht. A. steuert wacker, auch sie ist
völlig von den Socken und hätte mir das am ersten Segeltag gerne
erspart. – Nachdem W. eine Umkehr abgeschmettert hat, entscheiden*

A. und W. (ich entscheide nicht mehr), eine alternative Ankerbucht
anzusteuern. Wir fallen vom Kurs ab, Fock hoch, und ich setze mich
an die Pinne. Mehrfach kommt Gischt bis ins Cockpit. Mich interes-
sieren jedoch nur die Zahlen auf der Loganzeige: 7,5 ... 8,8 ... 9,2 ...
„10,08", schreie ich heraus. Und: „Ich sage ja zur Dehler 33."
Wo wir den Anker fallen lassen, ist es total ruhig, sonst wäre A.
damit auch nicht einverstanden. Nicht nur ich war überrascht von
der Härte der Überfahrt. Fünf Stunden für 36 Seemeilen.

Was Astrid und mich erstaunt: Jahrelang hatte Kym keine Pinne
in der Hand, dennoch hielt er sicher Kurs, antizipierte rechtzeitig die
Bewegungen des Bootes.

Wenig später stapfen Kym und ich über die Insel, die zwei aufregende Berge hat und tolle Ausblicke auf die umliegenden Eilande
und Felsbrocken bietet. Mitten auf der Insel liegt ein großes „Loch",
ein Süßwassersee, der dunkel ist, fast schwarz, sehr eisenhaltig und
relativ warm. Wärmer als die See mit 14 Grad Celsius. Tanera Beg,
so heißt unsere Insel, ist einen Kilometer im Durchmesser groß.

Auf dem „summit" (Gipfel) wird das Stativ aufgebaut und eine
Reihe Aufnahmen von den Inseln im gleißenden Gegenlicht gemacht.
Kym ist das nicht ausreichend. Ihm lassen die Millionen abgerunde-
ter Steine am Strand keine Ruhe. „Damit muß ich ein ‚Landart'
fabrizieren." „Landart" beschäftigt ihn seit Jahren. Man könnte
sagen: Kunst *mit* und *in* der Landschaft. Nach arbeitsreichen Stunden, Hauptaufgabe Schleppen und Schichten der rundgeschliffenen
ellendicken Steine, hat er ein mannshohes Objekt erstellt. Dies zu
fotografieren, gelingt ihm knapp vor Dunkelheit. Denn merke: kein
„Landart" ohne Foto. Morgen steht nämlich eine andere Insel auf
dem Programm.

Isle of Ewe. 72 Meter hoch. Gras, Heidekraut, Steine. Sanfte
Hügel. Das zwei Kilometer lange Eiland wirkt wie gemalt. Wir
machen eine ausgiebige Wanderung, die Schafe flüchten. Wahrscheinlich alles Mutterschafe. Auf der windgeschützten Rückseite
des Gipfels liege ich lange allein und starre ins Weite. Und weiter...
Meinem nächsten Boot werde ich das Anhängsel Ewe geben. Mutterschaf auf deutsch.

Kym:

Vom Hügel entdecke ich eine Felsspalte, die ich mit dem Dingi aufsuchen will, und wie ich geahnt habe, ist sie wunderbar. Ein kleiner Strand aus mindestens faustdicken Steinen, unten von grünen Algen bewachsen, dann langsam bräunlich, gelblich, dann wieder heller, bis sie schließlich ins Weiße übergehen. An dieser Stelle endet der Strand, und genau in der Verlängerung befindet sich eine Höhle in der Felswand. Es ist ein grandioser Anblick, einfach ein „Landart", ohne etwas dazutun zu müssen. Ein Farbenverlauf wie bei Goldsworthy.

Andy Goldsworthy ist ein schottischer Landart-Künstler von Weltruf. In seiner Kunst bezwingt er nicht die Natur, sondern arbeitet mit ihr und stellt eine einfühlsame Beziehung her. Heute lebt Andy Goldsworthy in einem kleinen Ort in Dumfriesshire, Schottland. Hier entstanden viele seiner Arbeiten, die er fotografierte und die auf Ausstellungen rund um die Welt zu bewundern sind.

Am Südende von Ewe wohnen zwei miteinander verwandte Familien, die Grants. Die einen leben vom Fischfang, die anderen von der Land- und Viehwirtschaft. Ihre fünf Kinder fahren täglich in die Schule aufs Festland. Das heißt, sie müssen erst mal die Meile mit dem Boot ans Festland gebracht werden und dort nochmal eine halbe Stunde mit dem Schulbus fahren. Und die gleiche Fahrt jeden Abend wieder zurück. Die Schulbehörde wollte die Kinder auf dem Festland in einem Internat unterbringen, aber beide Mütter widersprachen, da das Inselleben einen wichtigen Teil in der Erziehung der Kinder bedeute, trotz aller Schwierigkeiten des täglichen Transportes.

Fallender Luftdruck. Nebel. Nieselregen. Die Wetterlage, als wir Ewe verlassen.

Zunächst dröhnt der Diesel in der Morgenstille. Erst als ein Viertel der 50-Meilen-Strecke geschafft ist, können wir die Segel setzen. Kym, der steuert, überfährt fast eine Boje. Eine Handbreit zieht sie an Backbord vorbei. Ironisch meint er: „Gerade einer Gefahr, vor der man gewarnt wurde, darf man eigentlich nicht erliegen. Doch wenn man absolut alles als potentielle Gefahr sieht, dann ist man bei einem Unglück immer der Dumme."

Die Küste stellt alle zufrieden: an Steuerbord das zerklüftete Panorama Schottlands. Voraus eine unübersehbare Felsformation, der „Old Man of Stoer" genannt, eine steil aus dem Wasser ragende Sandsteinnadel. 50 Meter hoch. Brandungsumspült. Von Seevögeln umschwirrt.

Nach dem Runden der Felsspitzen „Point of Stoer" ziehen wir trotz mäßigen Windes schnell Richtung Kylesku. Am Ende des Lochs passieren wir eine 24 Meter hohe Brücke, die außergewöhnlich gebaut ist. Erstens ist sie geschwungen, was statische Probleme schaffte, und zweitens paßt sie besonders gut in das Landschaftsbild – sofern das ein Bauwerk aus Beton überhaupt kann. Interessanterweise hat dasselbe Architekturbüro, das die Oper in Sydney entworfen hat, auch diese Brücke konstruiert. Und das am Ende der Welt: Fünf Häuser stehen hier. Geankert wird in einer engen Bucht gleich rechts um die Ecke. Kym wird durch normales Segeln offensichtlich nicht gefordert. Er stürmt geradewegs den nächsten Berg hoch. 258 Meter in 22 Minuten. Kommt dann ziemlich erschöpft zurück: „Sah so klein aus." Unter diesen Umständen braucht Astrid sich keine Sorge machen, daß das Essen an Bord nicht schmeckt: Spaghetti und Sahne-Roquefort-Sauce.

Kym:

Wir bleiben einen Tag. Verholen nur in den Scheitel von Loch Glencoul, um unter anderem den dort befindlichen Wasserfall zu sehen, den höchsten Schottlands: 200 Meter. A. und W. segeln dorthin. Ich lege die Strecke von drei Meilen mit Dingi und Außenborder zurück. Wahnsinnig, die Szenerie der hochaufragenden Berge aus meinem kleinen Schlauchboot. Ringsum nur steile Berge: 400 bis über 600 Meter hoch. Oh, die würde ich gerne besteigen. –
Der Wasserfall hat momentan nicht genug Wasser, um berauschend zu rauschen. Trotzdem imposant, so nah dran zu sein. Und natürlich sind wir kilometerweit die einzigen. Der Mount Beag reizt mich. Dieser Berg sieht schön steil und hoch aus. Nach einem doppelten Sandwich überrede ich W. mitzukommen. W. pustet stark, und ich muß auf seine Sicherheit achten. Gut, daß er Schuhe trägt, die über die Knöchel reichen.

Die Aussicht von oben ist wieder Klasse. Das Boot winzig, man sieht den Wasserfall, das Meer, überall hohe und niedrige Berge. Da wird man leicht übermütig – ich kann W. einen hinter uns liegenden höheren Gipfel gerade noch ausreden. Ein verlassenes Haus indessen nicht. Nach zwei Kilometern Springen, von Stein zu Stein, stehen wir davor. Einladend wirkt es nicht. Innen Gerümpel, Dreck und Rott. Draußen sprießen überall Brennesseln, Disteln, Gestrüpp. Abends mache ich mein Angelzeug klar. Ein Fisch beißt leider nicht. A. geht wie üblich als erste in die Koje – erschreckend früh. Das bin ich einfach anders gewöhnt.

Irgendwo müssen die Inneren und Äußeren Hebriden enden. Lassen wir sie in der Inselchen-Gruppe Loch Badcall ausfließen. Bei Dauerregen. In einer Bucht mit einer der zahlreichen Fischfarmen an der gesamten Küste, einem Haus und einem Mädel, das am Ufer zeltet. Die Engländerin ist mit dem Fahrrad unterwegs. Kym holt sie zum Aufwärmen an Bord.

Die Prospekte der Inneren und Äußeren Hebriden haben gehalten, was sie versprachen. Sicher, das Wetter war naß, aber das wußten wir – „was wundert sich der Fisch über das Wasser", um Aldous Huxley zu zitieren.

Insgesamt kein Segelrevier für Kurzurlaubssegler. Aber eine Gegend für diejenigen, die das Wilde, das Einsame, das Einfache suchen. Viele schöne, ja andersartige Dörfer und sichere Ankerbuchten mit moderaten Wassertiefen. Sehr gefallen haben uns die Wanderungen. Du siehst einen Berg, denkst – da will ich hinauf –, und meistens geht das – zwar mit Anstrengung, aber meist ohne Probleme. Und wenn du es geschafft hast, schaust du hinunter auf dein Boot, das leicht schwoiend vor Anker liegt.

Loch Laxford. Natürlich wollen wir nach Loch Laxford. Es erweist sich als nicht gerade einfach. Niemand sagt es. Ich errate es aus Wortfetzen und ungenauen Antworten.

Die Ankerkette steht voll auf Spannung. Der Atlantische Ozean, sichtbar zwischen den vorgelagerten Inseln – weiß und glitzernd. Unser Student nachdenklich: „Draußen ist es meist noch stürmischer." Das gibt zu denken. Jedenfalls ist Badcall mit seinen Fischfarmen nicht der Traum, aber Laxford, das ist doch etwas anderes. Ich habe Fotos davon, und ich habe dort einen „Freund", nie gesehen, aber viel drüber gelesen.

Es läuft wie der Teufel. Und wer die Segel im Griff hat, kann auch bei auflandigem stürmischem Wind (kein Sturm) sicher segeln. Der zweite zu beachtende Faktor ist Kurs halten, und das macht Kym wieder hervorragend. Auch bei 9 Knoten und quer anrollenden Seen behält er die Übersicht. Viel zu schnell passieren wir auf der Route Handa Island, fallen ab nach Steuerbord und schon sind wir da, im Loch Laxford.

Hier, genauer in einem der fünf Arme, Loch a'Chadh-fi, hat sich der Weltumsegler & Abenteurer John Ridgway niedergelassen. Mit seiner Frau Marie Christine und Töchtern Rebecca und Elisabeth. Mitten in der Wildnis, nur mit dem Boot oder zu Fuß zu erreichen, betreibt die Familie eine Abenteuerschule. Offensichtlich erfolgreich. Nach zirka 30 Jahren Einsatz stehen mittlerweile acht Häuser für die Unterbringung, dreißig Kanus und einige Segelboote an Land und an Moorings zur Verfügung. Hier kann man Kurse belegen: segeln, klettern, wandern, rudern, angeln, laufen... Sachen konstruieren und bauen. Alles, was den Alltag zu Hause in Schule und Büro vergessen läßt und mit Körper und Natur zu tun hat. Kein Überlebenstraining, was eine krasse Perversion zu Ridgways Angebot wäre.

John guckt gerade Fernsehen, unüberhörbar einen olympischen 100-Meter-Lauf in Atlanta, als wir an seine Tür klopfen. Da er uns nicht bemerkt, stehen wir zu dritt unerwartet vor ihm im Wohnzimmer. Verblüfft ist er nicht sonderlich, er bekommt solche Besuche wohl des öfteren. Er lädt uns prompt zu einer Kanne Tee ein, führt uns durch sein Haus, das hoch am Hang liegt, mit einem Ausblick, wie man ihn sich aufregender nicht vorstellen kann.

John Ridgway:

Von Beruf bin ich eigentlich Soldat. 10 Jahre war ich beim Heer. 1966 ruderte ich, noch bei den Fallschirmspringern, mit meinem alten Freund Chay Blyth in zweiundneunzig Tagen über den Nordatlantik nach Irland. Danach änderte sich mein Leben radikal. Zwei andere, die zur selben Zeit wie Chay und ich den Atlantik im Ruderboot überqueren wollten, blieben auf See. Ich hatte das Gefühl, daß ich Glück gehabt hatte, davongekommen zu sein. In gewissem Sinne war mein weiteres Leben ein unerwartetes Geschenk.

Während einer darauffolgenden Segelreise nach Brasilien dachte ich viel an das schottische Hochland, an Ardmore, wo ich mit meiner Frau Marie Christine nach der Heirat eine Zeitlang war. Ich schied aus dem Heer. Mit meiner Abfindung und dem kleinen Kapital, das ich mit Büchern und ähnlichem verdient hatte, gingen wir mit unserer dreijährigen Tochter nach Ardmore und bauten im Winter 1968 die „John Ridgway Adventure School" auf. Drei Meilen von jeglicher Straße entfernt. In Ardmore gab es damals weder Elektrizität noch Wasser, und außer uns wohnte hier nur eine Familie.

Die Schule beruht auf drei Prinzipien: Selbständigkeit, positivem Denken und der Verpflichtung, die Dinge besser zu hinterlassen, als man sie vorgefunden hat. Die Saison geht von März bis September. Dazu kommen Hochseesegeltörns und Expeditionen im Winter. Zum Beispiel mit dem Faltboot auf dem Amazonas, Whitbread-Race-Teilnahme, Südseetörns, Überquerung des chilenischen Teils der Berge Patagoniens und so weiter. Und 1983/84 bin ich mit Andy Briggs, einem unserer Schulausbilder, in 208 Tagen nonstop um die Erde gesegelt.

An dieser Stelle überreiche ich ihm ein Exemplar meiner Nonstopfahrt von Kiel nach Kiel in 271 Tagen, worauf er mich mit einem Buch seiner Nonstopfahrt zurückbeschenkt. Zwischendurch ruft seine Tochter an, die gerade ein Bergrennen gewonnen hat. Die Mutter ist auch irgendwo unterwegs: wahrscheinlich laufen. Beide haben bereits erfolgreich am New York- und Boston-Marathon teilgenommen. Ein metergroßes Foto in der Diele zeigt Rebecca mit einem Kanu in einer düsteren Landschaft. Von der berühmten Tennisspielerin ist nun schon mehrfach gesprochen worden, deshalb nur kurz Johns „statement" zu dem düsteren Kanubild: „Aufgrund der Leistungen von Steffi Graf wollte meine Tochter, die sie sehr bewundert, sportlich auch etwas Besonderes leisten. So hat sie sich auf Kap Hoorn eingelassen und es als erste Frau mit einem Kanu umrundet."

Sein Haus, halb Stein, halb Holz, ist „ein Sumpf von Erinnerungen." Fotos, Texte, Buchtitel an den Wänden, Masken, Speere, Mitbringsel aus aller Welt. Vor allem der isolierte „Schreibturm" begeistert uns. Oben auf das Dach wurde einfach ein drei mal drei Meter großer Raum gesetzt, dessen Fenster in drei Richtungen weisen. Auf

Bei John Ridgway in Loch Laxford. Vor 30 Jahren
ruderte er in 92 Tagen über den Nordatlantik.

dem Eßtisch in der Küche 345 Seiten Druckfahnen seines neuen Buches „... and then we sailed away", eine Segelreise um Südamerika. Er hat, wie wir bei solchen Gelegenheiten, Entwürfe von Schutzumschlägen an der Wand hängen. John, der keine Angst vor einem weißen Blatt Papier zu haben scheint, ist der Auffassung, die deutschen Segler schrieben zu seriös, um international Erfolg zu haben. Wie auch immer: In dieser Familie schreiben alle!

Kym meint: „Ridgway ist ein toller Typ, dessen militärische Vergangenheit nicht zu spüren ist." Deshalb hier die Faxnummer seiner Schule: 09 71 / 52 14 63. Die Schule bietet Wochen- und 14-Tagekurse, inklusive Unterbringung und Verpflegung. Astrid und ich beneiden Ridgway. Die Mischung: Sommer hier, Winter woanders ist der Familie geglückt. Ich vergleiche Ridgway(s) mit mir (uns) und einigen meiner an der Öffentlichkeit tätigen „Kollegen" und bin der Ansicht, daß er seine Berühmtheit optimal für den Beruf genutzt hat.

Ridgway läßt es sich gutgehen – mit einem Garten vor dem Haus in Badetuchgröße, „die Blumen meiner Frau", die immerhin wundervoll blühen, eine Seltenheit in diesen Breiten, und einem Tannenwald. „Der einzige weit und breit." Darauf ist er richtig stolz.

Als wir den Abhang mehr hinunterrutschen als gehen, animiert Kym uns, noch „schnell" einen Berg auf der anderen Seite der Bucht zu besteigen. „Nur 120 Meter hoch."

Kym:
Erst wollen die beiden nicht mit, sind dann aber total hin und weg. Nicht nur die Höhe macht die Qualität des Panoramas aus. Hier paßt einfach alles zusammen: große Berge in der Ferne, vorne viele kleine, Buchten nach rechts und links, Boote, die Schule, Inseln, das Meer, ein dunkelblauer Binnensee und blauer Himmel. Nur am Horizont vereinzelt Wolken. Im Loch unter uns Robben, auf den Inseln Tausende von Seevögeln. – Abendessen an Bord: Eier, Speck (englisch) und Reis mit Erbsen. A. kocht sehr gut. Ein Tag mit vielen Anregungen zum Nachdenken.

29   Gefangen im Steinlabyrinth

Um an die schottische Nordküste zu gelangen, müssen wir um das berüchtigte Cape Wrath, das Kap des Zorns (Zorn, eine der sieben Todsünden). Hinweise auf unberechenbare Strömungen, Winde und Nebel ziehen sich durch alle Segelanweisungen. Wir lesen aber auch: „Cape Wrath zeigte sich für mich als das formidabelste Kap der Britischen Inseln", das schrieb Claud Worth 1895, als er England mit einem Segelkutter umrundete. Vor 101 Jahren!

So sitzen wir dann mit Kurs Nord bequem im Cockpit. An Steuerbord zieht das in den Atlantik abstürzende Hochland vorbei. Kym und ich scherzen mit Astrid, die mehrere Male die Tide berechnet und nachrechnet, damit wir am Kap keinen Gegenstrom haben. Doch es gelingt nicht, wir müssen schon Meilen zuvor gegen den Strom segeln. Es dauert folglich lange, bis wir es endlich gerundet haben. Mich berührt die Problematik der Tide nicht besonders, der starken Dünung vom Atlantik ausgesetzt zu sein ist schlimmer. Jede Minute läßt eine Dünungswelle die Segel knallen und das Rigg zittern.

Cape Wrath sieht so imposant aus, weil es prominent dasteht, im rechten Winkel mit steilen Abbruchkanten von 110 Meter Höhe aus Granit und Gneis, dunkelroter Farbe und tiefen Schatten mit der Sonne dahinter. Auf dem höchsten Punkt steht ein rotweißer Leuchtturm.

Die Küste ist frei von Untiefen und sehr bergig, speziell zwischen Cape Wrath und Loch Eriboll. Zum „Schreien bergig" meint unser Bergsteiger. Und mit verlockenden Einschnitten, die leider keinerlei Schutz bieten. Erst in Eriboll wird Ankern möglich. Als wir vor dem Loch stehen, holt Kym unseren Buchschatz ins Cockpit: „Yacht Cruising" von Claud Worth. Was der Segler damals mit seiner Tern hier sah, liest Kym vor.

Claud Worth:

Um vier Uhr nachmittags waren wir vor der Einfahrt von Loch Eriboll. Der Wind war leichter, und die Tide setzte stark Richtung Westen. Loch Eriboll ist der einzige Schutzhafen an der Nordküste Schottlands. Wir würden vielleicht nie wieder an diese Küste kom-

men, und so entschieden wir uns, das Loch zu erkunden. Es ist ein
prächtiger „Hafen", sieben bis acht Meilen lang und eine gute Meile
breit, und die Szenerie ist mehr als großartig. In Größe und Form ist
es Loch Ryan ähnlich, aber die umgebenden Berge sind um einiges
höher. An der Nordwestseite des Lochs zieht sich ein steiler Gebirgs-
rücken hin, der um die 2000 Fuß hoch ist. Anstatt in eine Flaute zu
geraten, wie wir anfangs fürchteten, kam der Wind viel stärker die
Berge herunter, war aber eisig kalt. Wir warfen einen Blick in Camus
Bay, wo zwei Lugger und ein Schooner lagen, und segelten dann zum
südlichen Ende des Lochs. Die Nacht in Camus Bay zu verbringen
reizte uns, doch dachten wir, es sei klüger, weiter zu segeln, während
der Wind noch günstig und das Wetter schön und ruhig war. Wir
segelten zurück, Chorrie Island an der Nordwestseite passierend und
erreichten wieder die See gegen 9.00 Uhr abends.

Ich erinnere: Das war vor 101 Jahren. Während Mr. Worth nur eine
Kurve durch die Bucht fährt, legen wir uns am südwestlichen Ufer
von Chorrie auf fünf Meter Wassertiefe vor Anker. Der Strand ist
verlassen wie alle Strände seit Cherry Island, die Insel unbewohnt
wie alle seit Summer Isles.

Die Insel zu umwandern, wird zum Spaziergang, sie ist flach und
baumlos. Eine Herde Schafe gibt es auch auf diesem Eiland. Und ein
paar hundert Möwen, sie machen einen Höllenlärm und fliegen
Attacken gegen uns Eindringlinge. Am Nordufer stoßen wir auf die
Reste zweier Häuser, von denen nur noch von Efeu überwucherte
Mauerreste stehen. Der Steinstrand davor ist mit angeschwemmtem
Müll überladen. Kym ist sofort begeistert: „Ein Paradies für Müll-
künstler." Das Zeug hat eine Gemeinsamkeit: Es schwimmt. Zer-
fledderte Plastikleinen, Fischernetze, Gummihandschuhe, ein Schutz-
helm, alte Netzbojen. Kym fasziniert der Kram. Den einen und ande-
ren Vogel wird er das Leben gekostet haben. Die Vögel benutzen die
Kunststofffasern zum Nestbau, was tödlich gefährlich ist, denn die
Fasern verheddern sich oft um den Hals.

Auch so eine Paradoxie. Abends lese ich genüßlich den Klassiker
„Rätsel der Sandbank" von Erskine Childers, notiere noch: Ab Seite
200 wird er richtig spannend, als ich um Mitternacht aus dem ersten

Schlaf gerissen werde. KATHENA stößt auf Grund. Wir rudern einen zweiten Anker aus, um sie langsam Richtung tiefes Wasser zu ziehen. Aber nichts. Und es dauert nicht lange, da hat sie Schräglage. Kippt und kippt mehr zur Seite. Scheibenkleister, wir haben den wesentlich höheren Tidenhub an der Nordküste nicht berücksichtigt. Eigentlich kein Grund, sich Sorgen zu machen. Nur stellt sich heraus, nachdem das Wasser nur noch bis Schritthöhe vorhanden ist, daß wir inmitten von Boldern geankert haben. Um uns herum einzelne meterdicke Steine. Dazwischen alles vollgepackt mit langstieligem Seekraut, das hier überall in Mengen anzutreffen ist. Bei Mondschein betrachtet eine unheimliche, eine gespenstische Szene, an der ich mich aber nicht ergötzen kann. Was nun? Es knirscht. Die Steine unterm Kiel verkanten. Astrid ist nervös: „Was ist mit dem Ruder?" Ja, was ist mit dem Ruder. Es ist, da völlig freistehend, in größter Gefahr. Noch ist es zu bewegen.

Bei dem Lärm kann natürlich keiner in der Koje entspannen. Astrid stochert mit dem Bootshaken nach Steinen. „Nicht daß der Rumpf sich auf einen legt." Wir Narren. Es ging bisher einfach alles gut. Zu gut.

Zum Glück herrscht völlige Windstille, und irgendwann ist Niedrigwasser erreicht. Dann geht es aufwärts – ganz langsam, viel zu langsam. Die Anspannung ist erst fort, nachdem die Schräglage gering ist.

Mit dem ersten Zentimeter unterm Kiel, zeitgleich mit einem Lichtschimmer am Horizont, holen wir Hand über Hand die Anker ein. Hangeln uns vorsichtig aus dem Steinlabyrinth. Das waren unerwartete 3,7 bis 4 Meter Tidenhub. Dem Boot ist wohl nichts passiert. Kein Diesel ausgelaufen, Ruder bewegt sich makellos, Kielbolzen sitzen fest. Kein Tropfen Wasser in der Bilge.

Zugegeben, nach einer solchen Nacht wieder auf See zu sein, ist ein kostbares Gefühl. KATHENA ist nichts ohne uns. Wir sind nichts ohne KATHENA.

30 Der Pentland Firth

Man kann so weit und soviel gesegelt sein, wie man will, es gibt immer wieder Überraschungen: In Scrabster, einige Fahrtstunden hinter Eriboll, legen wir unser Boot in dem leeren Hafen hübsch längsseits. Wassertiefe fünf Meter. Und was passiert? Prompt sitzen wir wenig später hoch und trocken. Kyms Kommentar: „Tja, zweimal an einem Tag. Da ist man ziemlich geschockt." Finde ich gar nicht spaßig. Unser Boot steht zwar senkrecht an der Kaimauer, aber der schmale, lange Kiel macht mir Sorge. Und das verdammt exponierte Ruderblatt. Was passiert, wenn das Schiff nach achtern wegkippt? Dummerweise ist Springtide mit mehr als vier Metern Hub.

Geschichten über den Pentland Firth beginnen mit den Strömungen. Die Tidenströmungen des Firth sind das wildeste Wasser der Nordsee. Zweimal täglich wirbelt es durch die Meeresenge, springt meterhoch, so eilig hat es der Strom. Der Pentland Firth bedeutet Gefahr, solange es Seefahrt gibt. Kurzum: ein Gebiet „mit allen Wassern gewaschen". Und wir müssen da ostwärts durch.

Der Pentland Firth, der die Orkneys vom schottischen Festland trennt, ist 18 Seemeilen lang und durchschnittlich 6 Seemeilen breit. Unser Nordseehandbuch, herausgegeben vom Bundesamt für Seeschiffahrt und Hydrographie, widmet diesen paar Meilen 23 sachliche Seiten. Ich zitiere sechs Auszüge:

Der Pentland Firth:

1. Die Gezeitenströme im Pentland Firth erreichen sehr hohe Geschwindigkeiten, so entstehen weit ausgedehnte und sehr kräftige Neerströme, außerdem treten Stromwirbel und außerordentlich heftige Kabbelungen mit steil brechenden Seen auf. Die Ströme unterliegen in Dauer, Richtung und Stärke im Wechsel der Spring- und Nippzeiten großen Unterschieden, so daß die nachfolgenden Angaben nur unter Vorbehalt zu verwenden sind.

2. Die größte im Firth gemessene Stromgeschwindigkeit betrug 10 sm/h bei W-Strom und mittleren Stromverhältnissen (das entspricht einer Geschwindigkeit von etwa 13 sm/h zur Springzeit bei Erdnähe des Mondes und einer Geschwindigkeit von etwa 2,5 sm/h zur Nipp-

zeit bei Erdferne des Mondes); sie wurde bei HW Aberdeen –1h 10 min etwa 2 sm SW-lich von Muckle Skerry festgestellt. Es ist aber kaum zweifelhaft, daß noch größere Stromgeschwindigkeiten im Firth auftreten können.

3. Bei Verwendung der Angaben aus den Gezeitenstromkarten ist Vorsicht geboten. Der Wechsel von Spring- und Nippzeit drückt sich sowohl im Tidenhub wie in den Stromgeschwindigkeiten im Pentland Firth stärker aus als an irgendeiner anderen Stelle bei den Britischen Inseln (ausgenommen die Shetland und Orkney Islands); die Stromgeschwindigkeiten bei größtem Tidenhub (Springzeit bei Erdnähe des Mondes), bei mittlerem Springtidenhub, bei mittlerem Tidenhub, bei mittlerem Nipptidenhub und bei kleinstem Tidenhub (Nippzeit bei Erdferne des Mondes) verhalten sich etwa wie 13 : 10 : 7 : 4 : 2,5. Bei größtem Hub sind die Ströme also fünfmal so stark wie bei kleinstem Hub. Dementsprechend wechselt das gesamte Strombild im Firth.

4. Der Stromwirbel bildet quer über den Firth hin einen natürlichen Wellenbrecher; selbst wenn der Wirbel am heftigsten ist, kann ein Fahrzeug O-lich davon in verhältnismäßig ruhigem Wasser über den Firth laufen. Es ist jedoch eine beträchtliche Maschinenstärke erforderlich, damit man bei 10 sm/h W-Strom nicht in den Wirbel gezogen wird.

5. Bei unsichtigem Wetter sollten kleine Fahrzeuge unter Segel oder mit geringer Maschinenkraft nicht in den Firth einlaufen.

6. Wenn der W-Strom seine volle Stärke erreicht hat, bricht die See, auch bei gutem Wetter, sehr heftig quer über den ganzen Firth hin, am heftigsten über dem unebenen Grund ...

Sachlich, minuziös: Geist und Stil des unschätzbaren Nordseehandbuchs. Nachdem ich die 23 Seiten Text und Karten zum Firth von vorn nach hinten und umgekehrt gelesen, studiert und mir erarbeitet habe und trotz allem nicht alles kapiert habe, möchte ich am liebsten umkehren.

Dennoch: Die Informationen sind wirklich ein Geschenk der Küstenautoren. In dieser vom Strom bestimmten Wetterecke wäre so mancher verloren, könne er dieses Buch nicht zu Rate ziehen. Sogar

LOG VON KATHENA NUA   DAT.: 31. JULI '96

VON SCRABSTER   NACH KIRKWALL

h	Wind	See	Ba	Wet.	kk	Wk	Segel	Fahrt	Log	Bem.
0715			999						0,0	Ab Motor
0730	SW 3-4		999	c	Sicht		G + Fo		6,5	Mot. aus - Segel gesetzt
0816	SSW 4-5	4	999	c	—"—		—"—		6,8	Dunnet Hd. 1 str in südl. P.
0900	SSW 5	4	998	c 12°C	—"—		G + Fo.		7,0	Stroma 1 str in Süd. Reffe Fo.
0922	—"—	5	997	c	—"—		—"—			Muckle Skerry, Wirbel + 10,5-11
1050	SSW 6	5	996	c	—"—		—"—		7,4	Strom setzt GEGEN (2-3 kn)
										2 str nördl. v. Copinsay Isl.
										Snoipartien bis 12.97 kn
1338	SSW 5	4	996	c	—"—		G + Fo		7,2	Hull Hd. Strom mit. Fo aus
1420	—"—	3	995	c, ol	—"—		—"—			Helljar Holms Stb. String
1445	SSW 4-5		995	c, r	—"—		G + Fo			3 Kreuzschläge vor d. Stadt. S.
1450			995							fest längsseit 4. Boot im Päck
										im Stadthafen Kirkwall. Wa.
										3,3 m.

| Mit. Br. | | Etmal | | 55 sm NißW. |
| Mit. Lä. | | Gesamt | | 1886 sm Motor ½h = 92½ |

MITTWOCH

Morgengummeln bei Abfahrt. Springtide + Hafenbeamte s.
Insachen. Bezirkt gleich fischtechlich: Wasserwand aus Strom
von Dunnet Hd. Sieht aus wie ein Wellenbrecher am Wasser. Bie
- nach N. Fahren einen Bogen.

Knallen aber ~~einen~~ ^{durch} den P.-Firth mit 9, 11, 14, 16,5 kn (genau
sm/h) über Grund. GPS zeigt es genau an. Und was haben w
Gedanken gemacht u. Information angelesen.

Keinerlei Belastung (ungewöhnlich) fürs Boot. Ruder reagiert
normal. "In den Eddys soviel Druck spürbar, wie wenn ein Q...
haufen gegen das Blatt treibt. Trotzdem: Nördl. v. Switha
(Stroma) reißt das Strom uns förmlich an Kap vorbei. Um
Muckle Skerry drücken uns 11 sm/h Strom und gelegentlich mehr
direkt auf die Insel. Im Sitze von dem GPS und starre - gebe

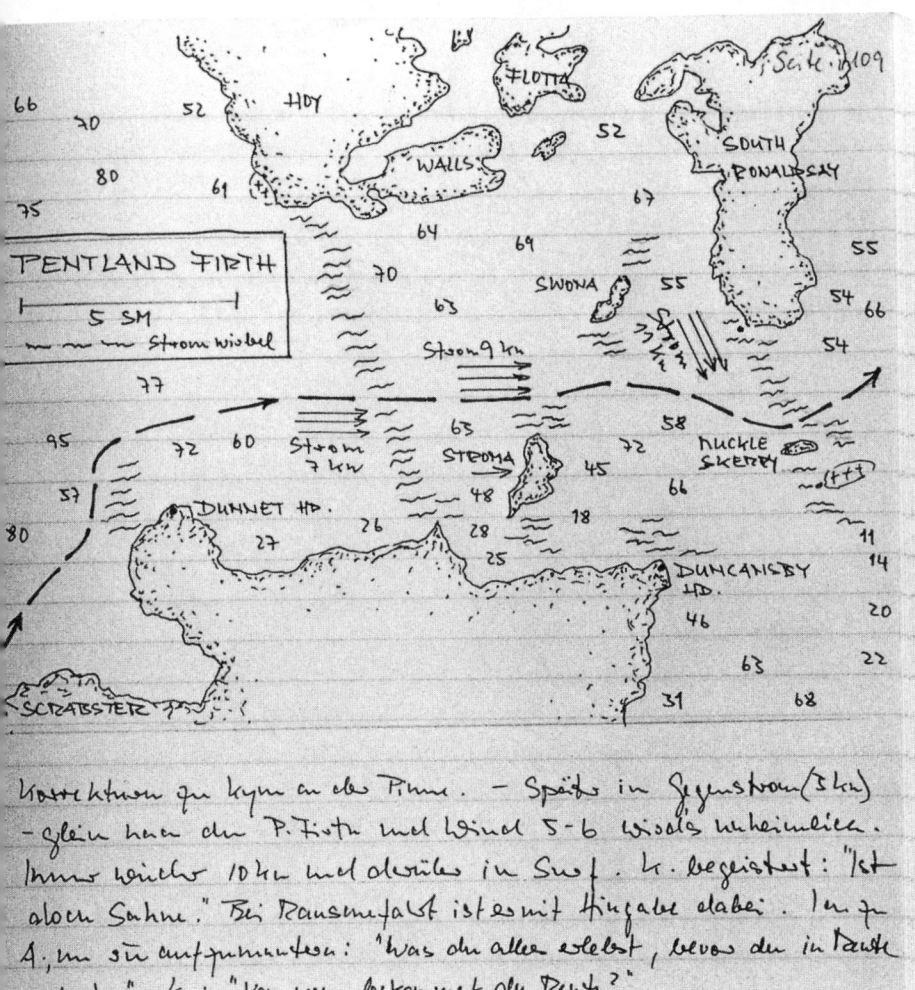

Korrekturen zu kgm an der Pinne. — Später in Gegenstrom (3 kn)
— glein hen der P. Firth und Wind 5-6 wird's unheimlich.
Immer weiter 10 kn und obenrüber in Surf. K. begeistert: "Ist
aber Sahne." Bei Kartenfahrt ist es mit Hingabe dabei. Ich zu
A, um sie aufzumuntern: "Was du alles erlebst, bevor du in Rente
gehst." K.: "Von wem bekommst du Rente?"
Innerhalb der Orkneys: Strom wechselhaft. Geschützte Gewässer.
Schöne steile Kaps. Grün bewachsen. — Ankunft im Hafen von
Kirkwall bei Platzregen. Die ganze Zeit tröppelt es nur, und
dann werde ich, der kein Ölzeug trägt, pitschnass. A. ist irgendwie
unhappy. Leer versteht's. K. fährt Anlegemanöver ohne Probleme.
Und das in diesem engen, gedrängt vollen Becken.
Chinesisches Essen (Gemüse + Reis) an Bord.
K. + ich gehen noch ein Pint Bier trinken. Es bricht 4 Platten
= 1 Pfund. Schön laut im Pub. Müde.

Kym wird mitgerissen: „Dort muß der Strom ja unvorstellbar sein." Natürlich ist das Sinn und Zweck des Handbuches. Man soll dem Objekt mit Distanz, Respekt und Vorsicht begegnen. Doch in unserem Fall warnen schon Hafenmeister, Fischer, ehemalige Seeleute und einheimische Segler die Küste auf und ab. „Could be very dangerous." Dampfer, Kümos, Yachten, sie alle haben dort Schaden genommen.

Schluß mit den Gedanken. Ich will jetzt über unsere Segelfahrt durch den Pentland Firth schreiben.

Das Wetter ist nicht vom Feinsten, als Kym recht mürrisch, noch sehr verschlafen, die Segel in aller Bedächtigkeit setzt. „Wundern über die ewige Hetze tue wohl nur ich mich." Astrid reißt wie gewohnt die Pinne an sich, und ich bin für die Navigation zuständig. Es geht auch gleich nach Verlassen von Scrabster mit einer dunklen Wand aus West los. Kym, der mangels Wissen unsere Bedenken nicht teilen mag: „Wenn die Handbuch-Schreiber wüßten, daß wir auch noch bei Springtide los sind."

Schnell geraten wir vor Dunnet Head in die ersten schlimmen „overfalls", die von starker Strömung und steifem Westwind verursacht werden. Sie klatschen aus unterschiedlichen Richtungen senkrecht wie ein Flutwelle an die Bordwand. Gischt ergießt sich an Deck. Das Boot rappelt wie eine Kartoffelsortiermaschine. Kym ist nach einem Glas Grapefruitsaft reif, sich zu übergeben. Astrid ist schlecht vor Angst. Und ich? In kritischen Situationen muß ich auf die Toilette. (Was in einem Raum von 80 x 60 Zentimetern, dazu in Wetterkleidung und bei diesen springenden Bootsbewegungen zum Balanceakt wird). Komisch: In dieser Situation muß ich an die ANITA denken; der 20-Meter-Yacht sind beim Durchsegeln der „overfalls" die Nieten aus den Holzplanken gesprungen.

Dann kommen wir zum Merry Men of Mey, ein in der Seekarte dick eingetragener Stromwirbel. Er schreckt gewaltig, aus der Ferne betrachtet. Wie eine Wasserbarriere erstreckt er sich in Nord-Süd-Richtung. Im rechten Winkel schießt KATHENA mit achterlichem Wind und mächtig Strom darauf zu. Wir picken unsere Lifelines ein. Das einzig Gute an dieser Wasserstraße: Es gibt kein Zurück, keine Alternative. Du mußt da durch und fertig.

172

Kym:

Die sich überschlagenden Wellen sehen schlimmer aus, als sie sind. Mir wird langsam besser. Ich übernehme schließlich das Steuern, als wir an Stroma vorbeifliegen. Ich bringe uns durch eine Unmenge Strudel und querschlagender Wellen. Knallen da durch mit 14 bis 15 Knoten. W. kommt nicht mit dem Eintragen der Positionen nach, so schnell geht's in der kritischen Passage. In den Eddys, wo es richtig brodelt, ist soviel Druck spürbar, wie wenn ein Heer Quallen gegen das Ruder treibt. Zeitweise rasen wir mit 17 Knoten über Grund. W. liest den Speed vom GPS, ruft ihn aus und gibt den Kompaßkurs vor. Jetzt noch meinen Australien-Hut auf dem Kopf, und es könnte ewig so weitergehen. Alle Hindernisse sind in eineinviertel Stunde passiert. War natürlich nicht mein Verdienst. A. ist sehr erleichtert. Sie hatte mit noch höheren „overfalls" und mehr Gefahren gerechnet. W. hat keine Angst gehabt, er hat Vertrauen ins Boot – sagt er.

Der Tidenstrom hatte die unangenehme Tendenz, mehr und mehr die Richtung zu ändern. Er setzte mit 10,5 Knoten Südsüdost. Muckle Skerry kamen wir dadurch rasend schnell zu dicht. Unser Kurs mußte laufend korrigiert werden. Nach Runden von South Ronaldsay kommen wir in einen Gegenstrom. Kurs ist Nord nach Kirkwall in den Orkneys. Der Wind frischt heftig auf: 6 – 7. Der Strom ist heftiger als erwartet, was zur Folge hat, daß wir für lange Zeit mit den steilen, kurzen Wellen surfen. Rekordgeschwindigkeit: 12,97 Knoten. In dieser „chaotischen" See beweist KATHENA, wie schon in der Scheldemündung, daß sie eine gute Konstruktion ist.

Erst während der letzen zehn Meilen innerhalb der Orkneys gibt's Entspannung – für alle. Das Segeln wird zu einem wirklichen Vergnügen, spielerisch flitzen wir an grünen, hügeligen Inseln und Kaps entlang und vorbei. Copinsay, Mull Head, Rerwick Head, Hellia Holm. Die letzten zwei Meilen vor Kirkwall kreuzen wir auf. Astrid entzückt: „Wendewinkel 80 Grad."

Als wir vor der engen Hafeneinfahrt die Fallen lösen, geht ein Platzregen nieder. Aber nach 55 Meilen in 7 1/4 Stunden ist es egal, ob man naß wird. Seglerisch sind wir zufrieden wie lange nicht. Da war alles drin. Gefordert werden gehört zum zufriedenen Leben. Ich empfinde selbst in der größten Anspannung Momente des Glücks.

Der 20-Boote-Hafen Kirkwall liegt mitten vor der Stadt. Kirkwall sieht übersichtlich und einladend aus. Astrid ist zu müde, um einen Schritt an Land zu setzen. Vater und Sohn gehen ein Bier trinken. Der Pub, den wir auswählen, ist laut, aber interessant: Ölarbeiter und Fährenpersonal (männlich, weiblich) erkennen uns als Segler. Für Kym eine Musikbox, an der er die Auswahl selbst bestimmen kann. Er wählt Led Zeppelin „Dazed and confused" und Lenny Kravitz „Are you gonna go my way". Das Bier schmeckt irgendwie komisch, und noch bei Helligkeit kehren wir an Bord zurück. „Ein aufregender Tag ist zu Ende. Da können wir morgen nur hierbleiben."

31   Kirkwall: Whisky & Kartoffeln

So ist es. Ruhetag in Kirkwall, Hauptstadt der Orkneys, einer Gruppe von neun größeren und -zig kleineren Inseln. Nur ein Dutzend sind bewohnt, und im Vergleich zu den Hebriden und dem Norden Schottlands sind hier die Berge bedeutend niedriger.

Ruhetag bedeutet: Ausschlafen. Großzügig Frühstücken. Bummeln. Heiß duschen. Wobei wieder die größte Anstrengung das Haarföhnen war: im Yacht Club fast im Liegen unterm Händetrockner.

Bevor wir Abschied nehmen von Schottland: Besuch einer Whiskybrennerei. Biertrinkerin Astrid sträubt sich: „Muß das sein?" „Es muß. Das gehört zum Klischee. Kirkwall bietet zudem die nördlichste Brennerei Schottlands." Pardon, der Welt – laut Werbebotschaft.

Die „Highland Park"-Destillerie liegt am Stadtrand. Die Gebäude haben den Charme und die Ausmaße einer kleinen Getreidemühle mit Silo – wie an der Schlei. Nur auf dem Räucherhaus hat sie zwei Pagodentürmchen. Alles ist makellos weiß getüncht. Die Brennerei unterhält ein Besucherzentrum, und wir drei werden mit einer ganzen Busladung Belgier durchgeschleust. Unserem Individualisten geht das mächtig gegen den Strich. Ein Mädchen beginnt den Vortrag im Mittelalter: Spätestens seitdem beherrschte praktisch jeder Bauer die Technik des Whisky-Brennens. Gerstenkörner in Wasser quellen lassen, über Torffeuer trocknen, die entstandene Maische vergären und am Ende mit Hilfe einer topfförmigen Destilliervorrichtung zu Whisky verbrennen. Das Brennverfahren ist im großen und ganzen das Gleiche geblieben. Auch in der „Highland Park" wird gekeimte Gerste im Torfrauch getrocknet, dann mit Wasser vermengt und gegoren. Die Destillation geschieht in birnenförmigen Kupferkesseln mit langen Hälsen nach oben, in denen sich die Dämpfe verdichten, um am Ende als „weißer" Whisky herauszufließen. Frisch gebrannter Whisky ist farblos. Die Farbe erhält er erst durch Lagerung in alten Sherry-Eichenfässern. Nach einer Lagerzeit von vier Jahren nimmt er seine typische Farbe an, nach zwölf Jahren Reifezeit wird er als reiner Malt in Flaschen abgefüllt oder zu „blended Whisky" verschnitten.

In die mehr als 20 versiegelten Lagerhäuser läßt die Brennerei keinen Besucher hinein. Aus zolltechnischen Gründen. Nach dem Rund-

Wichtig im Clubleben der Segler von Kirkwall:
Regattatermine und die Öffnungszeiten der Clubbar.

gang gibt es – unerläßlich – einen Schluck des Hauses (moorbraun, weich und rund im Geschmack), im Souvenirladen kaufen wir die obligate Mitbringselflasche, und am Ende wird uns noch eine gelungene Diaschau geboten: blutrote Sonnenuntergänge über den Orkneyinseln, nebelverhangene Küsten, schweigsame Braumeister, rauchende Torffeuer, Fischer, die ihre Netze einholen. Nicht fehlen dürfen einmalige historische Aufnahmen von Scapa Flow, der Bucht südlich von Kirkwall, wo sich 1919 ein Drama abspielte, als sich die deutsche Flotte selbst versenkte. 74 Dampfer, Schlachtschiffe, Zerstörer und Torpedoboote gingen an einem Tag auf Grund. Die deutsche Hochseeflotte wurde von den Alliierten nach Ende des Ersten Weltkrieges in Scapa Flow interniert, um auf den Abschluß des Friedensvertrages zu warten. Nach sieben Monaten ohne Landgang war die Geduldsprobe der Besatzungen erschöpft. Admiral von Reuter gab den Befehl zur Versenkung.

„Eine sehr gute Diapräsentation", sagt Kym hinterher, „das rettet noch den Eintrittspreis von zwei Pfund."

Wieder draußen rieche ich nur noch Malz.

Wie auch immer. Whisky ist mehr als Schnaps. Schottischer Malt Whisky ist Ausdruck des Lebensgefühls einer ganzen Nation. „Highland Park Single Malt Scotch Whisky", so endet salbungsvoll der Vortrag, „ist ein Produkt, das nur in die Kehle von wahren Bewunderern gehört."

Ein weiteres Highlight der Stadt ist die mächtige St. Magnus Kathedrale. Vierhundert Jahre nahmen sich nordische Bauherren und Steinmetze Zeit, um den heute stark verwitterten rotgelben Sandsteinbau zu errichten. Es ist das imposanteste Bauwerk der Orkneys, aber auch eine der beeindruckendsten Kirchen ganz Schottlands. Die Kathedrale wirkt innen mit Säulen, Spitz- und Rundbögen prächtig und aufwendig. „Und das für momentan 5000 Einwohner." Astrid staunt, daß Tramper, Biker und Schüler auf den Stufen des Portals ihren Imbiß verzehren und nicht weggescheucht werden.

> Nur selten können wir den Spinnaker fahren.
> Das Wetter ist dafür einfach zu unbeständig und hart.
> Mit einem Blister wären wir besser gerüstet.

Der Blumengarten
von Marie Christine
Ridgway ist der nörd-
lichste Schottlands.
In dieser Bucht, Loch
Laxford, betreibt die
Familie eine Segel-
und Abenteuerschule. –
Unten: Die sogenannten
Lochs können sowohl
Meeresbuchten als auch
Bergseen sein. – Die
zerrissene und hoch-
aufragende Atlantikseite
Schottlands.

Das Wasser ist kalt, die Ufer steinig, was kann man da als Fahrtensegler tun? Kym beschäftigt sich mit Steinen. Es kommen ungewöhnliche „Landart"-Objekte heraus. – Überall am Ufer vorzufinden: Handschuhe von Fischern.

Nur wenige Segler befahren die Wind und Strömungen ausgesetzten Orkney Inseln. In den Ankerbuchten, wie hier vor Eday, liegen wir daher immer allein. – Unten: Pubbesuch und Buchhandlung im Hauptort Kirkwall.

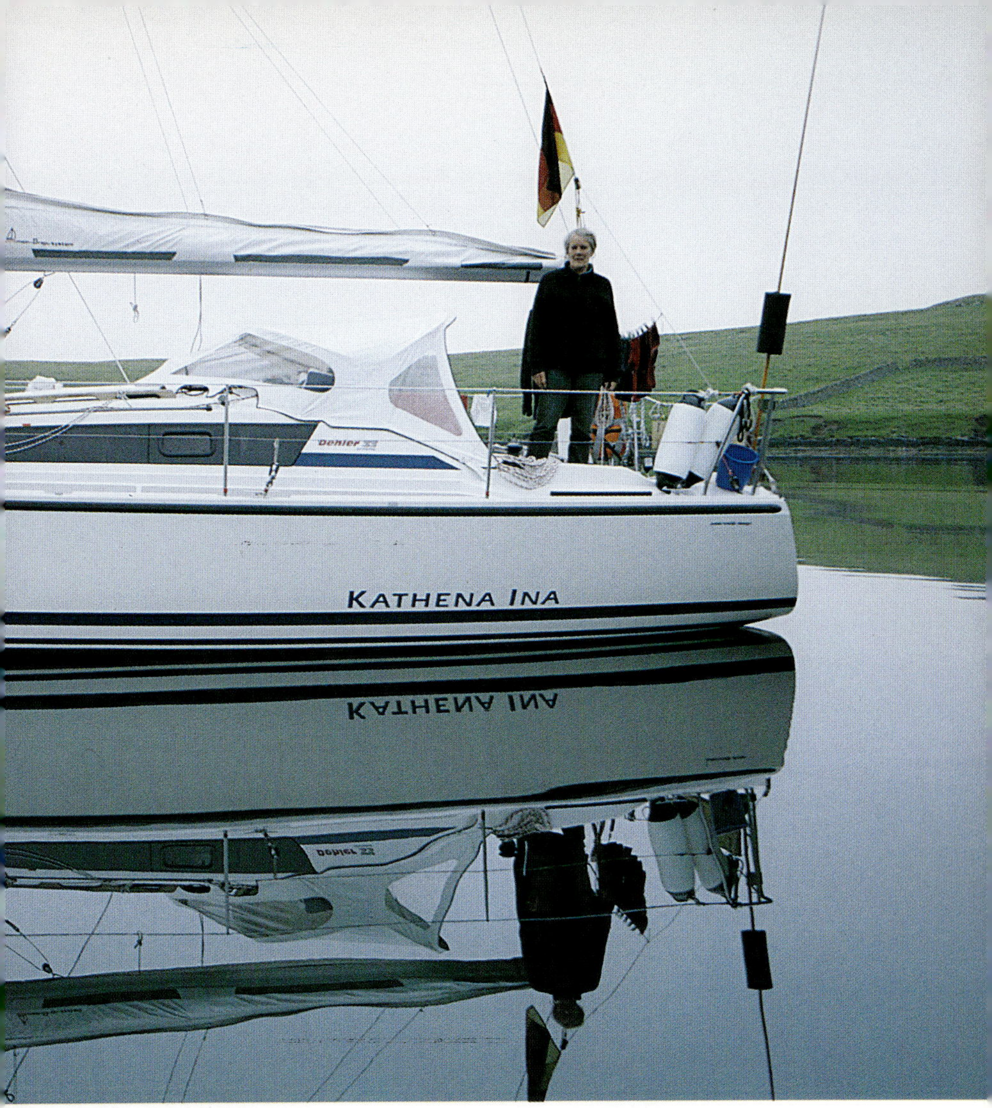
KATHENA INA

PREHISTORIC ORKNEY
THE BIRDS OF ORKNEY
THE ORKNEYINGA SAGA
SCAPA FLOW
NAVAL WRECKS SCAPA FLOW
Nightmare at Scapa Flow
The truth about the sinking of HMS Royal Oak
ORKNEY
Pictures & Poems
Gunnie Moberg
George Mackay Brown
ORKNEY
ORKNEY SHORELINE
ORKNEY
AN ISLAND SHORE
CLINGING TO THE EDGE

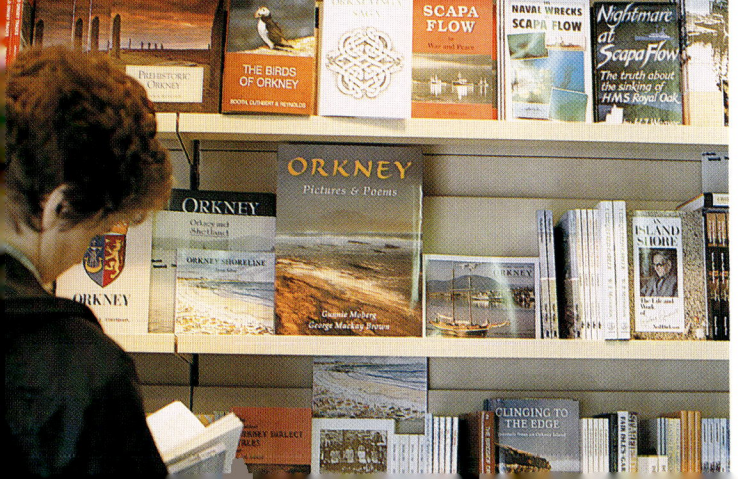

Nach all den Besichtigungen biegen Astrid und Kym rechts von dem Kirchen-Koloß ab durch die Fußgängerzone zum Hafen. Ich nehme die Straße links runter und stoße hundert Meter weiter auf ein riesiges Gemüsefeld. Mitten in der Stadt eine sogenannte Kleingartenkolonie. Ohne Hütten. Das Feld ist in Parzellen aufgeteilt und mit einer Steinmauer eingefaßt, die den Pflanzen Wärme spendet. Zwiebeln, Möhren, Erbsen gedeihen hier und da. Kartoffeln aber hat jeder gepflanzt. Ich kann mich von der guten Ernte überzeugen, ein Mann buddelt die Knollen körbeweise aus. Er erklärt mir in einem seltsamen schottischen Dialekt, daß die Pflanzung den umliegenden Bewohnern gehört. Außerdem glaube ich zu verstehen, daß die Kartoffel ihm mehr bedeutet als der eigentliche Pflanz- und Wachsvorgang, denn schon während des Kathedralenbaues pflügten hier die Menschen den Acker. Sicher eine Rarität: Eine Stadt, die praktisch neben der Kathedrale einen Kartoffelacker hat. Astrid überrascht das nicht: „Auf den Orkneys sind Kartoffeln schon Südfrüchte."

Zurück an Bord haben „Ernie und Bert" mit der JESCHUTE längsseits fest gemacht, zwei feierlich dreinblickende Männer unseres Alters. Ich freue mich. Lieber ein guter Schnack an Bord, als meilenweit durch die gepflasterten Straßen der Stadt laufen. Einer doch touristisch sehr organisierten Stadt. Außerdem: Alle Kirchen und Ruinen auf einer Nordseeumrundung gewissenhaft anzusehen ist nicht zu schaffen. Schon jetzt bringe ich die Mauerreste von Whitby und Inverness durcheinander. Den beiden Seglern aus Walluf am Rhein sind wir bereits in Scrabster begegnet. Dort hat Kym sie Ernie und Bert getauft. Er hatte den Eindruck, daß der eine in der Art von Bert aus der Sesamstraße kommandierte: Tu das, laß das ..., während der andere, Ernie, dementsprechend handelte. Mich beeindruckte in Scrabster ihr gelassener Umgang mit ihrem Boot. Sie haben via Stromness den Weg nach Kirkwall gewählt. Nicht, weil sie Furcht vorm Pentland Firth hatten, sie haben die Passage schon mal vor Jahren abgesegelt.

Die Orkneys sind für ihre über 4000 Jahre alten
Gruften bekannt. Dieses Kammergrab auf der Insel Eday
ist nur durch einen engen Gang zu erreichen.

Friedrich Graf von Pfeil – so sein richtiger Name – und sein Freund laden uns zu einer Flasche Wein aus dem Rheingau an Bord ein. „Was sonst", sagt er. Wir sind erstaunt, wo die schon überall waren mit ihrer knapp zehn Meter langen Yacht: Bergen, Scillies, Lissabon, Portrush, St. Petersburg und so weiter. Die Törns sind linksbündig untereinander im Briefbogen des Grafen fein aufgelistet. Seit 1980 fand jeden Sommer eine monatelange Fahrt statt. Der Graf ist Weinhändler, sein Freund Flughafenarchitekt. „Ernie und Bert sind übrigens viel netter, als ich nach dem ersten Eindruck erwartet habe." – Kyms Erkenntnis nach diesem Treffen.

32   Die Kammergruft

Weiße See ist vorhergesagt. Astrid wird's schon beim Abhören des BBC-Seewetterberichtes mulmig. Fakt: Es haben schon mehr Segler durch ständiges Abhören der Wetterberichte Schaden genommen als durchs Wetter selbst. Deshalb geht's weiter. Kym steht auf meiner Seite: „Wir bleiben ja innerhalb der Inseln." Offenbar ist er meiner Meinung: Stadt bleibt Stadt, so attraktiv sie auch ist.

Logbuch 3. August:
Gut ist, wenn die Tide gerade paßt. Innerhalb der Orkneys paßt nix. A. kriegt die Stromberechnungen nicht hin, da die Tide immer wieder aus verschiedenen Richtungen um die Inseln setzt. Am Ende haben sich die Ströme gegenseitig aufgehoben. Witzig, unser durch Strömungen bedingter Schlingerkurs.

Calf of Eday. Romantisch sieht der Ankerplatz nicht aus. Wie alle Orkney-Buchten auch nicht ganz sicher. Die Landschaft ist einheitlich um die 50 bis 100 Meter hoch und besteht aus sanften Hügeln, baumlos, grün und braun. Auf Kyms Initiative sind wir hier, um Steine und Höhlen und Vogelnester anzuschauen. Nach einem Bombensandwich mit Tomaten und Salatblättern und Käsescheiben machen wir auf dem engen Vordeck das Dingi klar. Dabei gibt es Streit. Es knallt ordentlich. Ich bin verletzt, nachdem Kym dauernd an der Aufbautechnik rummäkelt. Womöglich sind Astrid und ich ein zu eingespieltes Team, so daß ein Dritter leicht den Eindruck gewinnt, er wird nicht gebraucht. Das ist nämlich der Grund der Auseinandersetzung, wir reißen alle verantwortungsvollen Tätigkeiten an uns, und ihm bleiben nur Hilfsdienste. Das will ein 23jähriger absolut nicht. Da wird er schnell temperamentvoll. Nur: Wer schon morgens stets zu spät anrückt ...

Astrid haßt Dispute an Bord. Student Kym liebt Diskussionen – auch an Bord. Manchmal denke ich: Der diskutierfreudigen Jugend bleibt kaum noch Zeit für anderes.

Unsere Mitseglerin will „nicht schon wieder Steine sehen". Also machen Kym und ich uns auf zum „highest single standing stone" der Orkneys. Und tatsächlich, der „Stone of Setter", so heißt er, ist zumindest der schönste, den ich bisher gesehen habe. Er steht mit nahezu fünf Metern Höhe prominent in der freien Sumpflandschaft. Der Granit ragt stolz wie eine abgeschlagene Hand in den Himmel. Im Schatten des Steins trinken wir gemütlich eine Flasche Milch und freuen uns über den warmen Tag. Die Wirklichkeit wird hier auf den Stein reduziert, auf grasende Schafe und die vielen Karnickel, die durch die Gegend hüpfen.

Von Kirkwall unternahmen Kym und Astrid gestern schon eine individuelle Rundfahrt: zu den 5000 Jahre alten Steinzeithäusern, deren Einrichtung, wie zum Beispiel Betten aus Stein, sogar erhalten ist. Sie warfen einen Blick über Scapa Flow. Weitere typische Sehenswürdigkeiten der Orkneys waren die „Stones of Stenness" und einen Kilometer weiter 27 Monolithen, die den „Ring of Brodgar" bilden. „Als wir da ankamen, machten sich gerade drei Busladungen über die Steine her", erzählt mir Kym angesichts unserer Einsamkeit verschmitzt. „Maes Howe", das älteste Kammergrab Europas, wurde ebenfalls nicht ausgelassen.

Kym brennt darauf, „unser" Kammergrab oder „Chambered Tomb" ausfindig zu machen. Es liegt nur wenige Kilometer vom Stein entfernt auf einem Hügel. Vorbei an den Mauerresten einer alten Schule (zeugt davon, daß der Nordzipfel von Eday mal stark bewohnt war), laufen wir direkt querfeldein auf den kahlen, 102 Meter hohen Berg zu. Immer wieder kommen wir durch ausgedehnte Flächen von blühenden Distelstauden, der Nationalblume Schottlands. Der Norden von Eday ist fruchtlos, nur der Süden ist leicht bewirtschaftet und bewohnt. Stand 1996: 166 Insulaner.

Kym:
Und was sehe ich, als wir oben ankommen? Ein schmaler, kaum zu erkennender Pfad führt zu einer winzigen Tür und einem Gang dahinter, der wie gestern in eine Kammer zu führen scheint. Sofort vermute ich, daß die Eisengittertür verschlossen ist, aber kaum zu glauben, sie ist nur mit einem Riegel versehen. Wir kriechen beide durch die Tür und robben durch den sechs Meter langen Gang. Schweigend stellen wir uns langsam auf. Das hat W. nicht erwartet. Der erdige Boden ist feucht, das Zentrum der Gruft klein, vielleicht vier Meter im Durchmesser, hat aber ein tolles Licht. Oben ist eine armlange Öffnung, die gerade so viel Licht hereinläßt, daß sogar Farn in den Steinritzen an den Wänden wächst. Vier kleine Nebengrabkammern gehen wieder zu den Seiten ab, nicht größer als daß sich dort zwei Menschen in der Hocke aufhalten könnten. Das Mauerwerk besteht aus ziemlich großen, roten Sandsteinblöcken aus einem Steinbruch in der Nähe. Die Wände sind sorgsam geschichtet und verjüngen sich nach oben hin zu einem Gewölbe. Die Fugen passen so dicht aneinander, daß nur Platz für meinen Fingernagel ist.
Ich schaue in meine Tasche und entdecke ein Feuerzeug. Prima. Mit dem brennenden Feuerzeug in der Hand fotografiere ich W. in den Minikammern. Dieses „Vinquoy Tomb" ist 2000 vor Christus gebaut. Viele hundert Jahre lang wurden hier die Toten beigesetzt. Insgesamt gibt es hundert „Chambered Tombs" auf den Orkneys. Zwei habe ich betreten. Dies ist ein besonderes Erlebnis und vor allem heute, völlig privat und ohne Eile, Eintritt, Guide, Show ... Gestern mit A. in der Kammer von „Maes Howe" handelte es sich um eine Grabstätte, die vor 5000 Jahren errichtet wurde. Vermutlich haben die später durchreisenden Wikinger die Knochen aus den Tombs geschmissen, um zu übernachten. Das sagte der Führer.

Es zieht uns weiter. Über den moorigen Kamm des Hügellandes gelangen wir zu den Brutkolonien am „Red Head". Das Nordkap von Eday besteht aus reinem rötlichem Sandstein. Steil fällt es 72 Meter zum Meer ab. Das Plateau ist mit Gras bedeckt, so daß wir einen sicheren Stand haben. Die phantastische Steilwand ist mit Nischen, Ritzen und Terrassen übersät, in denen dichtgedrängt Tausende von Brutpaaren nisten: Eissturmvögel, Tordalke, Lummen und Möwen. „Ein toller Anblick!" Kym ist begeistert. „Vier Highlights an einem Tag." Gut, Segeln zählt offenbar dazu.

Den fünften Höhepunkt erleben wir auf Calf of Eday, dem Inselchen gegenüber von unserem Ankerplatz. Am Sandstrand ruht eine Kolonie Kegelrobben, und während wir anlanden, beobachten uns

Stone of Setter, der markanteste Stein auf unserer
Route. Fünf Meter Höhe, frei in einer Sumpflandschaft.

weitere 20 neugierig mit Knopfaugen und Schnurrbart aus dem Wasser. Das „Grey Head" ist ein weiterer Hauptnistplatz der Seevögel,
die sich mit viel Geschrei um ihre Küken kümmern. „Daß die sich
an den Felsen halten können", wundern wir uns. Es gibt hier so viele
Vögel, weil das Meer sehr strömungsstark, mit Plankton gesättigt und
demzufolge fischreich ist.

Eine Nacht vor Anker im Calf Sound. Astrid nimmt die Rücken-
kissen im Salon weg, spannt ein grünes Bettuch übers Polster und
schlüpft unter die Decke. Kym bewohnt das Vorschiff. Er liegt noch
lange wach, schreibt Tagebuch. Ich, in der Achterkoje, denke
wehmütig an die derzeitigen Weltumsegler. Die dürfen die Bedeut-
samkeit des Segelns auskosten – und ich mache und beschreibe die
Nordsee.

33   Fair Isle

Es gibt Eilande von magischer Anziehungskraft. Fair Isle, 50 Seemeilen entfernt im hohen Norden, wo Atlantik und Nordsee aufein-
anderprallen, ist so eine Insel. Ein Felsklotz, sturmumtost, zerfetzte
Klippen, samtgrün bezogen, einsam und klein, so daß er sich als Insel
empfinden läßt. Auf der Nordseekarte nur ein Krümel zwischen Shet-
land- und Orkney-Inseln. Drei mal eineinhalb Seemeilen klein. Rund
70 Bewohner. Hunderttausend Seevögel. Das ist die Faszination.

Zum Greifen nah war sie mir, als ich 1985 mit KATHENA NUI unmittelbar daran vorbeisegelte. Aber ich war auf Nonstopfahrt. Einige
Jahre später fuhr ich etwas weiter südlich vorbei. Während meiner
Seefahrtszeit habe ich Fair Isle mehrfach vom Deck eines Frachters
aus gesehen. Diesmal, auf unserer Nordseeumrundung, soll es endlich passieren: Im winzigen Nordhafen möchte ich festmachen und
die Insel mit unserer Persönlichkeit füllen.

Wir nähern uns Fair Isle von Pierowall in den Orkneys. Also vom
Westen her. Doch zunächst müssen wir abwarten. Ein zerrissener

grauer Himmel wirft Wind und Gischt aus Ost über die Bucht. Dazu das Wetter aus dem Radio: In diesen Augusttagen eine nie versiegende Quelle für Starkwindmeldungen. Die Natur herrscht mit übelster Laune innerhalb der Wetterscheide nördlichste Nordsee. Folglich werfen wir einen zweiten Anker in der nach Osten hin relativ offenen Bucht von Pierowall auf der Insel Westray und wandern über die flache Insel, eingepackt in Ölzeug, wie schon so häufig auf unserem Törn. Was sehen wir: Schafe, Schafzäune, den Leuchtturm Noup Head, Noltland Castle, eine Festungsburg mit 69 Schießscharten, ein Alles-Geschäft, Friedhof samt Kirchenruine aus dem 13. Jahrhundert, einige Fischer und hinterm Hafen eine Böschung mit einer unwahrscheinlichen Schrottfülle. Kym, der alles sammelt, packt gleich eine Tasche voll: kleine Motoren, Kugellager, Ritzel. Er macht sich Gedanken, warum die Grabsteine alle in Richtung des Meeres aufgestellt sind.

Sonnengrelles Licht durchbricht endlich eines Morgens das dunkle Gewölk. Überzieht die Bucht mit leicht kräuselnden Wellen. Laut Wettervorhersage von BBC 4 ist zwar immer noch ordentlich Wind aus Südost bis Süd, aber wir wollen es wagen. Sind ja nur 50 Seemeilen. Kurs Ost. Wir durchqueren die nordöstlichen Orkneys mit voller Besegelung und leichter Lage. Das bedeutet bei der „Dehler 33" Windstärke 2 bis 3. Runden mit einer Reffreihe im Groß, gleich Wind 4, den Leuchturm von Ronaldsay. Schreckliche, aber nicht gefährliche Stromwirbel begleiten uns. Es werden enorme Wassermassen in diesem Dreieck Orkney, Shetland, Fair Isle hin- und hergeschoben. 4 bis 5 Knoten Strom sind die Regel.

Auf halber Distanz zu Fair Isle kentert die Strömung. Und leider auch das Wetter. KATHENA ist eine Konstruktion, die schnelle Reffs verträgt, ohne Fahrt zu verlieren. Doch es kommt wie vermutet: Die restlichen 15 Meilen weht Wind direkt von vorn, Wind von Steuerbord, Wind von Backbord. Alle Augenblicke stehen Manöver an. Von überall peitscht Graupel. Das Weiße der Gischt landet im Cockpit. Die knapp 200 Meter hohe Insel ist schon lange im Grau des Horizonts verschwunden. Ein zuckender Himmel wirft Schauerschleier über ein sich rasch aufwühlendes Meer. Stürmischer Wind kommt in Böen auf. Der Meeresstrom versetzt uns nach Nord. Wir ändern den

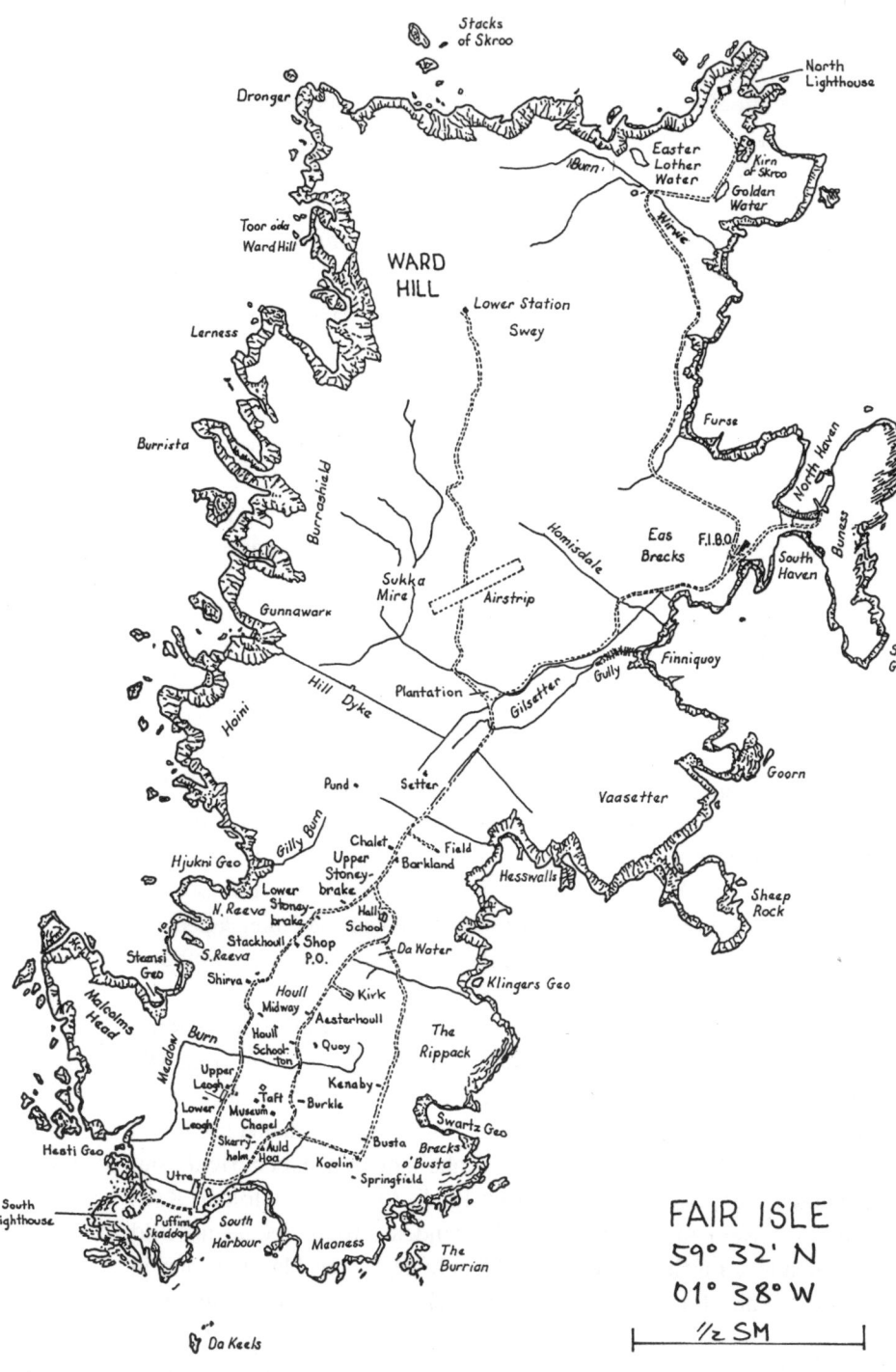

Stacks of Skroo

North Lighthouse

Dronger

Easter Lother Water

Kirn of Skroo

Golden Water

Burn

Winnie

Toor oida Ward Hill

WARD HILL

Lower Station

Swey

Furse

Lerness

North Haven

Burrista

Burrashield

Homisdale

Eas Brecks

F.I.B.O.

South Haven

Buness

Gunnawark

Sukka Mire

Airstrip

Hoini

Hill Dyke

Plantation

Gilsetter

Gully

Finniquoy

Souti Gave

Goorn

Pund

Setter

Vaasetter

Hjukni Geo

Gilly Burn

Chalet

Upper Stoney-brake

Field

Barkland

Hesswalls

Sheep Rock

Lower Stoney-brake

N. Reeva

Hall School

Steensi Geo

S. Reeva

Stackhoull

Shop P.O.

Da Water

Klingers Geo

Malcolms Head

Shirva

Houll Midway

Kirk

Meadow

Burn

Houll School-ton

Aesterhoull

Quoy

The Rippack

Upper Leogh

Kenaby

Lower Leogh

Taft

Burkle

Heati Geo

Museum Chapel

Skerry-helm

Auld Haa

Koolin

Busta

Brecks o' Busta

Swartz Geo

Utra

Springfield

South Lighthouse

Puffin Skaddan

South Harbour

Maoness

The Burrian

FAIR ISLE
59° 32' N
01° 38° W
½ SM

Da Keels

Da Skerry

Kurs. Irrwege übers Meer finden ja heute nicht mehr statt. Dank GPS. Eigentlich schade. Und wir drei fragen uns im Cockpit hockend: Wie hat man das bloß im GPS-losen Zeitalter geschafft, die anvisierten Ziele zu erreichen? Fair Isle liegt weiterhin im Regennebel. Selbst drei Meilen davor ist die Insel am Horizont nicht auszumachen. Sorge bereitet mir die Frage, ob der Hafen bei diesem Wetter ausreichend geschützt ist. Es handelt sich nur um einen 100 Meter tiefen Einschnitt an der Ostküste. Mehr eine Hafenbucht.

Kym:
Kurz vor Fair Isle, dessen „Hafen", von dem W. nur eine Handskizze hat, auf der windzugewandten Seite liegt, kommen Bedenken auf. Bei hohem Seegang in einen engen Hafen, und überall Steine. Mich regt das etwas auf. Ich meine, ich habe nicht vor, das Boot in Schwierigkeiten zu bringen, aber ich würde erst unmittelbar vor der vermeintlichen Gefahr entscheiden. W. und A. aber machen sich lange vorher immer schon so viele Gedanken, daß sie in der Situation viel eher zum Kapitulieren neigen. Das liegt am Alter, wie mir scheint, und greift auch auf andere Bereiche über.

Was uns im Cockpit hält, ist das harte Einsetzen des flachgeschnittenen Bugs. Es knallt derart, das kein Mensch es in der Kajüte aushält. Die Mastspitze kreist bei jeder Gegenwelle schwungvoll. Im Rohr schlagen, wie gehabt, Kabel und Fallen rhythmisch wie beim Rostklopfen. Segeln in strömungsstarken Tidengewässern in Verbindung mit wechselnden Winden ist eine seltsame, zumindest strapaziöse Sache.

Noch eine Meile vor der Insel steuern wir durch eine kurze, steile See. Genauer: durch eine chaotische See, weil die Strömung stärker setzt. Glücklicherweise fegt ein steifer bis stürmischer Wind vom Küstenrand, der uns wenigstens nicht so furchtbar schaukeln läßt.

Nördlich der Insel, nur wenige Kabellängen vor der Steilküste: Brandungsgeräusche, ein Nebelhornsignal, Möwen, Baßtölpel. Kym greift zur Kamera, um die beeindruckenden, großen Vögel im Bild festzuhalten. Er flucht, weil's nicht gelingt. Unter Maschine tasten wir uns in die Hafenbucht. Urplötzlich reißt der Grauschleier auf, und wir haben das Gefühl, es ist die falsche Ansteuerung, denn es sieht alles so unübersichtlich aus. Überall sind Steine, Klippen, Felsvorsprünge, an denen die Gischt weiß abspringt. Gedanke: Wie kann an dieser Küste bloß ein Hafen Schutz bieten? Unverdrossen loten wir uns in einen schmalen Sund, bis die Peilung 199 Grad steht: Steinbake auf dem Felsen in der Einfahrt mit dem Gipfel von Sheep Rock, einer markanten Bergspitze. Der Schwell nimmt ab, und ich stelle fest, daß meine Skizze veraltet ist, denn die neue Mole ist noch gar nicht drauf.

Angespannt genießen wir die Stille und ja, ja, die Geborgenheit. Endlich Fair Isle. Mir merkt man die Freude am meisten an. Zu allen Seiten richtige Berge. Kein Wind. Keine Welle. Nicht eine Andeutung von Schwell. Vor uns, im Scheitel der Bucht, liegt ein herrlicher weißer Sandstrand. Rechts daneben ein düsteres Steinhaus. Links vom Sand eine perfekte Kaianlage mit drei bis vier Metern Wassertiefe längsseits. Wir machen genau gegenüber einer großen blauen Tafel fest, auf der mit weißer Schrift geschrieben steht: Dieser Hafen wurde zum Teil mit Mitteln der EU gebaut. In solchen Augenblicken freut man sich, daß es die Europäische Union gibt.

Kein Mensch ist zu sehen. Vor uns vertäut liegt nur das Inselfährschiff GOOD SHEPHERD IV. Emphatische Schwelgerei bei uns an Bord. Mit einer Dose Bier in der Hand betrachten wir die Szenerie: aufragende Felswände fast ringsum. Gegenüber zwei Höhleneingänge und auf einer Felsplatte ein Robbenpaar. Der Hafen hat einen Durchmesser von hundert Metern und ist durch den Wellenbrecher geschützt. Nach einer nassen und gräßlichen Überfahrt ist doch immer noch der sichere ruhige Liegeplatz das Schönste. Zwei Mädchen kommen zum Kai. Köchin der Vogelwarte die eine, Amateur-Ornithologin die andere. Sie laden uns in die Station der Vogelkundler zum abendlichen Tee ein. Freilich, zunächst beschreiben sie uns aber überaus gerne ihr Tun.

Das Haus der Vogelkundler ist nicht weit entfernt, am Hang in einem grauen Komplex. Dort kann man gegen Entgelt essen, duschen und auch schlafen. Es werden Zimmer oder Betten im Schlafsaal vermietet. Jeden Abend findet unter Leitung des „Warden" (Aufsehers) ein Tagesresümee statt. Es wird über seltene Vogelexemplare und ihre Anzahl berichtet und vor allem, alles wird täglich ins sogenannte Vogel-Logbuch eingetragen. Die Hauptaufgabe der Vogelkundler besteht in der Überwachung der Seevögel zur Brutzeit und in der Beobachtung der Zugvögel. Einige Aufregung verursachten kürzlich Eiderenten, die friedlich im Hafen schwammen. Ich flachse: „Wir sind über die Eider in die Nordsee gelangt." Ziemlich blöd. „Mit der Eider haben Eiderenten nun wirklich nichts zu tun, denn sie leben vorwiegend auf dem Meer, auf Island, Shetland", stellt Jane, die Köchin, klar.

Am nächsten Morgen sind wir im Gebäude der Vogelwarte auf der Suche nach Informationen. Fair Isle ist Treffpunkt für Tausende von Zugvögeln. Über 300 Arten hat man bisher gezählt. Im Frühsommer, während der Brutzeit und im Herbst, wenn seltene Vogelarten durch-ziehen, ist das Haus mit seinen 36 Gästebetten belegt. Doch es gibt noch eine weitere Übernachtungsmöglichkeit: Familie Stout im Dorf. 78 Bewohner zählt derzeit die karge Insel. Zwei Kirchen. Drei Reli-gionsgemeinschaften. Dazu Schafe und Kühe. Den Strom für die Vogelkundler liefert ein Generator. Für die Einheimischen eine alte Windmühle. Nicht zu verwechseln mit unseren hochaufragenden und lauten Windrädern. Als „Nabelschnur" zur Welt verkehrt das im Hafen liegende blauweiße Inselschiff Good Shepherd wöchentlich mehrmals zu den Shetlands, um Post, Nahrung und Baumaterialien zu transportieren. Im Sommer verkehrt das Schiff jeden zweiten oder dritten Tag. Astrid fragt interessiert, ob die Insel häufig von Segel-yachten besucht wird: Selten sind mehr als zwei im Hafen, heißt es.

Dieses winzige Eiland wird durch eine verwitterte Legesteinmauer säuberlich in zwei Hälften geteilt. Fast scheint die Insel aus einem hügeligen Stück Shetland und einer flachen Scheibe Orkney zusam-mengesetzt zu sein. Nördlich der Mauer liegt der Hafen, die Wis-senschaftler mit ihrer Station, das gesamte Weideland für die Schafe und der höchste Berg Ward Hill (217 Meter). Im Südteil, wo das Land flach zum Meer abfällt, wird geackert: Kartoffeln, Hafer, Gemüse. Zwischen den Feldern ducken sich verstreut die zwei Dut-zend Häuser der Inselbewohner.

Spaziergang über eine geteerte EU-Straße zur Nordküste. 80 Meter über dem Meer an einem Steilhang erhebt sich der Leuchtturm Skroo mit dem wohl gewaltigsten Nebelhorn. Im kraftvollen Spiel der Elemente hat das Meer tiefe Höhlen aus dem Sockel gefressen. Im rissigen Fels atemraubende Schluchten und bizarre Steinbrücken geformt. Einzigartig. Überwältigt vom Anblick, vergessen wir, unser Picknick auszupacken. Zwischen den Schluchten viele Robben, die sich auf vereinzelten Felsen ausruhen. Und Abertausende Vögel: Sturmvögel, Baßtölpel, Papageitaucher, arktische Seeschwalben, viele Möwenarten. Auf jedem Vorsprung der schroffen Steilküste und in jedem Erdloch über den Klippen befinden sich Nester mit Jungvögeln, oder sie sind bereits leer. Es ist August.

Astrid:

Auf einer Felsnase an der Nordwestküste finden wir endlich Schutz vor dem steten Wind. Hinter einem krautigen Beerenstrauch packe ich unsere mitgenommenen Brote aus und beschwere den Rucksack mit einem Stein, damit er nicht wegfliegt. Halb im Liegen, dicht an der Abbruchkante, bewundere ich die Eissturmvögel, oder englisch Northern Fulmar, wie sie im Aufwind bewegungslos stehen. Sie bewohnen am Vogelfelsen den höchsten Nistplatz. Der Eissturmvogel ähnelt einer Silbermöwe, ist jedoch aus nächster Nähe an seinem dicken Hals und seinem Hakenschnabel zu erkennen. Typisch seine starre Flügelhaltung, wenn er abwärts oder aufwärts fliegt. Wie Fallschirmspringer landen links von uns die putzigen Papageitaucher auf ihren orangenen Schwimmfüßen und wandern aufgeplustert vor ihren Erdlöchern herum. Es sind drollige Gesellen mit bunten Dreieckschnäbeln. Der eigenwillig gestaltete Schnabel des Papageitauchers verleiht seinem Profil den unverwechselbaren Umriß. Kein anderer Alk trägt ein ähnlich farbiges Horngebilde mit Querwülsten. Man vermutet (in der Station), daß der sonderbare Schnabel ein optischer Auslöser bei der Balz ist. Ich bin nicht loszureißen von den Puffins. Der englische Name gefällt mir irgendwie besser. Mit Hilfe des Schnabels legt er ganze Systeme unterirdischer Gänge an.

Einige „Stockwerke" tiefer, in dunklen Felsspalten, hat der schwarzweiß gefiederte Tordalk sein Nest. Überhaupt, auf der Klippe ist in der gesamten Breite allerhand los. Die akustische Kulisse: Gezänk und Gezeter, dazu Bettelrufe der Jungvögel, Wind, Brandung.

Der Leuchtturmwärter Stevenson zeigt und erklärt
uns die Arbeitsweise eines Feuers. Die beiden Türme
auf Fair Isle stehen kurz vor der Automatisierung.

Richtigen Windschutz gibt es auf dieser kahlen Insel nicht. Kein Baum wird geduldet, höchstens Heidegestrüpp, Wacholder und mit Gras bewachsene Wälle. Dafür ist das Gelände ideal, um ausgiebig zu wandern.

Auf dem Südteil der Insel, zu erreichen über eine saubere Straße, können wir uns ein Bild machen, wovon die Bewohner leben. Mary ist Krankenschwester. Ein anderer führt den Lebensmittelladen und die Poststelle. John Stevenson betreut beide Leuchttürme – noch muß man sagen, denn sie stehen kurz vor der Automatisierung. Ein weiterer Bewohner fährt ein wenig Taxi für die Gast-Vogelkundler. Kirchen, Friedhof und Heimatmuseum müssen in Ordnung gehalten werden. In der Schule muß Unterricht stattfinden. Und es wird gestrickt. Bekannt ist Fair Isle für seine Strickmuster. Die jahrhundertalte Tradidion wird heute mit Handstrickrahmen von einer Kooperative fortgeführt. Die mehr als hundert herrlichen Muster in Blau-, Rot- und Grautönen oder in den Naturfarben der schwarzen und hellen Shetlandschafe sehen wir nur auf Postkarten. Man ist ausverkauft.

Fischer auf Fair Isle? Hauptberufliche gibt's keine.

Kym:

Beim Leuchtturm pausieren wir, und prompt kommt der Wärter um die Ecke und redet los, als ob wir ihn schon wochenlang kennen. John Stevenson zeigt uns sofort den Turm von innen und das Feuer, das sonst nicht für die Öffentlichkeit zugängig ist. Macht auch das Licht an (Kennung: Gruppe 2, alle 30 Sek.) und erzählt amüsiert, daß die in Edinburgh jetzt auf ihrer Kontrolltafel sehen: Der Leuchtturm Skroo ist an! Also nicht so lange, sagt er, sonst rufen die an und wollen wissen, was los ist. Momentan wird an den Turmanlagen allerhand Technik installiert, da später alles automatisch ablaufen soll. Fünf Jahre vor diesem Automatisierungstermin wurde den Leuchtturmwärtern gesagt: Ihr baut euch besser ein eigenes Haus! Bis jetzt wohnen sie in Nebengebäuden der Anlage. Ob die Automatisierung sinnvoll ist, bezweifelt Mr. Stevenson. „Alle naselang treten Störungen an der Technik auf, die in die Zentrale nach Edinburgh signalisiert werden. Es muß dann ein Hubschrauber geschickt werden. Das wird viel teurer." Das sind Erfahrungen mit anderen lichtstarken Türmen. – Auf dem Weg zurück zum Boot, vorbei an vielen Stein-mauern und wenigen Häusern, kaufen wir im Store ein. Erstaunlich reichhaltig das Angebot und der Gipfel: sechs Sorten Kettle Chips in 50-Gramm-Tüten. Die Engländer haben die besten Chips der Welt. Seltsam, der Schafskäse kommt aus Griechenland, dabei gibt es hier keinen Hang ohne diese Wollbündel.

Das Wetter ändert sich schnell auf Fair Isle. Morgens Nebel. Nach-mittags Regen. Gegen Abend Sonne. Von unserem fabelhaften Alleinliegeplatz haben wir das Wetterzeichen Sheep Rock (132 Meter) stets im Blick. Dieser mächtige, oben abgeflachte Fels mit steil abfallenden Klippen sieht aus wie der Riesenbug eines versin-kenden Schiffes und bietet ein immerwährendes dramatisches Schau-spiel. Jedes Wetter versetzt ihn nämlich in eine andere Stimmung. Bei Sonne leuchtet sein breiter, grasbewachsener Rücken in einem wundervollen, durchsichtigen Grün. Sturm verwandelt ihn in eine dunkle Gestalt, gegen die sich das Meer aufbäumt. Wenn der Nebel lautlos heranrollt, hüllt er sich mysteriös in ein weiches, weißes Gewand, aus dem nur die Spitze herausragt. Sheep Rock ist bei jedem Wetter eine gute Ansteuerungshilfe. Leider eignet sich der feine Badestrand im Hafen nicht zum Schwimmen: Wassertempera-tur 14 Grad.

Daran ist nicht zu rütteln. Fair Isle ist kein Ort für Sonnenfreaks. Hier eine Auswahl Wetterdaten: meßbare Regenfälle an 216 bis 266 Tagen jedes Jahr. Höchste Luftfeuchtigkeit in Britannien. Die höch-ste Lufttemperatur 20,2 Grad Celsius im August 1975. Windigste Ecke des britischen Inselreiches mit einem Durchschnitt von 57,8 Sturmtagen jährlich. Das stürmischste Jahr war 1979 mit 112 Sturm-tagen.

Mit dem rissigen Gestein hat die Brandung leichtes Spiel bei der Bildung von Tempelbögen und Höhlen. Mit unserem Dingi rudert Kym wohl in ein Dutzend Höhlen hinein. Anfangs in die weniger tie-fen – 20, 30 Meter. Oft bei Niedrigwasser, und meistens will er mich dabeihaben. Es ist doch etwas gruselig. Oben die kalten, scharfkan-tigen Wände, unten das glasklare, kalte Wasser. Doch als der Höhlenverrückte mich in einen 70 Meter tiefen Schlund hineinlotst, wird es auch mir mulmig. Ein Ausgang ist nicht mehr zu erkennen. Am äußersten Ende liegen mehrere Seehunde auf Steinen. Ohne Taschenlampe würde man sie nicht sehen, es ist stockdunkel. Wir beenden unsere Exkursion erst, als ein Seelöwe im tiefsten Inneren neben unserem Gummiboot auftaucht und uns fürchterlich erschreckt.

Drei Tage Fair Isle sind eigentlich zu wenig. Aber auch wir, die Zeit als Luxus im Gepäck haben, sind an Zeiten gebunden. Mit einem passablen BBC Wetterbericht brechen wir auf. Und werden wiedermal mächtig enttäuscht. Nordöstlich von Fair Isle, auf dem Weg nach Lerwick, erwischt es uns schlimm. Kriechend auf dem Vordeck, schlage ich die Stagreiter der Sturmfock ans Vorstag. Die sich überschlagenden Wellen geben mir nochmals das Höhlengefühl. Nur mit diesem Tuch und den paar Quadratmetern Groß – dritte Reffreihe – rasen wir beständig zweistellig über die Seen. Den Shetlands entgegen. Zu neuen Vogelufern.

Kilometerlange Mauern aus Naturstein prägen das Landschaftsbild in Schottland. Auf Fair Isle können wir beobachten, wie der Storekeeper eine fertigt.

34 Wind und salzhaltige Luft

Feuer und Eis haben die Shetland Inseln, diesen kahlen, rauh-schönen Archipel zwischen Atlantik und Nordsee geformt. Und dazu das Meer, das ruhelos über die sandigen Buchten leckt und in tausend Stürmen weißschäumend an den zerfetzten Steilküsten hinaufjagt, bis es ihnen wie auf Fair Isle Schluchten, Höhlen und steinerne Tore abgerungen hat. Dann wieder liegt es ruhig flimmernd in einem der vielen Fjorde oder Voes, die mit langen Fingern die Inseln umklammern. Ja, das Wetter. Es herrscht in übelster Weise um die Shetlands. Es ist unberechenbar. Und doch aufregend. Zwischen Fair Isle und Lerwick haben wir es erlebt. Das Wetter.

Der Lerwick Boating Club gibt sich gemütlich: an den Wänden Clubstander von nah und fern, Pokale im Schrank, Seekarten unter Glas auf den Tischplatten. Eine Stunde nachdem die Leinen fest sind, sitzen wir dort entspannt in braunem Leder. Greifen in die Chipstüte vor uns auf dem Tisch. Draußen, durch die Fensterfront zu sehen, brechen Sonnenstrahlen durch schwarze Wolkenballen. Dunkle Melancholie weicht brillantem Licht. Das hatten wir heute auch mehrfach auf See.

Astrid:

Wieder liegt Dunst über Fair Isle. Im Winter muß es hier grauenhaft sein. Ständig Regen, Nebel und Stürme ohne Ende. Logisch, daß es dann auch kalt ist. Wir verlassen die Insel um 9.30 Uhr. Vorher waren meine beiden Männer noch in der besonders tiefen Höhle. „Zum Abschied", sagte der höhlenverliebte Kym. Im nachhinein betrachtet, fahren wir etwas unvorbereitet aus dem kleinen Hafen (alle drei Nächte als einziges Boot). Das Fenderbrett liegt noch an Deck, die Fenster und Seeventile sind nicht kontrolliert, das Dingi im Schlepp. Die große Pfanne mit Curry steht auf dem Herd. Kym hat die Ölhose nicht an. Keiner eine Schwimmweste klar. Folglich geraten wir in trouble, denn der Wind ist wesentlich stärker als vorhergesagt. Dabei sind die Wellen wieder unangebracht hoch und steil. Eben Strom (West) gegen Wind und Seegang (Ost). All das zwei Kabellängen nach der Ausfahrt. Nach der ersten Welle über Deck

sind Kym und ich erst mal naß. Er schimpft und zieht sich Ölzeug
an. Abwechselnd steuern Kym und ich das Boot von Hand. Der Auto-
pilot würde es nicht schaffen. Immer wieder werden wir von einer
wühlenden See überschüttet. Das Wasser schießt über die Bänke. Ich
friere trotz aller Kleidung. Zuviel Synthetik. Wilfried tat gut daran,
unterm Ölzeug noch seinen groben Harris-Pullover zu tragen. Zeit-
weilig regnet es heftig. Wilfried reduziert kontinuierlich unsere
Beseglung auf dreifaches Großsegelreff und Sturmfock – noch von
der KATHENA NUI. *„Toll, daß ich das rote Segel auch mal zu sehen*
kriege", freut sich Kym. Dennoch gibt es laute Worte unterwegs, da
er sich von allen Entscheidungen ausgeschlossen fühlt. Keinen
Augenblick sieht er Risiken. „Läuft doch gut." Während wir durch
„the hole" segeln, so nennt das Seehandbuch diese Gegend, wo
gewaltige Strömungen und schwere Stromkabbelungen südöstlich von
Sumburgh Head anzutreffen sind, rechnet der Student aus, daß er
bereits 25 Tage an Bord ist. „Da wird es eigentlich Zeit, über den
Weg nach Hause nachzudenken." Ein wilder Segeltag in jeder Hin-
sicht. Zwei Dinge stören sehr bei diesen querlaufenden Seen, nicht
Wellen – Seen, die das Boot fast auf die Seite schmeißen: daß keine
Haltegriffe im Cockpit sind und daß das Alu der Pinne so kalt an den
Händen ist. Gerade als wir den 60. Breitengrad überquert haben und
darüber reden, trifft uns eine Bö, die sogar das Bergen der Sturm-
fock erfordert. Die Begrüßung des Nordens. Nach sechs Stunden
erreichen wir Lerwick, total erschöpft, salzig, angespannt und durch-
gefroren. Im Hafen Finnen, Schweden und viele Norweger. Kym ist
gleich munter: „Ist das Norwegen?" „Nein, das ist das Ende der
Welt." Auf unserem Schiff ist plötzlich Van Morrison zu hören: „Why
must I always explain?"

Lerwick, das Hauptstädtchen der hundert Eilande, liegt im Bres-
say Sound und hat Hafenbecken für Fischer, Plattformversorger und
Kleinboote wie wir. Jetzt im Sommer ist der Hafen ein buntes Stell-
dichein für Segler und Touristen. In den Gassen der Altstadt, zwischen den grauen Häusern, hört man viel Skandinavisch. Die Shetländer fühlen sich zu den Norwegern hingezogen. Und umgekehrt.
Es findet ein reger Austausch in Sport und Kultur statt. Norwegische

Segler nutzen dieses Ziel auch, um sich köstlich zu amüsieren. Die Crew neben uns meint: „Den Kurs nach Bergen brauchst du nicht auf der Seekarte abzustecken. Folge nur den Bierdosen."

Absolut planungsfrei gestaltet sich der Hafentag. Der Wind, der ewige Wind heult auch an diesem Tag. Wie der Hafenmeister erzählt, beschränkte sich der Sommer in diesem Jahr auf den Sonntag vor einer Woche. Kym liest ein Buch aus meiner Sammlung: Brontë, „Sturmhöhe". Astrid macht Wäsche in den Kellerverliesen des Boating Club. Mich interessiert die Geschichte der Inseln.

Am nachhaltigsten wurden die Shetlands vom Norden geprägt, der in Sprache, Kultur und geographischen Namen noch allgegenwärtig

Sturmfahrt um Sumburgh Head. Wobei die Seen, verursacht durch den Meeresstrom, tückischer sind als der Wind.

ist. Fast 700 Jahre, bis Ende des 15. Jahrhunderts, herrschten die Wikinger und andere Nordmänner über die Shetlands. Als Freunde, nicht als Plünderer. Die Schotten begannen erst mitzumischen, als Christian, der König von Dänemark, Norwegen und Schweden im Jahr 1469 die Shetland Inseln an König James III. von Schottland verpfändete, um seiner Tochter eine Mitgift geben zu können.

Die selbstbewußten Shetländer wehren sich gegen das Attribut „übers Meer geblasene Norweger", aber schon gar nicht wollen sie als Schotten gelten. Historisch und ethnologisch haben sie nichts mit Schottland zu tun. Heute leben 23 000 Menschen auf den Inseln, in etwa die gleiche Anzahl wie zu Wikingerzeiten. Die größten Inseln sind Mainland, Yell, Unst.

Die Straße auf Mainland wirkt edel. Sie ist angenehm zu fahren und verbindet das Ölterminal im Norden der Insel mit dem Flughafen an der Südspitze. Sie führt ebenfalls zur prähistorischen Ausgrabungsstätte, einem einzigartigen Querschnitt der gesamten Siedlungsgeschichte der Shetlands.

Ja, auch die Shetlands haben ihren archäologischen Trümmerhaufen: Jarlshof, ganz im Süden von Mainland, der Hauptinsel. Dreitausend Jahre Menschheitsgeschichte liegen da an einem mythischen Ort zusammen – ein unerhörtes steinernes Labyrinth von ineinander verschachtelten Mauerresten ehemaliger Behausungen, runde und ovale, rechteckige und gewölbte. Unter der Erde kriecht man durch Grabkammern ähnelnde, niedrige Räume, die vielleicht zum Horten von Vorräten dienten. Darüber schichten sich Wohnräume samt Werkstattnischen aus der Bronzezeit, Rundhäuser mit Feuerstelle aus der Eisenzeit und ein Wikinger-Langhaus. Und als Krönung ein Herrenhaus aus dem 16. Jahrhundert. Kreisförmige Wehrtürme (Brochs) runden das Bild ab.

Und das Wetter? Bei Nieselregen ist mit den Steinhaufen nicht viel anzufangen. Außer bildlich. Mysteriös heben sich prähistorische Mauern aus grauen Dunstwänden.

35 Abschied in Catfirth

Es sieht schön aus. Das Licht. Es ist von einer merkwürdigen hell-grauen Unbestimmtheit. Verursacht von einer dampffeuchten Wolkendecke bei ordentlicher Sicht.

Lerwick liegt bald achteraus. Die Ufer öffnen sich: Heidelandschaft mit den rauchig-grauen Wolkenformationen; Schafe und Ponys, die ihr dürftiges Futter suchen; in flachen Gletschertälern winzige Äcker und Hausgärten; vor einer Bucht vier große russische Fischereifahrzeuge im Päckchen vor Anker.

Wir umrunden eine Reihe Kaps, passieren Inseln und einzelne Felsen, zockeln von Bucht zu Bucht. Es sind Kyms letzte zwei Segeltage, dann wird er uns Richtung Heimat verlassen. Anhand der Seekarte möchte er noch hier hin und dort rein. Irgendwie hat er plötzlich das Gefühl, etwas zu verpassen. Wird unersättlich. Die zerrissene Ostküste der Shetlands mit den übervielen verschlungenen Einschnitten ist eben verlockend. „Wann komm' ich da wieder hin."

Dann Aith Voe. Hier ist das Wasser so ruhig, daß mehrere Lachsfarmen verankert sind. Die Becken sind 25 Meter im Durchmesser und innen mit Gummi beschichtet. Wir erfahren von dem „Farmer", der die Fische gerade füttert, daß in einem Käfig 10 000 Stück heranwachsen. Und: Fünf Jahre lang müssen die wertvollen Fische dreimal täglich gefüttert werden. Wild springen sie den ganzen Tag übers Wasser und in hohem Bogen durch die Luft. Die Becken sind mit Netzen abgehängt. Astrid meint: „Die Lachse sind total gestreßt, und das schmeckt man bestimmt." Gut möglich.

Kym:
Der Tag ist „patched". Wirklich gefleckt. Es beginnt damit, daß wir den Spinnaker setzen, denn tatsächlich ist das endlich möglich. Der Wind ist ideal, nur die Strecke zu kurz. Eine Stunde weiter sind wir an der offenen Küste von Noss, wo W. und ich Noss Head besteigen wollen, während A. Ankerwache geht. Der Gang von der Küste hinauf ist sumpfig und von Gräben und Mauern durchzogen. Ich fluche wie verrückt. Dazu fliegen die Raubmöwen beständig sturzflugmäßige Angriffe. Erst als ich mein Stativ werfe, verziehen sie sich

eine Weile. Wahrscheinlich bin ich insgesamt erschöpft und meine,
daß wir den Gipfel nie erreichen, denn zu sehen ist er nicht. Dabei
der Gedanke: Respekt vor A. und W. Wer jeden Tag segelt, ankert und
wandert, der arbeitet beinhart. Nebel liegt über dem Berg. Als wir
die Steinpyramide auf der Spitze erreicht haben, herrscht potten-
dichter Nebel. Die ganze Insel scheint eingehüllt, und man kann die
Klippen mit den Vögeln nicht sehen. Schade eigentlich, doch auch
das hatten wir noch nicht. Wir trödeln da oben eine Zeitlang rum,
als es urschnell aufklart und wir in eine steile 180-Meter-Wand mit
-zigtausend Baßtölpeln und anderen Vögeln schauen. Irre, dieser
Anblick. Ich verlange von W., daß wir A. das zeigen müssen und zwar
von der anderen Seite: vom Boot aus. Was wir auch nach dem
Abstieg tun. A. ist begeistert. Vom Meer aus ist es sogar noch bes-
ser. Ein ohrenbetäubendes Gekreische. Tausende Nischen in der
einen Kilometer langen Felswand sind besetzt von Seevögeln. Die
fliegen so schnell, da muß ich mich wundern, daß die nicht mitein-
ander kollidieren. Eine Raubmöwe attackiert einen Baßtölpel mit
Sturzflügen, bis sie den armen Vogel auf dem Wasser hat. Dort ist er

Vater und Sohn: ein Abschiedsfoto auf dem 109 Meter
hohen Torfhügel am Scheitel des Catfirth.

206

verloren. – Von der Vogelinsel Noss geht es zum Catfirth, eine gegen alle Winde geschützte Bucht. Für den Abschiedsabend – nur unter uns – mit Spaghetti und Gehacktem, Salat und Rotwein. Doch zuvor rudern W. und ich noch einmal an Land. Der letzte Berg, ein 109er, ist dran. Über Torfmoor und durch Heidegestrüpp geht es direkt hinauf. Keine schlechte Aussicht. Inseln, Kaps und mehrere Süßwasserseen, in denen sich der ewig wechselnde Himmel spiegelt. Wir machen mit Hilfe des Stativs ein Abschiedsfoto von uns: die Bergsteiger.

Kein Eiland ähnelt dem anderen. Keine Segelfahrten sind miteinander vergleichbar. Astrid ist traurig, als sie Kym morgens zum Bus bringt, was ich ja für normal halte, doch weiß ich nicht genau, worüber sie Trauer empfindet. Mal vier Wochen gemeinsam gesegelt zu sein, hat doch großen Spaß gemacht. Trotzdem: Einige Male hatte Kym wenig Verständnis für harte oder kritische Segelsituationen. Was Astrid und ich bewundern, ist sein Gespür für die Natur: Blumen (hier wachsen nur kurzstielige, weil der Wind stark weht), seltene Steine, Strandmüll, Tidengetier, vieles, an dem wir achtlos vorbeigingen, hat er in die Reise mit einbezogen. Ich atme tief durch, habe eine Erholung vom vielen Wandern und Steigen nötig.

36   Muckle Flugga

Am Abend desselben Tages Mid Yell. Gleich am Pier spürt man die Eigenart der Bucht. Die meisten der paar hundert Häuser wirken neureich. Es gibt ein Sportzentrum mit Schwimmhalle, eine „Marina" mit modernen Motorbooten. So weit man blicken kann, Ordnung und Sauberkeit. Zumindest theoretisch: Im Südwesten schimmert die Gasflamme des Ölterminals in Sullom Voe, nach Osten hin liegen die Förderfelder in der Nordsee. Für einen besseren Verdienst verließen die Einheimischen ihre Strickmaschinen und Fischfabriken. Der

Boom auf das Nordseeöl bestimmt in vielen Bereichen das heutige Leben.

Mid Yell hat auch eine Post mit Vollservice. Dort wollen wir endlich unsere Postkarten los werden. Seit Wochen stapeln sie sich auf dem Kartentisch. Die Tante, der Redakteur, unser Buchhändler, unser Nachbar, sie alle erwarten Nachricht aus der Ferne. Am Postschalter dann ein Mädchen, das stutzig wird. Unsicher fragt sie: „Germany belongs to the EU?" Und zu meiner Frage wegen des Poststreiks in Großbritannien: „Nicht hier oben." Sie lächelt. Gibt uns das Gefühl: Die Shetlandinseln gehören nicht zum Königreich.

Nebenan befindet sich der gutsortierte Store. Klar, die Leute haben Geld. Wir wollen Milch trinken vorm Kaufmannsladen mit Blick auf die geschützte Bucht. Die Milch schmeckt frisch, kommt von den Shetland-Dairy-Farms. Auf den Milchtüten mahnt die Coastguard zur Sicherheit auf See, weil es sehr viele Freizeitfischer gibt. „Raketen retten Leben – drei rote Fallschirmsignale, zwei rote Handfackeln und zwei orangene Rauchfackeln sollten an Bord sein." Oder: „Rettungswesten für alle an Bord zu haben ist wichtig, und sie sollten getragen werden..." Astrid kommt gleich zur Sache. Was denn heute los war? Wind und keine Westen. Ab Windstärke 4 hatten wir uns geschworen, sie immer zu tragen.

Es war schönstes Segeln entlang der Inseln und Kaps. Windstärke 4 bis 5. Ablandig. Genuasegeln. Die Schoten brauchten nur in den Böen bedient zu werden. Der Autopilot steuerte. Gradänderungen wurden per Knopfdruck eingegeben (+1/–1, +10/–10). Innerhalb einiger Engen brodelte der Tidenstrom – gegen uns. Nahe der Küste noch einmal die archaischen Bilder von gestern: kahle Felsen, nackte Hügel, ein paar Häuser mit Steinmauern umfaßt, endlose Buchten, fast trostlos und doch von einer herben Schönheit.

Mid Yell bietet rundum eine Reihe Hügel. Hill of Lussetter, 101 Meter, hört sich gut an. Aus Gewohnheit: Schnürschuhe, Rucksack und schon bin ich von Bord. Am Wegrand und jenseits des Hügelrückens stapeln sich speckige, backsteingroße Torfstücke. Trotz des Nordseeöls von den Feldern halten die Bewohner noch so manches Kaminfeuer damit in Gang. Hier und da eine Herde Schafe, deren schwarzbraunes Wollfell sich kaum vom abgeblühten Heidekraut unterscheidet. Tiefe feuchte Torfgräben durchziehen die Erhebung, lassen mich mehr springen als wandern. Lussetter ist eine Mondlandschaft von fremdartigem Reiz. So einer nassen, aufgewühlten Torflandschaft bin ich auf anderen Inseln der Shetlands nicht begegnet. Oben leuchtet das welke Gras goldbraun. Und vom Gipfel der weite Ausblick übers Meer auf die vorgelagerten Inseln, auf Fischfarmen, einen Sandstrand, eingekesselt in ein stahlgraues Licht. Das hätte Kym gut gefallen. Bei der Wanderung denke ich an ihn, an seine Sehnsüchte: „Segeln und Steine, Berge und Birge." Birge heißt seine Freundin.

Wir segeln ohne Eile fort. Unst, unser Ziel, liegt nur ein Stück weiter geradeaus. Auf dieser nördlichsten der zwölf bewohnten Shetlandinseln ankern wir im Balta Sound. Tief ins Land reichend, mit einer Insel (Balta) als „Wellenbrecher", bietet sich die Bucht an, um auf Windänderung zu warten. Nach den Hebriden sollen die Inseln der Färöer die zweite Abweichung von der Nordseeroute sein. Von Balta sind sie 180 Meilen entfernt. Karten und Bücher sind an Bord. Ausgewählt und komplett wie selten. Die Färöer – neben Fair Isle mein zweites magisches Vorhaben, Begehren. Ich brenne darauf. Bei Astrid flackert es (leider) nur.

Im Balta Sound ist es noch stiller und irgendwie ländlicher, aber auch ärmlicher als auf Yell. Momentaufnahme: Am zerbröselten Kai ist kein Anlandkommen, ein riesiger Schrotthaufen blockiert jeglichen Versuch. Der Bootshafen, 1,20 Meter Wassertiefe, mit offenen Motorbötchen besetzt, die zum Schleppangeln benutzt werden. Von Touristen nichts zu sehen. Von anderen Yachtseglern schon seit Lerwick nichts. Weitverstreut liegt die Ansiedlung am Nordufer mit 400 Bewohnern. Für die hält der Store 17 verschiedene Chipssorten bereit.

Balta Sound ist das Ende der Welt – für Astrid. Ansonsten liegt es eigentlich an der Nordspitze von Unst und ist zehn Kilometer entfernt. Wir wollen dorthin, nach Hermaness, einem einsamen, wilden Naturschutzgebiet. Was uns erwartet: zerklüftete Küste und Felssäulen mit grob geschätzt 100 000 Seevögeln und der Leuchtfeuerinsel Muckle Flugga davor, „dem letzten Fenster zur Welt hinaus". Dieser Leuchtturm ist besetzt.

20 Kilometer über Straßen und Moore sind Astrid jedoch zu weit. Ihrem lädierten Knöchel möchte sie das nicht zumuten.

Die Vögel und Muckle Flugga haben eine Anziehungskraft, der ich nicht widerstehen kann. Ich schnalle meinen Rucksack um und stiefele los – mit einigen Äpfeln und einer Flasche Wasser als Proviant sowie der Nikonkamera samt 300-mm-Teleobjektiv. Eine schmale Straße schlängelt sich durch eine menschenleere Natur, umkurvt Anhöhen, Seen und Buchten. In Haroldswick liegt Britanniens nördlichstes Postamt. Leuchtend rot gestrichen, klebt es über der Bucht. Ich schreibe eine Karte an unsere Postfrau Magda in Brodersby.

Möwengleich kauern einzelne Häuser an der Straße nach Hermaness, die plötzlich aufhört. Markiert durch grüne Sticken, leitet ein Trampelpfad durch saftigen Sumpf, über Torfmoor, durch Morast hinauf in die weite Hochebene. Zwischendrin, wie Augen, ein paar Seen. Ungestört hocken braungesprenkelte arktische Raubmöwen im gesprenkelten Gras. Nur einige Wanderer unterbrechen die Stille.

Gut in Form, wie ich bin, ist der Scheitel rasch überschritten. Der Abhang, gen Norden, gibt den Blick frei auf einen graublauen Ozean, auf kilometerlange Klippen mit riesigen Seevogelkolonien. Der erste Anblick ist dramatisch. Ein geltendes Panorama. Ganz allein hocke ich mich ins grüne Gras und erstarre. So viel Charakteristik habe ich an diesem Wetterkap nicht erwartet. Ich halte den Atem an, als könne er die Poesie des Augenblicks zerstören. Zumindest esse ich erst mal nichts, obschon ich hungrig bin.

Langsam gehe ich den Abhang bis zur Kante: Jedes Stück Fels ist mit lärmenden Sturmvögeln belegt. Es herrscht ein ständiges Schwirren und Kreischen. Dreizehenmöwen, Fulmare und Baßtölpel. Diese vor allem. Es gibt nur wenige Brutfelsen, auf denen Baßtölpel zu Hause sind; diese wenigen Plätze aber haben immens hohe Kopfzahlen an Nistgästen. Neben Noss Head gehören die Vogelfelsen von Hermaness den Baßtölpeln. Mit ihrem gleitenden Flug begeistern sie Ornithologen. Ich ergänze: auch ornithologisch kenntnislose Fahrtensegler.

Die Krönung ist Muckle Flugga. Der weiße Leuchtturm mit einem ockerfarbenen Ring strahlt in der Sonne. Mildes Schönwetter, das habe ich nicht im Traum erwartet. Stolz sitzt die Anlage auf der Spitze des 50 Meter hohen Felseneilands. Brandungsumspült. Schon lange weist das Gruppenfeuer (2) Seefahrern den Kurs. Der Turm wurde vom Vater Robert Louis Stevensons entworfen.

Ich durchquere Hermaness diagonal. Die Etappe zum Burra Firth ist beinahe alpin. Steil fallen die Ufer mit unzähligen ausgewaschenen Brandungshöhlen zu diesem einsamen tiefen Voe ab. Unten die allerschönsten Zeltplätze, so man will, und Ankerbuchten mit Sandstrand. Ganz feiner, weißer Sand. Der Firth ist allerdings nach Norden offen und am Eingang mit scharfen Tidenströmungen gespickt.

Auf dem Rückweg wird mir klar, daß ich durch Klettern und Zickzacklaufen aus 20 Kilometer 28 gemacht habe. Sportlich ein Erlebnis, doch selten war ich so erschöpft. Das bewußte Laufen macht müde. Zu kämpfen habe ich besonders zwischen Haroldswick und Balta Sound, da ich am Ende noch die Launigkeit des Wetters zu

Muckle Flugga, die nördlichste Insel Großbritanniens. Ich erwische einen jener seltenen Tage, an dem das Wetter schön und der Wind still ist.

spüren bekomme: Nebel und Nieselregen. Ganz betäubt besteige ich das Dingi zur KATHENA.

Nachdem die dreckverschmierten Wanderschuhe gegen Bootsschuhe gewechselt sind, sage ich zu Astrid: „Man muß dort gewesen sein."

„Für eine Stunde Staunen ist das aber entschieden zu anstrengend. Schau dich mal im Spiegel an. Du bist noch immer ganz rot im Gesicht."

„Morgen wird uns KATHENA an Muckle Flugga vorbeibringen. Auf unserem Kurs zu den Färöern. Das Wetter ist doch passabel?"

37   Inseln sind Orte der Sehnsucht

Um halb fünf bin ich wach. Lange bevor der Wecker in der Kochecke rasselt. Eine schwache Helligkeit läßt die Konturen der Kajüte erkennen. Astrid schläft noch. Die Kleidung für die See liegt gestapelt am Kopfende meiner breiten Koje: Unterwäsche, Fleecehose, Kordhose, Flanellhemd, Pullover. Ölzeug. Wollsocken. Gummistiefel. Ohne daß ich Astrid wecke, schlüpfe ich aus der Koje und schaue durch den Niedergang nach dem Wetter. Südwind. Bedeckt. Ich beginne mit Zähneputzen. Die elektrische Wasserpumpe weckt Astrid augenblicklich. Auf das Rasieren verzichte ich generell, wenn es auf See geht. Schweigend ziehen wir uns an. Mit unseren Gedanken sind wir schon unterwegs.

Die Färöer, 18 vom Meer umtoste Inseln, sind anvisiert. Kurs 290 Grad. 180 Seemeilen. Eigentlich keine erwähnenswerte Entfernung, führte sie nicht zu dem düster drohenden Archipel im nordeuropäischen Meer. Vor allem der Wind und die See prägen die Region. Fast immer kommt beides aus dem westlichen Sektor. Oft fetzt Sturm das Gewölk. Oft ertrinken die Inseln im Nebel. Magische Inseln.

Die Seekarte zu den Inseln, British Admiralty Nr. 2, liegt gefaltet auf dem Kartentisch. Schnell noch ein Blick drauf und auf den Luftdruck, über Nacht zwei Strich gefallen. Um fünf Uhr starte ich den Motor. Der Anker geht leicht aus dem Grund. Der Mud ist schnell abgeschrubbt. Astrid tuckert mit niedriger Drehzahl der nördlichen Ausfahrt des Balta Sound entgegen. Ein seltsamer nächtlicher Charakter liegt über dem Land. Ich löse das Segelkleid und heiße das Großsegel vor, das sofort Wind faßt. Ein halbe Stunde später steht auch die Fock. Der Wind kommt unregelmäßig aus Südwest. Im Cockpit breite ich ein sauberes Küchenhandtuch aus und richte ein Frühstück aus der Hand an: Milch, Brot, Marmelade, Käse... Meine Frau, einen von diesen schnelltrocknenden Polartecschals um den Hals geschlungen, winkt ab. Es gibt sehr unterschiedliche Empfindungen über die Abfahrt. Sie ist nicht überzeugt, daß wir den richtigen Zeitpunkt gewählt haben. Der aktuelle Wetterbericht von BBC um sechs Uhr: Süd 5 bis 6, später 7 für die Region Shetland/Färöer.

In großem Abstand runden wir zügig Holm of Skaw. Als Muckle Flugga drei Meilen querab peilt, ist es Zeit, Abschied von Großbritannien zu nehmen. 83 Tage sind wir entlang seiner Ufer gestreift. Meiner Auffassung nach zu lange. Aber die verschachtelten Küsten, die zahlreichen Inseln nahmen uns gefangen. Und die Menschen? Sie sind wie alle, manchmal großherzig, manchmal kleinmütig. „Du darfst von ihnen nicht mehr erhoffen als von dir selbst", wendet Astrid ein. Nun denn. „Irgendwie sind sie praktischer als wir Deutsche." Die meisten sind von einem abgrundtiefen Mißtrauen gegen staatliche Autorität beseelt.

Die Küsten der Shetlands verlieren sich. Das GPS wirft alle paar Sekunden die Position raus. Kurs Färöer liegt an. Der Autopilot steuert geräuschvoll. Die Segel bereits zweifach gerefft. Beide sind wir in Gurten, klar, um mehr Wetter zu begegnen.

Und das steht fast gegen uns. Es weht hart aus West zu Süd. Die Schoten angeknallt, zeigt KATHENA, was sie leisten kann. Gischt fliegt übers Vordeck und erwischt einmal Astrid, die die See voraus zu beobachten versucht. Sie wendet sich ab – hangelt sich unter Deck, rubbelt dort kräftig das salzige Gesicht und legt sich stumm und elend in die Salonkoje. Das ist jedoch kein Platz zum Ausruhen auf einem Kreuzkurs. Es bleibt nur der blanke Kajütboden. Die Wellen laufen schrecklich durcheinander, so daß KATHENA zugleich schlingert und stampft. Der Ozean ist schwarz und bewegter, als daß er nur vom Wind beeinflußt wäre.

Aus dem harmlosen Süd ist ein weißer West geworden. Die See kommt mit drei bis vier Meter hohen Wellen ein. Ich fahre eine Wende. Auf Backbordbug zeigen sich ganze Wasserlandschaften. Astrid macht sich bemerkbar: „Umdrehen!" und andere Wortfetzen sind durch den halb geschlossenen Niedergang zu hören. Der Gedanke, zwar Wind von vorn, aber kein Sturm und trotzdem kehrt-machen, gefällt mir überhaupt nicht. Mir unverständlich, diese sich brechenden Wellen ohne starke Windeinwirkung. Plötzlich kommt mit einer Regenbö der Wind direkt von vorn. Die Tropfen prallen vom Wasser hart ab, so daß die Wasseroberfläche wie Wolle aussieht. Mit der Bö kommt das Wetter aus allen Ecken zugleich, wobei die Seen das Übelste sind. Bisweilen prallen zwei Wellensysteme auf-einander und schleudern sich gegenseitig in die Luft. Oder sie ber-sten direkt an der Bordwand und zerstäuben in Gischt. Ich habe längst die Sturmfock stehen. Trotz der rauhen Verhältnisse kommen wir gut voran – mit schäumender Bugwelle. Weit legt sich Kathena über. Die Fenster auf dem jeweiligen Bug sind regelmäßig völlig ver-dunkelt. Ab und zu kracht das Vorschiff in eine Welle und vibriert. „Das wird zu rauh", ruft Astrid. „So schlimm ist das noch nicht", brülle ich zurück.

Ich will das nicht länger ausmalen. Nur dies: Der Sturm erreicht nie mehr als schwache 8, die See verhält sich wie verteufelte 10. Zum einen, weil sie aus südlichen Richtungen auf westliche und nord-westliche prallt. Zum anderen vermutlich aufgrund der Strömungen. Es sind keine freilaufenden Wellen. Wird eine Welle unten gehemmt, zum Beispiel durch Strom, so muß sie sich oben brechen. Aber keine Welle landet voll an Deck. Zunächst gewissermaßen ein übersichtli-ches Chaos.

In der Ferne sind weiße Brecher zu erkennen. Quertreiber. Kreuz-seen. „Kreuzseen sind die Drachen der Kleinbootsegler." An diesen Satz denke ich. Das habe ich mal wörtlich in einem Fachbuch geschrieben.

Mittlerweile überlege ich, was zu tun ist. Noch folgt das Boot wil-lig dem Kurs des Autopiloten. Die Segel sind auf elf Quadratmeter

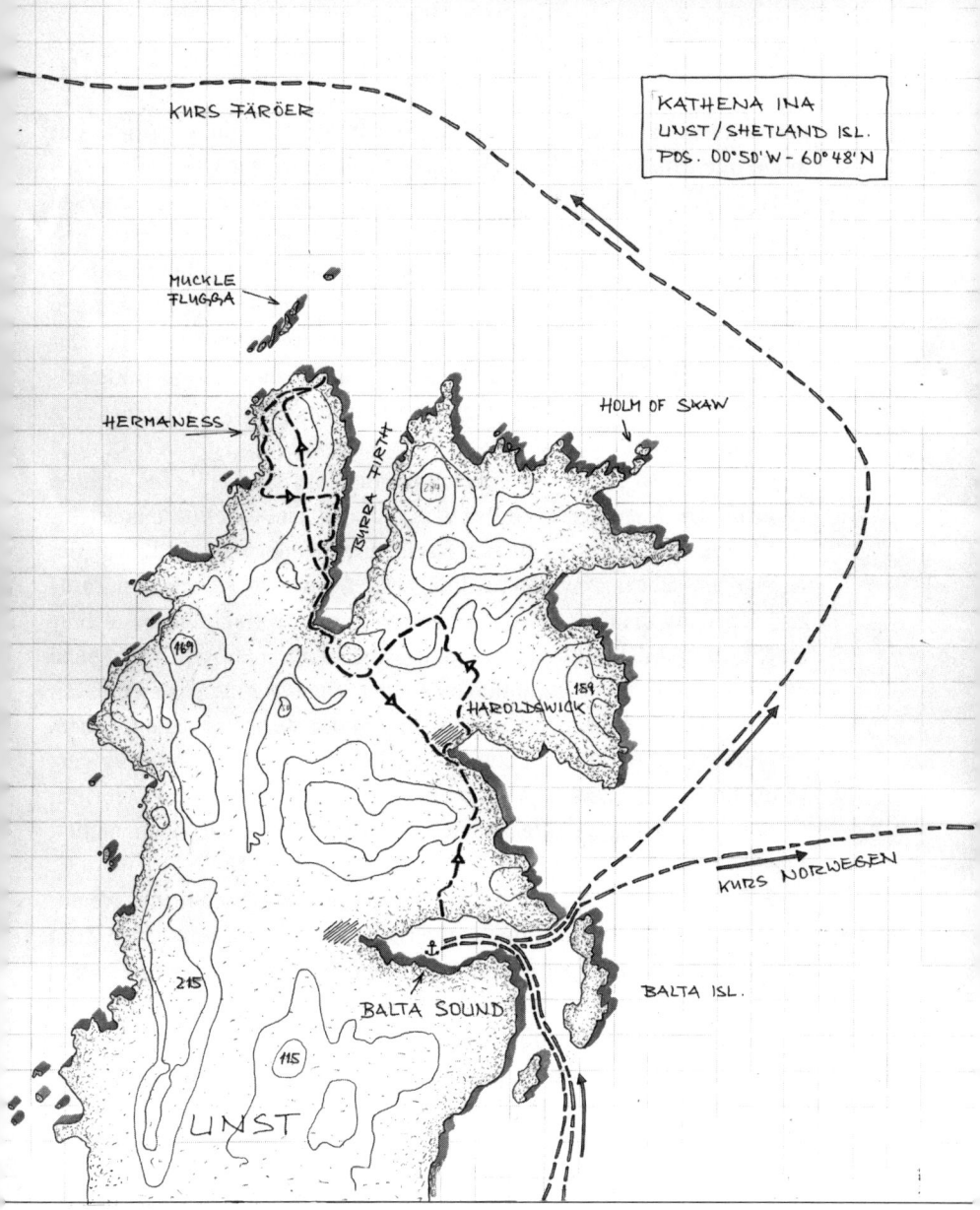

KURS FÄRÖER

KATHENA INA
UNST / SHETLAND ISL.
POS. 00°50'W – 60°48'N

MUCKLE
FLUGGA

HERMANESS

BURRA FIRTH

HOLM OF SKAW

169

HAROLDSWICK

159

KURS NORWEGEN

BALTA SOUND

215

115

UNST

BALTA ISL.

Der nördliche Zipfel der Insel Unst. Unvergeßlich
die Wanderung über die Insel, durch weite Täler
mit Ruinen und Farmen. Lebendig die Kurse um Unst mit
Sturm und Gischt entlang bizarrer Steilküsten.

gerefft. Der Wind hat kaum noch Angriffsfläche. Wir segeln weiter am Wind – mit einem Schrick in den Schoten. Sonst würden wir uns feststampfen. Sich an Bord zu bewegen ist anstrengend. Und: Dazu gehört viel Überwindung. Um die Sturmfock zu reffen, hake ich den Karabinerhaken des Sicherheitsgurtes von einem Fixpunkt zum nächsten. Die See geht hoch und quer. Wiederum nicht gefährlich hoch. Vielleicht fünf Meter. Oder sechs. Die Schräglage des Bootes ist das Problem, das Aufschlagen des Rumpfes aufs Wasser und der elende Kreuzkurs. Nochmals: Das ist keine See, die der Windstärke 7 bis 8 entspricht.

Um mich mit Astrid zu unterhalten, muß ich schreien. Sie will und kann diesen Kurs nicht länger akzeptieren. „Das Wetter macht mir angst. Was ist, wenn es in der Nacht noch schlechter wird?" In der Kajüte herrscht Tohuwabohu. Ich weiß, wenn wir abdrehen, gibt es für uns keine Färöer. Dazu kennen wir uns zu gut. Dieses Wetter wurde nicht angekündigt, folglich ist es lokal, versuche ich Astrid klarzumachen. Wahrscheinlich ist es nach einer sechs Stunden langen Kreuz durchsegelt. Aber sechs Stunden ... Nach und nach erschließt man sich schlechtes Wetter. Was anfangs strapaziös ist, erscheint später normal.

Wie Paukenschläge treffen Seen und Bug weiterhin aufeinander. Dösen und abwarten, meine Devise im Schutz des Kajütaufbaus. Die einzige Gefahr ist, daß etwas zu Bruch geht. Was dann? Das dynamische 7/8-Rigg mit drei Wanten pro Seite wirkt nicht beruhigend.

Astrid protestiert: „Wilfried, ich schaffe es nicht, laß uns schleunigst umkehren."

Alles zusammen ist furchtbar. Und schlimmer als mit Kym bei Fair Isle. Beim Wendenfahren schlagen die Segel geringfügig. Mit Hilfe des Autopiloten habe ich das im Griff. Erst eine kritische Woge bringt uns auf Abbruchkurs. Der Bug spießt förmlich eine Welle auf. Das Wasser ergießt sich übers Deck. Gischt schießt an den Fallen am Mast hoch. Es ist die erste Welle, die ihren Weg voll an Deck findet und mich rasch zum Abfallen bewegt – und zur Kursänderung. Als ich zur Pinne greife, wird mir klar daß es für uns beide besser ist, mir die Färöer aus dem Kopf zu schlagen; wichtiger ist jetzt, mit dem raumen Kurs, KATHENA unter Kontrolle zu halten.

216

Mein angespannter Körper erschlafft. Sehnsüchtig schaue ich zurück, auf das alles beherrschende Meer. Ich fühle mich nicht wohl und bin ärgerlich auf mich und Astrid. Zu zweit kämpft es sich leichter. Wir sind nicht mehr in den Klauen der Wellen, gut, aber der neue Kurs bei fast achterlichem Wind bewirkt heftiges Rollen. „Die Wellen können nicht einfach mit uns machen, was sie wollen." Aber sie tun es. Die geringe Segelfläche hält das Boot nicht mehr ruhig. KATHENA tanzt wie ein wild gewordener Korken und rollt wie nie zuvor. Es klirrt und klappert unter Deck. Ich schiebe das Luk ganz dicht, um es nicht hören zu müssen. Die Seen reißen das Heck mal nach Steuerbord, dann wieder in die entgegengesetzte Richtung. Eine See trifft das breite Heck derart genau, daß das Wasser wie eine Fontäne drei Meter steil nach oben schießt. Ich habe Sorge um unseren Heckcontainer, zwei Meter lang und mit nur vier Bolzenschrauben befestigt.

Erst Stunden später in der Bluemull Passage haben wir alle fürchterlichen Seen achteraus. Weit hinter uns sehen wir die Wellenkämme sich brechen. Weiterhin schrecklich überkreuz. Vielleicht doch kein örtliches Wetter. Das Boot liegt stabil. Ich reffe aus. Astrid verläßt ihre „Koje" auf dem Kajütboden. Das dunkelblonde Haar klebrig im Gesicht. „Bist du in Ordung?" frage ich. „Geht schon wieder", sagt sie, würgt sich den roten Schal doppelt um den Hals und greift zur Pinne: „Los weg da, ich bin dran."

Gemeinsam starren wir auf die Küste von Unst und Yell. Aus der Perspektive der Seereisenden schroff und abweisend. Den Rückweg wollten wir um Muckle Flugga nicht riskieren. Doch auch im engen Bluemull Sound erfordern Strom und Stromkabbelungen nochmals höchste Aufmerksamkeit. Aber dieser jollenartige Rumpf kommt mit einer „zerzausten" See besser zurecht als ein Verdrängertyp.

Gegen 19.00 Uhr verankern Astrid und ich KATHENA am alten Platz im Balta Sound. Auf vier Metern Wasser. Südwestlich vom Kai mit dem turmhohen Schrotthaufen. Der Himmel ist grau und schwerfällig. Im Logbuch notiere ich 65 Seemeilen.

Das waren meine magischen Färöer. Ich habe Lust, mir heute abend einen zu genehmigen. Und Astrid: „Laß mich erst mal an Land sein."

38　Mitsegler bei einem Einhandsegler

Um 20.00 Uhr sitzen wir im Pub des Balta Sound Hotel. Vor Stunden noch bis zum Hals im Wasser, jetzt vor zwei Pint Tennent's auf „Kante" gefüllt. Erdnüsse gegen den Hunger. Lockere Gespräche mit Einheimischen vom Nebentisch. So ist es: das wirkliche Leben des Fahrtenseglers. Ich weiß, wir haben uns nicht großartig gehalten – da draußen. Astrid weiß es auch. Also reden wir nicht lange drüber. Beide sind wir keine langatmigen Analytiker. Nur soviel: Wir hätten zügiger das eine oder andere entscheiden müssen. Nach Monaten im Umgang mit Strom und Wind sollten wir witterungsresistenter sein. Oder liegt's am Boot?

Es sind Shetländer, die das Lokal füllen. Und Rauchschwaden. Und Musik. Menschen allen Alters genießen den Sonntag abend. Eine Frau hat trouble mit ihrem lover. Nach einem Streit greift er ihr unter den Pullover, sie reißt heftig an seinem Ohr, er schreit und klebt ihr eine. Kurz darauf küssen sie sich. Begebenheiten, wie man sie überall vorfindet. Das richtige Ambiente des Pubs wird durch das

Fahrtensegeln bringt mich zu Landschaften,
die man nur per Boot sehen und erleben kann.

Klo rechts vom Eingang gebildet. Man muß stark sein, um durch diese „Düse" einzutreten. Astrid ergänzt: „Oder durstig."

Was wissen wir von den Menschen der Bucht, die es hier aushalten? Wenig. Sie haben wettergerötete Gesichter und blitzende Augen. Mitte August tragen sie ihre Shetland-Pullover, die nach feuchter Wolle riechen. Sie sind lebhaft und freundlich, neugierig und gesprächsbereit. Über Wetter und Touristen, Frauen und Boote. „Wie schön, daß ihr zusammen segeln könnt." Alles wird ausführlich erörtert. Sie trinken verdammt schnell, ihr Lachen und ihr Humor kommen von Herzen. In ihrer Mitte fühlt sich der Fremde nicht fremd, und auch wir ertappen uns, daß wir lustig den Pub verlassen.

Astrid:

Ich bin Mitsegler bei einem Einhandsegler. Das ging mir heute durch den Kopf, als ich mich in desolatem Zustand, regelrecht ausgeknockt auf dem Kajütboden wiederfand. In meinem Elend erkannte ich, daß die scheinbar erhebende Verwendung der Vorsilbe „mit" eine herabsetzende ist. Der Mitarbeiter ist der Untergebene, der Mitbürger der Unmündige, der Mitautor ein Zulieferer und so weiter. Auf einer Yacht ist der Mitsegler ein besserer Schotenreißer. In der Charterszene und auf einem Regattaschiff sowieso. Mitsegler bei einem Einhandsegler? Wie sieht's da aus? Grob skizziert: Wir segeln zusammen, erleben gemeinsam und sind aufeinander angewiesen. Aber: Einerseits darf ich mit der Pinne und den Schoten alles machen. Es wird nicht genörgelt. Im Gegenteil, optimale Schotenführung und Kurs halten ist Wilfried weniger wichtig. Er hat Achtung vor meinem Mut, da er meine Unbilden kennt und es großartig findet, daß ich mich nicht unterkriegen lasse. Doch geht es um Ziele, Segel setzen und reffen, Motoren, Liegeplätze, bestimmt er, bezieht mich überhaupt nicht ein. Unbewußt. Instinktiv diktiert er das seemännische und seglerische Bordleben. Liegt womöglich daran, daß er allein mit dem Segeln begonnen hat. Braucht mich so einer überhaupt für eine Nordseereise? Wenn ich mir's recht überlege, ist generell das Gefühl vorhanden, daß ein Einhandsegler eh alles alleine kann und einen nicht braucht. Im Hafen fährt er meist das Boot und freut sich, daß ich die Wurfleine weiter werfen kann als er. Trotzdem bleibe ich Mitsegler. Schon geht's weiter: Um Diesel, Gas, Wasser, Motorwartung kümmert er sich. Ich finde, mein Wilfried macht das auch alles ganz gut. Er ist nett, wenn ich daniederliege oder furchtbarer – aus der Koje heraus eingreifen will: Segel reffen, Kurs ändern ... Lieber mit der herabsetzenden Vorsilbe „mit" segeln und reisen, als überhaupt nicht. Mir ist schon klar, daß die Segeljahre eine unvergeßliche und glückliche Zeit meines Lebens sind. Über die Meere segeln ist ein Geschenk. Und nicht zu vergessen, es gibt ja auch die Landaufenthalte, wo ich das „mit" abstreifen kann. – Um das Thema in Worten wetterfest zu machen: Mitsegler sein bei einem Einhandsegler ist wechselhaft. Lange Zeit habe ich mir darüber keine Gedanken gemacht. Alles lief bestens – über ihn. Während unserer Weltreisen: Segeln, Ankern, Kosten. Ich brauchte mir keine Sorgen zu machen. Jetzt könnte man der Auffassung sein, daß ich aufgrund der fehlenden Seefestigkeit die See hasse. Weit gefehlt. Die See hat mich Menschen und Natur kennenlernen lassen. Und bei aller Plage mit Wind und Wellen ist das Leben mit einem Boot noch immer aufregender, als mit der Nachbarin im Garten zu sitzen: „Noch ein Käffchen?"

39   Kurs Norwegen

Über Norwegen denke ich grundsätzlich nur das allerbeste. Will einer dorthin segeln, so preise ich Fjorde, Berge, Wälder und Inseln. Mich faszinieren diese Weite und Stille und die Ausgewogenheit zwischen Mensch und Natur. Voll Begeisterung und ein wenig neidisch erzähle ich von der Ordnung und Harmonie. Boote und Häuser werden nicht abgeschlossen, denn Diebstahl und andere Straftaten sind Ausnahmen. Außer vielleicht in Oslo, der Hauptstadt. Und dann diese Leere. In einem Land von 4000 Kilometern Länge wohnen nur vier Millionen Menschen.

Nach unserer Irrfahrt durch die Nordsee, eben nicht zu den Färöern, ist es jetzt an der Zeit, dorthin zu segeln – nach Norwegen.

Logbuch 20. August:

Es beginnt mit einem Scheiß-Wetterbericht: Nebel, Regen, Süd 4 bis 5. Die Vorhersage für Viking um 5.55 Uhr. Eine Viertelstunde danach sind wir unterwegs. Wind findet sich nicht ein. Nebel um so mehr. Vom Küstensaum Balta Sound ist rechts und links nicht das Geringste zu sehen. Die Sicht ist miserabel. Selbst Balta Leuchtfeuer in einer Kabellänge Abstand nicht zu erahnen. Unser GPS hält KATHENA *auf Kurs. Möwen folgen unserer Spur im spurlosen Wasser. „Farewell until we meet again“ (Van Morrison). We are bound for Norway. Und dann? Nach Fedje? Sicht fünf Schiffslängen. Ungefähr. A. geht erste Vier-Stunden-Wache. Vorkommnisse: zweimal Nebelsignale von Schiffen. In meiner Wache passiert nix. Herzklopfen spüre ich nicht. Der Radarreflektor hängt im Rigg. Ich stehe unmittelbar neben der Pinne und bin reaktionsschnell. (Wir haben es geübt.) Und ich habe ein feines Gehör. (Wurde mir von Kym bestätigt.) Andere Yachtsegler umgeben sich mit einer ganzen Palette von Sicherheitsausrüstung (Absicherung ist das Gebot der Stunde). Wir achten auf absolute persönliche Fitneß. JA. Geh über Deck, und ich sage dir, ob du seetüchtig bist.*

Wir tuckern durch alte Dünung und gucken uns müde. Das Groß flappt. Ich beobachte das Meer in der Hoffnung auf Wind. Was denkt man eine ganze Nebelwache lang? An einem umhüllten Tag wie diesem schweift der Geist und berührt manche Dinge. Beispielsweise das Buch dieser Reise. Ich versinke in Ironie: ein Sommer, der ein Winter war. Oder: eine Reise für Segler in Gummistiefeln. Von der verschleierten Nordsee bedrängt und abgelenkt, verwünsche ich A. Nordseeidee. – Knapp 180 Meilen bis Fedje müssen wir durchhalten. Klamm und naß von der Luftfeuchtigkeit. So haben wir uns das nicht vorgestellt. Es ist kurz nach 16.00 Uhr, als der Nebel sich hebt. Nord 2. Genua aus dem Sack. Ratsch, ratsch, sind die Stagreiter eingepickt. Motor aus. Ende des Regens. Topf Tee, aufgebrüht mit Regenwasser. Das waren zehn Motorstunden, die nichts entfachen.

Während ich das schreibe, wartet das Boot auf mein Erscheinen an Deck. Fallen, Strecker, Reffleinen und Schoten wollen bedient werden. KATHENA ächzt in den Verbänden auf Am-Wind-Kurs.

Wütende Gischttropfen spritzen gegen die Fenster. Es ist dasselbe Meer, das wir vor Stunden sanft durchmotorten. Und jetzt? Ich muß achtgeben, daß die Schräglage mein Logbuch nicht vom Tisch fegt. Astrid lakonisch: „Eben die Nordsee."

KATHENA bolzt auf 95 Grad gegen das typische Nordseegehacke.

Lange Zeit habe ich gedacht, die Nordsee sei nur sporadisch so instabil, aber wir haben bisher keinen 50-Meilen-Schlag ohne Segelmanöver im Logbuch. Auch keinen 40-Meilen-Kurs? Doch, einen, in der Themsemündung. Das amüsiert uns inzwischen. Sollte es der einzige bleiben, werde ich nicht vergessen, ihn zu notieren.

Logbuch 21. August:

Die Meilen über das nordeuropäische Meer wollten wir mit ein bißchen Wind beenden. Ist uns aber nicht vergönnt. Nicht einmal mit einem frontalen. Befristet nimmt die Schleierwelt uns wieder auf. Dichter als je zuvor. Und mit Welle. Wir gleiten mit rauschender Fahrt durch eine gespenstische Nebelwelt. Ich sage mir: Wenn ein Schiff droht, werde ich es noch rechtzeitig genug sehen! Und es droht tatsächlich Gefahr. Über meine Handfunke erfahren wir von einem Schleppzug eine Meile südlich von uns. Im „Troll" Ölfeld. Erst gegen 10.00 Uhr verbrennt die Sonne den Nebel. Innerhalb von Minuten ist der Horizont frei – belegt mit Schönwetterdunst. Mit der Sonne schläft der Wind ein. Motoren der norwegischen Insel Fedje entgegen. Der erwartete rote Leuchtturm mit zwei weißen Ringen zeigt sich vor dem bergigen Land. Betäubende Wärme. Mit jeder Meile, die wir näher kommen, legen wir ein Stück Kleidung ab. Wir erreichen den Hafen Rognsvåg um 13.30 Uhr – im T-Shirt. Vertäuen das Schiff mit Anker und Leinen an einem Felsen. Und jumpen ins Wasser. Nach kalten schottischen 12 Grad jetzt ätzende 18 Grad Wassertemperatur.

Schuld hat die Fernheizung Golfstrom. Ohne den wohltemperierten Strom wäre lustvolles Schwimmen undenkbar. Mit Taucherbrille und Flossen tauche ich neugierig das Schiff ab: keinerlei Bewuchs – das erstaunt mich. Auch während der Grundberührungen in Schottland wurde weder Farbe abgestoßen, noch ist sonstwas beschädigt. Das elliptische Ballance-Ruder ist ohne Kratzer.

Diesseits der Nordsee ist der Sommer ausgebrochen. Aber auch erst seit einigen Tagen. Das sagt uns der Freizeitfischer von nebenan. „Bisher hatten wir einen häßlichen, nassen Sommer." Leider sagt er nicht viel mehr, geschäftig spült er seine Angelausrüstung. Fedje ist die westlichste, bewohnte norwegische Insel, das wird hier überall kundgetan. „Fedje, fünf Kilometer im Durchmesser, setzt sich zusammen aus 125 Inseln und Eilanden. Fedje ist berühmt für das brillante Licht und die meisten Sonnenstunden an der Westküste Norwegens." Frische Information aus dem örtlichen Touristenbüro. Wer hier Menschen zuhauf vermutet, der wird enttäuscht sein. Es stehen zwar massig bunte Häuser in der Landschaft, aber Menschen zeigen sich nur wenige. Der 600-Einwohner-Ort wirkt wie ausgestorben. Wir haben Hauptsaison, doch die Bank hat bereits geschlossen. Norwegische Kronen für ein Abendessen treibt Astrid in der Poststelle auf. Dollar kann die Postfrau zwar nicht wechseln, aber sie leiht uns ein paar hundert Kronen bis morgen. Ohne jegliche Sicherheit. Eigentlich nicht zu fassen.

In Fedje am Abend passiert nicht mehr viel. Ein bißchen Hafen, ein bißchen Häuser gucken, die kahlen Felsbuckel entlang der Straße und den Badeplatz bewundern. Das Wetter ist herrlich, und die Pizza im Restaurant entfällt. Unser Cockpit, mit Blick auf das dunkelblaue spiegelglatte Wasser des Naturhafens, ist uns lieber. Es ist genau die beruhigende Eintönigkeit, nach der sich Großstadtmenschen sehnen, die vom Tempo ihrer sonstigen Lebensweise ausruhen wollen. „Nur, das haben wir ja schon monatelang."

Dennoch: Vor allem das Licht fasziniert. Wir haben den Eindruck, eine Fahrt aus dem Norden in den Süden gemacht zu haben. Hier die sandgelben und blutroten Holzhäuser, dort im Balta Sound die verwaschenen grauen Steinhäuser. Beide Orte liegen auf dem gleichen Breitengrad.

40 Hansestadt Bergen

In Bergen, das merkt man gleich, ist natürlich alles international, will heißen: feiner, eleganter, als in schottischen Städten, die wir besuchten. Geschäfte, Kleidung, Reklame. Eine Stadt, in der es mehr Menschen auf die Straße treibt als Autos. Und: Jeder zweite, der am Kai in der Altstadt entlangpromeniert, ist ein Tourist: Japaner, Deutsche, Italiener, Amerikaner. Fast jede Sprache ist zu hören. Am frühen Abend sitzen wir im Restaurant unmittelbar am Hafen. Die Bedienung ist blond und sehr freundlich. Die Küche amerikanisch, das Bier norwegisch. Ein mittelgroßes Glas zu zwölf Mark.

„In Bergen könnte man es aushalten."

„Ja, wenn man wie du nur ein Glas trinkt."

„Bergen ist das Regenfaß Norwegens."

„2000 Millimeter Niederschläge werden hier im Jahresmittel registriert!"

„Dreimal soviel wie bei uns zu Hause."

„Oder fast viermal weniger als in der nassen Welt der Fjorde Neuseelands."

Bergen ist für seinen Regen weltweit bekannt. Den Eindruck bekommen wir, nachdem wir dauernd darauf hingewiesen werden, was für ein Glück wir hätten, einen dieser seltenen regenfreien, sonnigen, windstillen Tage erwischt zu haben.

Nicht nur diesen.

Von Fedje sind wir nach Hjelme gefahren. Ein meilenlanger Fjord, so schmal, daß man nicht hätte wenden können. Am Scheitel ein schneeweißes Kirchlein, wo wir die Bugleine nahezu am Kirchentor befestigten. Gerne hätten wir einen Blick hinein geworfen, sie war aber verschlossen. Außer ein paar sauber gestrichenen Bootshäusern und einer Reihe offener Kähne war nichts in der Bucht zu sehen. Nach zwei norwegischen Ankerplätzen kam Astrid zu der Überzeugung: „Hat in Schweden jeder ein Boot, so hat der Norweger derer zwei."

In dieser Bucht übernachteten wir wie auf einer Wolke. Nach Nächten mit Wind und Schlingern und einem Mordsgewitter (Fedje) flüsternde Ruhe. Abgesehen von unserem tiefen Atmen herrschte völlige Stille. An dieser Stelle, eingekeilt zwischen Bergzügen, in Verbindung mit einem lieblichen Gotteshaus, war ich mir sicher, eine Welt betreten zu haben, in der es nichts gab, an der es sich zu reiben lohnt. Meine Frau schlief ja weit entfernt – im Vorschiff.

Nach Hjelme begaben wir uns auf Norwegens „Reichsstraße Nr. 1". So nennt man die Seeverbindung entlang der norwegischen Küste. Eine mit Bojen, Baken, Leuchttürmen, Richtfeuern und dergleichen gespickte Route. Ein wichtiger Seeweg, um Fracht in die einsamsten Gegenden zu transportieren. Und – zumindest im Sommer – gilt die Strecke mit einem der berühmten Hurtigrute-Schiffe als schönste Seereise der Welt.

In der Passage Det Naudar, „warum gerade in dieser engen Kurve?", kam uns ein Hurtigrute-Schiff der neuesten Generation entgegen. Die weiße, kantige RICHARD WITH. In ihrem Aussehen steht sie den riesigen stählernen Schuhschachteln, die heutzutage die Ostsee befahren, in nichts nach. „Auf den großen Schiffen sind zwar alle freundlich, aber es kennt einen keiner mehr, und man merkt oft nicht, daß man überhaupt auf einem Schiff ist", sagt eine deutsche Passagierin, die in Bergen die Fahrt beendet hat und sehnsüchtig auf uns Bootsreisende blickt.

Bergen Vågen ist der Hafen für durchreisende Yachten. Gleich gegenüber der „Bryggen", der alten hölzernen Kontor- und Lagerhäuser aus der Hansezeit, ist unser Liegeplatz. Neben dem „do-it-yourself" Segelkutter ASTRONOTUS II aus Wilhelmshaven, einem dieser formstabilen Doppelknickspanter aus Stahl, gegen die der Rumpf unserer KATHENA zart wie Eierschale wirkt. Dieses 15-Meter-Schiff gehört Otto und Hanni Zimmermann. Selbst gebaut mit Schweißgerät, Fäustel und wenig Geld. Es ist die dritte deutsche Yacht seit Herberts (Uphus) Verschwinden in Dünkirchen, der wir begegnen.

Zimmermanns freuen sich. Wir freuen uns. Gemeinsam haben wir viel durchzutratschen. Ist doch Otto einer der „echten" Weltumsegler. 1969 startete er seinen ersten Törn um die Erde. Mit dieser ASTRONOTUS hat er ebenfalls einen Rundtörn im Kielwasser, mit eingeschlossen das wahre Kap Hoorn – von Neuseeland kommend. Das war Ende der Achtziger, seitdem segeln Hanni und Otto „nur" kürzere Törns. Nach Island, zu den Azoren oder der norwegischen

Küste. „Für mich ist der Weg nicht zu weit, um jenes blaue Blümchen vom Vorjahr wiederzusehen, das küstennah im Sognefjord wächst." Otto liebt die gnadenlose Wildnis. An Land wie auf dem Meer. Ein Navtex? „Bist du bescheuert. Unsere Abfahrten ähneln Zugvögeln. Ein Blick auf die Wolken, ein Blick aufs Glas, und es passiert." – Oder auch nicht.

„Vor einer Woche habe ich mit dem Mast eine elektrische Leitung gerissen. Sollte zehn Mille kosten. Aber die Polizei hat mir geholfen, hing tiefer als in der Seekarte angegeben."

Hanni und Otto sind ganz nette. Sie leben auch im Winter an Bord, dann wird das Schiff zum „Haus" umfunktioniert. Bei einem selbstgebackenem Marmorkuchen in der gemütlichen Kajüte erzählt nur einer: Otto. „Ausschweifend mit Ablegern", wie Astrid konsterniert feststellt. Wer auf Fragen kurze, knappe Antworten erwartet, ist bei Otto schlecht aufgehoben. Sein Beitrag zum Thema Angst, um ein Beispiel zu nennen.

Otto Zimmermann:

Neulichst hatten wir Orkan im Nordatlantik. Neulichst ist gut, ich meine vor zwei Jahren. Erst stoßartig, dann gleichmäßig pfeifend. Alles Segeln fiel aus. Trieben mit dem Wind, Gott sei Dank in die richtige Richtung. Wie einst 300 Seemeilen westlich von Kap Hoorn war es.

Wir lagen quer zu den gewaltigen, wohl acht bis zehn Meter hohen Seen. Weiße Quarzadern auf grauem, hartem Basalt, weiß wehte die Gischt ab, lange weiße Schaumstreifen, weit über die See bis zum fernen Horizont sich ziehend. Auf dem Rücken der Wellen die riesigen, schimmernden Schaumfelder von den zuvor sich brechenden Seen. Ich hielt den Handwindmesser raus – Propeller war gleich weg!

„Habt ihr Angst gehabt?" Sicherlich ist man neugierig auf unsere Antwort nach so einem Seestück. Der große Verhaltensforscher Konrad Lorenz ist oft genug auch dieser Frage nachgegangen und kam zu Resultaten, die sich mit unseren Beobachtungen decken. Oft mußte Lorenz völlig neue Worte prägen, denn unser Wortschatz ist kaum ausreichend, um alle Lebenssituationen völlig klar zu definieren – „Instinktverschränkung" zum Beispiel.

226

*Die Wildnis, so meine ich, fordert von uns zum Bestehen einen
gewissen archaischen Lebensrhythmus, in dem kurze Adrenalinstöße
von großer Wichtigkeit sind, sonst würde das Individuum sich sicherlich einfach hängenlassen und gläubig aufs Ende warten, wie wir es
von alten ausgebrannten Individuen kennen. Lebendiges Leben ist
grundsätzlich Kampf, in dem nur wenig Platz ist für das, was wir
„Angst" nennen.*

Hanni, oder genauer Johanna, merkt man an, daß ihr diese Mono-
loge bekannt sind. Sie unterbricht, will uns ins Gespräch einbezie-
hen, aber Otto ist nicht zu stoppen. Erst am dritten Tag gelingt es
Astrid, Geschichten und Ansichten von uns loszuwerden. Astrid ver-
gleicht ihn mit ihren anderen Freunden: Rolf, Wolfgang, Robert, Hei-
ner, Gustav und Herbert, die zwar nicht übermäßig reden, aber alle
Individualisten mit eigenbrötlerischen Eigenschaften sind. Nicht gut
aussehend, nein, aber irgendwie nicht unbedingt in die Schablone
Bürger passend. Männer, die beispielsweise ein 15-Meter-Schiff
zusammenschweißen und ausbauen, faszinieren meine Frau.

Hanni und Otto Zimmermann. Die Südsee. Kap Hoorn.
Grönland. Island. Das haben sie alles im Kielwasser.

Wir erleben das Wochenende in Bergen Vågen: Fast südländisch wirkt der Gemüse- und Fischmarkt am Kopf des Hafenbeckens. Berge von rotfarbenem Lachs, wunderschön drapiert, einer wie der andere. Und gar nicht teuer. Begierig hätte Astrid am liebsten gleich hineingebissen. Otto jedoch rät spontan ab: „Sind alles Lachse aus Aquakulturen. Dem Futter wird ein roter Farbstoff beigemengt, der das Fleisch der Fische schön lachsrot macht. Und dann ist das Fleisch schlaff, weil die Tiere zu wenig schwimmen. Manchmal sind hunderttausend junge Lachse in einem einzigen Süßwasserbecken." Nach Ottos Aufklärung, die natürlich viel ausführlicher ausfällt, auch den Hinweis auf Antibiotika läßt er nicht aus, ist Astrid der Appetit vergangen. Sie langt zum Glas Eingekochtem von zu Hause.

Was noch? Bungee Springen. Mit der Seilbahn auf den Ulriken (642 Meter), Bergen von oben betrachten. Das älteste Gebäude der Stadt, die Marienkirche aus dem 12. Jahrhundert, bewundern. Und immer wieder „Bryggen", liegt ja nur einige Schritte von unserem Liegeplatz entfernt. Guterhaltene hochgieblige Holzhäuser mit großen Innenhöfen aus der Blüte der Hansezeit. Deutsche Kaufleute errichteten das Viertel, als sie den Handel an dieser Küste beherrschten. Lüneburger Salz gegen Stockfisch. Bergen war der einzige Hafen an der Küste, von dem aus Fisch exportiert werden durfte.

Und sonst? Abschied. Mit einem selbstgebackenen Kuchen von Hanni an Bord stoßen wir von der ASTRONOTUS ab. Als gebürtige Bayerin hat Wegzehrung für sie noch Bedeutung.

41 Nordische Wildnis

Trongevågen, Insel Aalforo, wieder eine Felsspalte. „Die Norweger", sagt Astrid und stellt sich aufs Kajütdach, „sind zu beneiden. So weit ich sehen kann nur Steinbuckel." Ein Ozean voller Inseln. Urgestein, das mit dem Meer verwachsen scheint. Und da mittendrin liegt unser Boot. Solo. An Backbord eine 70 Meter hohe senkrechte Wand. An

Steuerbord ein sanft geschwungener Hang, mit ein paar Tannen bewachsen. Und am Eingang zu diesem Versteck stehen eine Handvoll Holzhäuser, in denen, wie Astrid glaubt, „schweigende Norweger sitzen und in den Fjord schauen". Doch die Hütten mit Stegen stehen leer. Wohl nur am Wochenende und während der Sommerferien zieht es die Menschen hinaus in diese Schärenwelt. Jede einigermaßen situierte Familie verfügt über eine „hytter". Die Hütte ist für den Norweger Inbegriff für Unabhängigkeit und Einsamkeit. Wohl manche Hütte ist wild gebaut, ohne Baugenehmigung. Und man wundert sich, wie die Baumaterialien überhaupt herangeschafft worden sind, so abgelegen und unzugänglich liegen einige Holzhäuser. Weitläufig genug, um allen das eigene Hüttenidyll zu gewähren, ist die norwegische Küste ja. Es gibt Tausende dieser Inseln, ideal zum Angeln, Motorbootfahren, Sonnen, Baden. Und zum Fernsehen. Darüber wundere ich mich am meisten, denn auch isolierte Inseln sind mit Stromkabeln versorgt. Selbst die letzte Hütte ist verkabelt.

Wir liegen vor Anker. Die Wasseroberfläche kräuselt nicht einmal, außer wenn wir mit dem Dingi an Land rudern. Ein malerischer Ankergrund. Die Zeit steht still. Gemeinsam wollen wir in der ruhenden Zeit verweilen, Buchten besichtigen, auf Gipfeln herumlaufen.

Über uns der blaue hohe Himmel, während wir uns langsam über die gewellten Felsenrücken bewegen. Es ist noch nicht so spät, aber das Licht ist irgendwie unwirklich. Stahlblau. Und es ist vollkommen windstill. Mitten auf der Insel Aalforo ein See mit zerrissenen Ufern. Blanke runde Felsen starren uns aus dem See an. Wir stehen hoch über ihm. Zögernd setzen wir unser Hill-Walking fort. Im Tal ist es moosig und sumpfig. Die Insel ist von hellen Granitfelsen überwuchert. Schier endlos steinig. Aber immer begehbar. Jede Kuppe ist, zwar mit Umwegen, zu besteigen. Hin und wieder hören wir auf dem Meer Möwen kreischen. Zutrauliche Schafe folgen uns. Alles ist sichtbar wild, im Gegensatz zur versteckten Natur, wie sie der Dschungel bietet. Manche Stellen sind von einer geradezu schroffen Wärme. Ich notiere abends: „Es ist die perfekte schöne Wildnis. Wunderbare Steinflächen, Klippen, Grate, Schluchten, das alles ist zu begehen. Nordische Wildnis. Nordisches Licht." Das vor allem fasziniert – auch noch Ende August.

Das Bild des Abends schlechthin: Die Sonne rollt langsam auf den Horizont. Versinkt langsamer und langsamer. Die Schatten der Felswände decken KATHENA zu und spiegeln sich zugleich. Und alles steht unbeweglich für unendlich lange im bleichen Licht erstarrt. Nicht weit vom Ufer breitet eine Möwe ihre Flügel auf einem Stück Treibholz aus, setzt sich nieder, um gleich darauf wieder aufzufliegen. Die gläserne Welt wird zerschlagen, das Wasser dunkel, die Tannen vor dem noch hellen Himmel schwarz. Ich beuge mich über Bord, hole die Angel ein und schnell, schnell eine Flasche Wein aus der Kajüte. Die Nacht hat begonnen.

Stillvergnügte Meditation in einer Bucht einer der unzähligen Schäreninseln. Noch lange genießen wir das Dasitzen im Cockpit, aufs Wasser schauen, ins Glas starren, bis sich ein unheimliches Glücksgefühl einstellt, weil das Denken total erlischt. Die lautlose schlichte Szenerie ist das Faszinosum.

42 Brent Spar

Wir haben sie schon von weitem gesehen, gleich nach dem Runden von Ombo. Eingekeilt zwischen 900 Meter hohen Berghängen, im Scheitel des Erfjord liegt sie da – die „Brent Spar". Aus der Ferne ähnelt sie mehr einem Seezeichen als der berühmtesten Bohrinsel der Welt. Man kann sich kaum vorstellen, daß dieses winzige Ding wochenlang einen Ölkonzern in Bedrängnis brachte und Mittelpunkt der Medienberichterstattung war. Wirkt sie hier so harmlos, weil die Bergwelt ringsum so grandios ist?

Ausgedient, einsam und verlassen, achtfach verankert liegt die Bohrinsel in einem der schönsten Fjorde Norwegens. Kräftige Rost-

Mit REGULUS STAR, einem 13 Meter langen Katamaran, und gemischter Crew zum Protestsegeln nach Mururoa. Das waren erst mal 860 Meilen knallendes Segeln gegen den Wind.

schlieren überdecken die gelbe und rote Farbe. Ein Wrack, das bewegt und schockiert. Könnte zum Museum werden. Es hat Geschichte. Als ein Ölkonzern 1995 die ausgediente Insel offiziell im Atlantik versenken wollte, mischte sich Greenpeace ein und verhinderte es. Wie sich später herausstellte, mußte Greenpeace zugeben, sich mächtig verrechnet zu haben, denn die „Brent Spar" hatte weitaus weniger Ölrückstände im Sockel als angenommen. Mir hat der Sieg von Greenpeace im Ökokrieg um „Brent Spar" die Teilnahme an der Friedensflotte vor Mururoa eingebracht. Während die englische Presse noch lamentierte, „daß niemand über die Umkehr der ‚Brent Spar' erleichtert wäre", schossen sich Greenpeace und die Deutschen auf die französischen Atombombenversuche vor Mururoa ein. Mit zwei Schiffen, RAINBOW WARRIOR und MV GREENPEACE wollten sie vor Ort protestieren und sich wieder „was einfallen lassen". In Vorbereitung war auch eine sogenannte Friedensflotte. Crews aus verschiedenen Ländern planten, mit ihren Yachten vor dem Südseeatoll gegen die Atomtests zu protestieren.

Auftraggeber und Finanzier meiner Demonstrationsfahrt zum Mururoa Atoll mit dem Katamaran REGULUS STAR war das Hamburger Magazin „Stern", das sich Woche für Woche seitenweise gegen die Atomtests engagierte. Nachdem das Thema von den Lesern äußerst positiv angenommen wurde, wollte man aktiv werden. Protestsegeln mit der Friedensflotte vor Ort paßte genau in das Konzept. Mit drei „Stern"-Lesern und einem Reporter nahm ich Kurs durch den Südpazifik. Dazu mit einer Charteryacht, für die ich keine Reviererlaubnis hatte und folglich keine Versicherung. Genaugenommen entwendete ich das Boot aus dem erlaubten Chartergebiet um Raiatea in Französisch Polynesien.

Das war damals mein Problem. Aber: Einmal im Leben darf ich, wenn ich von einer Sache überzeugt bin, auch rechtswidrig handeln. Und ich war überzeugt, aktiv etwas gegen die neuerlichen Atombombenversuche im Südpazifik tun zu müssen. Als langjähriger

> Langgestreckte Höhenzüge leuchten in kräftigem
> Grün. Steile Klippen an den Kaps. Typische Landschaft
> der Orkneys bei Red Head im Calf Sound.

232

Fair Isle, eine Insel mit
großer Anziehungskraft
und ein Vogelparadies. –
Links: Dreizehenmöwen.
Ein Felsen mit Baßtöl-
peln. Die Hafenbucht. –
Rechts: Schwer ins Bild
zu kriegen: fliegende
Baßtölpel und Papagei-
taucher, die in Erdlöcher
leben.

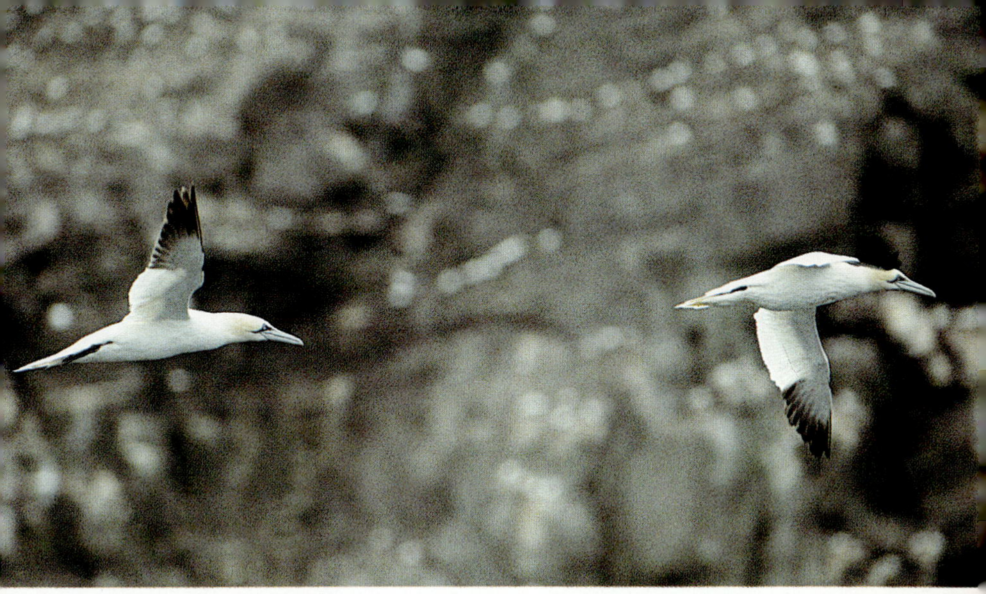
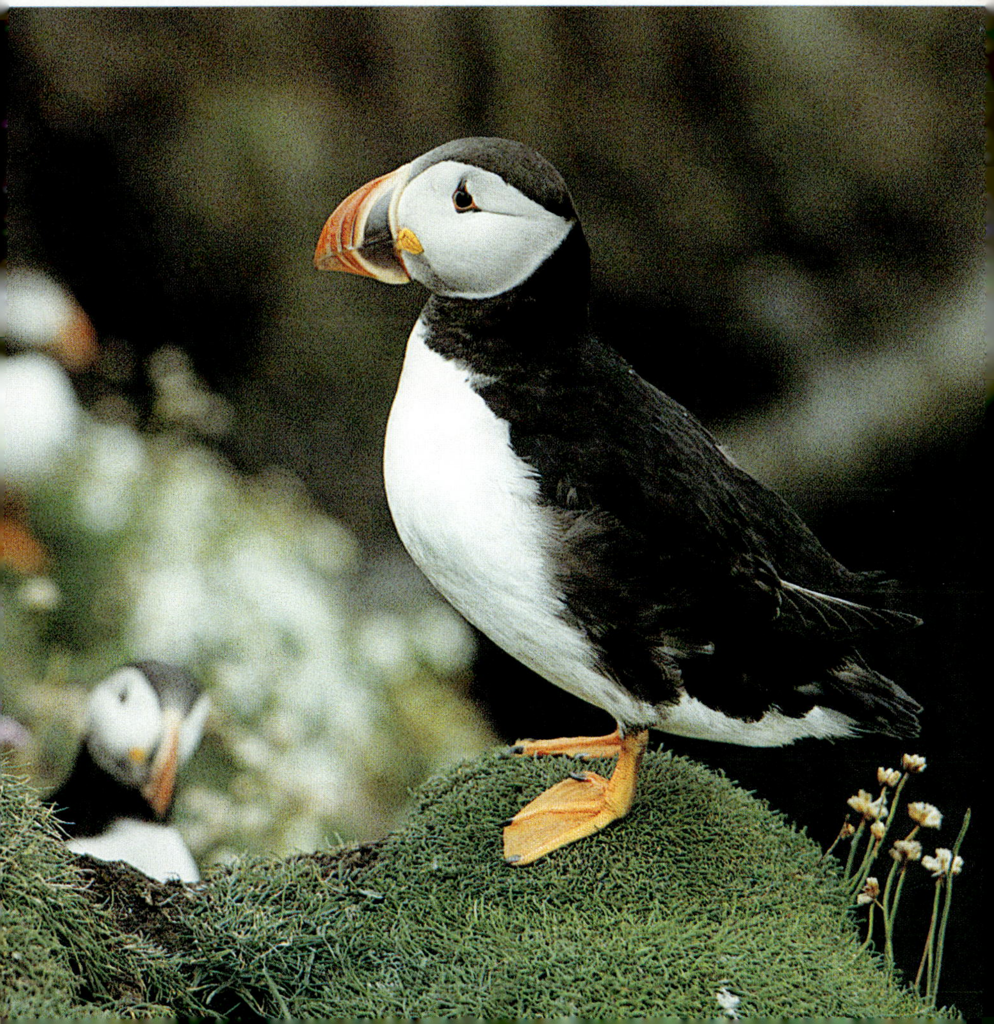

In Norwegen: Bergen Vågen ist der Hafen für durchreisende Yachten. Gleich gegenüber der „Bryggen", den alten Kontor- und Lagerhäusern aus der Hansezeit. – Unten: Wer die Einsamkeit liebt, ist in Norwegen gut aufgehoben. Tief im Erfjord „lagert" die weltberühmte Bohr- und Förderinsel Brent Spar.

Eine Fjellkante im Lysefjord, die senkrecht in den schmalen Fjordarm abfällt. Hier hat man das Gefühl, daß Gott selbst Hand angelegt hat. – Über den betriebsamen Fischereihafen Egersund gelangen wir nach Dänemark, wo wir uns sogleich mit Pølsern (Würstchen) stärken.

Atollsegler wußte ich um das empfindlichste Ökosystem der Welt – ein Korallenatoll. Und die französische Nuklearmacht sprengte mit ihren Tests Mururoa in Stücke, tötete Fische und verseuchte die Umgebung. Gäbe es unterirdische Risse, würde die Meeresströmung die strahlende Gefahr über den gesamten Pazifik tragen.

Ich streifte also mein Protesthemd über, klebte mit der Crew unter Lebensgefahr auf See den vier Meter hohen weißroten Stern ins Großsegel, und los ging es – von der Südseeinsel Raiatea zum Ziel Mururoa: 860 Seemeilen gegen den vorherrschenden Südostpassat und gegen die Strömung.

Heute, genau vor einem Jahr, am 1. September 1995, standen wir um 5.30 Uhr zwölf Meilen vor dem Atoll. Die Augen müde. Der Körper klebrig vom Salz. Aber der Treffpunkt vor Mururoa war nach zehn Tagen Kreuzkurs pünktlich erreicht. Eine französische Fregatte und drei Patrouillenboote kurvten herum. Und sechs Yachten der Friedensflotte. Nur sechs der erwarteten 30. Die Entfernungen waren die Ursache. Kein Mensch zu Hause machte sich eine Vorstellung, daß es von Neuseeland, woher die meisten erwartet wurden, 3000 Meilen durch ein übles Seegebiet sind. So waren eine ganze Reihe Segelyachten aus vielerlei Gründen auf der Strecke geblieben – oder kamen verspätet. Leider waren auch beide Greenpeaceschiffe darunter. Ihr Spiel war verloren, bevor es begonnen hatte. Sie wurden von der französischen Marine mit Hilfe von Schlauchbooten und Hubschraubern gekapert und abgeschleppt. Greenpeace prognostizierte ein „Gewitter" gegen die französischen Militärs des atomaren Testgebietes, jedoch war alles, was sie hatten, ein Gewitter in ihrem Nachttopf. Verblüfft fanden sich die sonst so selbstsicheren Ökopiraten, in deren Kielwasser wir Protestsegler segeln wollten, im Kampf gegen die Atomtests nur von David McTaggerts zehn Meter langen VEGA vertreten. Der Greenpeace-Gründer allein auf weiter Flur.

In den Tagen darauf stieg die Anzahl der Protestboote vor Mururoa auf 15 an, aber die Mehrzahl waren Medienboote. Vorrangig Deut-

Daß wir diesen Sommertörn positiv in Erinnerung behalten werden, liegt an den Menschen der Anrainerstaaten und auch daran, daß wir mit KATHENA INA keine Probleme hatten.

sche, das hat mich doch sehr erstaunt. Eher hätte ich protestierende Chilenen, Amerikaner oder Australier mit ihren Schiffen erwartet.

Der aufregendste Tag für uns kam noch.

Ich erinnere mich:

*Während wir außerhalb der 12-Meilen-Zone driften, kommt die Fregatte L*A G*RACIEUSE stracks auf uns zu. Dreht erst kurz vorher ab und setzt eilig ein Schlauchboot mit vier Soldaten ins Wasser. Das Boot springt uns förmlich an, so schnell flitzt es übers Meer. Zwei Soldaten kommen an Bord, die anderen umkreisen unseren Katamaran. Was nun? Mit einem Funkgerät in der Hand stehen da plötzlich zwei Uniformierte bei uns am Heck und schauen ziemlich ernst drein. Beide sind klitschnaß. Bekleidet mit olivgrünen Shorts und ebensolchen Hemden mit tausend Taschen machen sie keinen feindlichen Eindruck. In der Brusttasche Kugelschreiber, Notizblock, Zirkel und eine Taschenlampe. Ihre Schuhe sehen aus, als hätte man versucht, aus Gummistiefeln Schnürschuhe mit eingenähten Socken zu machen. Dem einen blutet die Lippe. Ich bin zunächst damit beschäftigt, die gewünschte Crewliste aufzustellen. Darauf folgt die Paßkontrolle. Danach werde ich aufgefordert, die Schiffspapiere zu zeigen. Aber die kann und will ich nicht finden. Um abzulenken, zeige ich ihnen nur den Chartervertrag. Die Chartersumme über 45 060 Mark verblüfft die jungen Militärs. Lenkt sie aber nur kurz ab. Per Handfunke geben sie alles ihrem Kommandanten durch. Doch der besteht auf Bootspapieren, in denen die Seetauglichkeit des Schiffes verzeichnet ist. Es beginnt ein stundenlanger Tanz. Wir bestehen auf dem Chartervertrag mit der notierten Kategorie 1, also seetauglich für alle Meere. Über die Annullierung dieses ersten Vertrages sagen wir nichts, und der zweite bleibt in seinem Versteck. Der Vorgesetzte am Funk flucht mächtig. Er will uns offenbar in die Lagune schleppen. Gleichbedeutend mit: Ende, Ausfliegen, Kosten. Barsch fordern die jungen Soldaten, daß die Schiffspapiere gefunden werden müssen. Ich bleibe ruhig. Wir tun so, als ob wir suchen würden, aber natürlich hat der Charterkat nicht die richtige Kategorie, sondern nur die für die Gesellschaftsinseln, also weiteste erlaubte Entfernung 110 Meilen* *von der Charterbasis. Mit meiner und der Anschrift der Charterfirma ziehen die Soldaten zögernd ab. „Bis morgen", verabschieden sie sich mit ernsten Mienen. Wir denken, hoffentlich nicht. Mein Herzklopfen begleitet sie.*

Wir wurden glücklicherweise nicht mehr behelligt. Und waren, was Wunder, das einzige französische Boot, das gegen die Tests protestierte, und das gehörte obendrein dem Staat. Unsere Charterfirma „Stardust" ist eine hundertprozentige Tochter der Staatsbank Crédit Lyonnais.

Zur Nacht hin waren Attacken auf die 12-Meilen-Zone angesagt. David MacTaggert hatte sich das ausgedacht. Auf sein Funkkommando – „Let's go" – sollten alle 15 Boote, so viele waren es in der Zwischenzeit, vierkant auf das Sperrgebiet zusegeln oder motoren. Damit wollte er die Franzosen um ihre Nachtruhe bringen. Sie nervös machen. Und tatsächlich mußten Soldaten in ihre Hosen hüpfen, denn immer mehr Kriegsschiffe zeigten ihre Positionslichter und fuhren wilde Kurse durch die Friedensflotte. Dieses Scharmützel war eine willkommene Abwechslung und Aktivität für die zahlreichen Mediencrews, die ansonsten aus dem schier unendlichen Meer keine Mitteilungen schöpfen konnten. Zur Erinnerung: Mururoa ist ein Atoll mit nur wenigen Metern Höhe und aus zwölf Meilen Entfernung absolut nicht sichtbar.

Auch in den folgenden Nächten fuhren wir weiter diese von Mac-Taggert organisierten Attacken auf die Sperrzone. Immer ohne Lichterführung. Und stets ein Stück dichter heran. Eine Kabellänge vor der imaginären Linie drehten wir ab, um anschließend wie üblich durch die Nacht zu driften.

Nach der vierten Attacke, gefahren genau um Mitternacht, rührten sich die Kriegsschiffe nicht mehr. Vermutlich dachten die Franzosen: „Laßt die mal Pfadfinder spielen."

Tagsüber wiederholt Hubschrauber, die fünf Minuten und länger unmittelbar neben der REGULUS STAR in der Luft stehenblieben und uns filmten. Und dabei natürlich mächtig dröhnten. Mehrere Fregatten zogen ständig unorthodoxe Kreise durch die Flotte. Ihre Heckwellen ließen die Yachten nie zur Ruhe kommen.

Ich erinnere mich:

Heute, am 5. September, ist die Bombe explodiert. Wir stehen an der Reling – Claudia (Crew) und ich. Die anderen sind per Dingi unterwegs oder schlafen. Als wir erfahren, daß um 11.13 Uhr die Bombe auf Mururoa unterirdisch in 1000 Meter Tiefe gezündet wurde, schlägt Claudia die Hände vors Gesicht und sagt traurig: „Welche Ignoranz." Mir erscheinen plötzlich Schiff und Sicherheit sekundär. Alle Mühen der Segler umsonst. Ich habe tatsächlich gedacht, die Seglerflotte und die weltweiten Proteste könnten die Tests verhindern. Von der Explosion war übrigens nichts zu hören, zu sehen oder zu spüren. Auch unser Geigerzähler registrierte keinerlei Strahlung.

Die Nz 260 driftet vorbei. Zwei junge Burschen sitzen im Cockpit und heulen. Sie sagen immer wieder: „Sad day, sad day." Gestern erst sind sie angekommen. Haben 3000 Seemeilen und 32 Tage auf dem Buckel, und jetzt diese Enttäuschung. Der Skipper der AVEA aus Neuseeland spricht über Funk zu den Franzosen: „Warum zerstören Sie unsere Erde? Warum? Warum? Wir haben nur eine Erde!" Und immer wieder ist seine gebrochene Stimme zu hören: „I feel sad for you. I feel sad for you." Das normale, nicht enden wollende Gequatsche der letzten Tage über UKW Sprechfunk ist an diesem Tag verstummt. Stille liegt über der inzwischen 16 Boote umfassenden Protestflotte. Die Kriegsschiffe sind außer einem in der Ferne verschwunden. Da wir abends nur die Wahl zwischen Reis und Nudeln haben, fällt Essen aus. Jeder an Bord hängt ohnehin seinen Gedanken nach.

So auch an den folgenden Tagen. Keine Hubschrauber, die lärmten. Keine Kriegsschiffe, die uns zu nahe kamen. Die allgemeine Stimmung war, als ob der „Krieg" vorbei wäre. Nach neun Tagen vor Ort taten wir das, was die meisten Protestboote bereits getan hatten: Segel setzen und abhauen. Das Ereignis war vorbei. Kurs Ausgangshafen, wo wir das Schiff abzugeben hatten. Nach insgesamt 24 Tagen und der wohl ungewöhnlichsten Seefahrt machten wir in Raiatea fest. Keine Behörde interessierte sich für uns. Entgegen aller Vorhersagen. Und die Charterfirma war froh, das Boot in einwandfreiem Zustand zurückzubekommen. Wie unsere Freunde, die Franzosen, halt so sind. Und zu uns: Keiner lief sofort weg vom Boot. 25 Tage lang eingepfercht zu sein auf einem 13 Meter langen Schiff und mit immer den gleichen Typen zusammenzuleben, das muß man erst mal nachmachen. Man bedenke: Wir kannten uns vorher überhaupt nicht.

Hat die Friedensflotte was bewirkt? Ich denke ja. Das „Zündeln" hat dann bald aufgehört. Und: Die Friedensflotte war nach dem Verlust der Greenpeace-Schiffe ein wesentlicher Bestandteil des weltweiten Protestes. Auch ein anderer Aspekt scheint mir erwähnenswert: Das war keine Demonstration, wo man mit einem Transparent einmal um den Block marschiert und anschließend die Aktion in der Kneipe ausdiskutiert. Für die verschiedenen Yachtbesatzungen war es verdammt anstrengend und kosteträchtig, dort als moderater Protestsegler überhaupt anzukommen und zu agieren.

Das liegt jetzt genau ein Jahr zurück – von der Stimmung allerdings, die wir damals erlebten, ist so ein Norwegenfjordtörn eine Ewigkeit entfernt. Astrid und ich, wir drehen noch eine Extrarunde um die „Brent Spar". Ziemlich dicht an den verrosteten Ankerketten vorbei. Eine Bewachung scheint es nicht zu geben. Nur ein kleines Schild weist auf Gefahr hin: „Farlig, ingen adgang." Dann verlassen wir den dünnbesiedelten Erfjord. Wann ist die „Brent Spar" dran? Schrottplatz? Museum? Oder doch Atlantik?

43 Steilhänge mit Wasserfällen

Im Lysefjord sieht die Welt ganz anders aus: Felsabbrüche, vom Ufer weg, senkrecht bis zu 600 Meter nach oben – und 200 Meter abwärts. Schon bei der Einfahrt in den über 20 Meilen langen Fjord Faltbootfahrer, Ausflugsboote, Motorboote und als I-Tüpfelchen das Traumschiff EUROPA aus Bremen. Mit langsamster Fahrt schiebt es sich majestätisch in den schmalen Meeresarm. Man bietet den Gästen gewissermaßen Natur im Rohzustand – aus dem Liegestuhl. Parallel fährt eine Barkasse der Europa, bepackt mit den jüngeren Passagieren, die den Lysefjord mit Akkordeonmusik auf der Back und „La Paloma" auf der Zunge erobern. „Lustfjord" tauft Astrid dann auch spontan diesen Fjord. Welch ein Gegensatz zum stillen, einsamen, der Welt entrückten Erfjord.

Die vollendete Schönheit des Lysefjordes haben wir etwa ab der Mitte für uns. Die meisten anderen Boote inklusive der Europa haben abgedreht. Auf Tuchfühlung mit Wasserfällen, die schäumend herabstürzen, Fjellkanten und Graten, die knallhart gegen den blauen Himmel stehen, knipse ich in dem schmalen Fjordarm unsere Kathena aus dem Beiboot: unter Fock, unter Genua und letztlich für unseren Förderer noch unter Spinnaker – während meine liebe Ehefrau, Mitseglerin und Fotopartnerin die erforderlichen Segelmanöver allein bewerkstelligt. In der reinen Luft erlebt man Licht und Farben viel intensiver.

Es geht nicht, ich kann die Landschaft nicht beschreiben, niemand kann es, oder? Nicht schon wieder, und nicht nach Schottland. Dieser Fjord ist bildschön. Punktum. Astrids Fazit sollte genügen: „Es ist praktisch unmöglich, im Lysefjord ein häßliches Bild zu schießen." Am besten Segel setzen und sich selbst überzeugen.

Ein Fjord hat seine eigenen Winde. Und die sind schlichtweg aufreibend oder präziser – unberechenbar. Entweder es weht stark aus einer Richtung oder gar nicht – was häufiger der Fall ist. Deshalb sieht man auch ganz selten eine Segelyacht. Und wenn, dann sind es Besucher vom Kontinent. Die Einheimischen fahren in der Regel Motorboote. So haben wir kein segelndes Boot in den Fjorden entlang der norwegischen Küste angetroffen. Im Lysefjord ist schon deshalb schlecht segeln, weil er mit nur einer dreiviertel Seemeile schmal und rechts und links sehr steil ist.

Wir haben festgestellt, daß ein Fjord, der tief in die Berge hineinzüngelt, am Eingang immer einen Hafen hat. Beim Lysefjord ist es Bergavik. Zwei Liegeplätze stehen Besucheryachten mit „Tiefgang" zur Verfügung. Einer wird sogleich von Kathena belegt, den anderen nimmt später ein norwegischer Motorsegler ein. Die Sonja.

Bergavik, ein größeres Dorf, ist menschenleer. Alte und neue Häuser sind durchweg in mildem Gelb gestrichen. Eine Holzhaus-Idylle.

246

Die Seitenwege ungepflastert. Im Block am Straßenrand sind Briefkästen mit selbstgemalten Namen montiert. Der Vorname Birge scheint hier beliebt zu sein. Herrliche Veranden sind auf den Lysefjord gerichtet. In der stillen Bucht kreuzt nur die Fähre. Ich mache den Rundgang durchs weitverzweigte Dorf zweimal, eben, um Leute zu sehen, aber es begegnet mir nicht mal ein Auto.

Die Abendsonne fällt auf die Bootsanlage, auf die SONJA, auf der schweigend ein Pärchen sitzt. Wer auf ein Gespräch seitens der Norweger hofft, der kann lange warten. Die alte Wikinger-Tradition, weitverbreitete Skepsis gegenüber Fremden, ist wohl geblieben. Sie sind bei Gott nicht fremdenfeindlich, sie wollen nur nicht von allen Besuchern behelligt werden. Es sei denn, man wünscht eine Auskunft oder hat ein Problem, sagen wir mit dem Boot, sucht Gasflaschen oder möchte wissen, ob sich die Liegeplätze in Stavanger lohnen. – Sie lohnen nicht.

Eine Flasche Rotwein lockt die eigenwilligen Individualisten der SONJA aus ihrem Cockpit. Wir reden ein paar Sätze. Vom Wetter, das schön ist. Von den Preisen, die künstlich hoch gehalten werden. Von den norwegischen Steuern, die 50 Prozent betragen. Bald sitzen wir zusammen, als wär's ein Abend unter Bekannten im Segelclub. Gespreizte Förmlichkeiten tauen weg wie Eiswürfel im Longdrink. Bergliot und Knut sind beide aus Tau, einer Stadt etwas nördlich von hier. Ihr båtclubben baut dort gerade den Sportboothafen aus. Auf meine Frage, ob der reiche Staat das nicht in die Hand nehmen könne, reagieren sie entrüstet: „Vergnügen zu finanzieren ist ja nicht Sache des Staates." Ansonsten fließen nämlich genug üppige Vergünstigungen. Knut, der im 14-Tage-Rhythmus auf einer Bohrplattform als „Pumpman" tätig ist: „Wir haben ja sonst schon eine bombastische Infrastruktur, jede entfernteste bewohnte Insel wird versorgt. Und außerdem haben wir kaum Arbeitslose."

Irgendwie mißtrauen die Norweger der Beständigkeit des Glücks. Die Vorräte unter der neuen „Landschaft", den Bohrplattformen, garantieren eine Förderung von Öl und Gas für Jahrzehnte.

Ich zeige den beiden die Schlagzeile des „Daily Telegraph", wo in großen Lettern verkündet wird, daß Norwegen als einziges Land Europas die Maastricht-Kriterien erfüllen könnte. Bergliot: „Easy".

247

Doch sie sind und wollen nicht in die Europäische Union. Die Norweger sind so reich, daß sie sich das bescheidene Leben auf den Klippen leisten können – in den hölzernen „hytter" mit Dächern, auf denen das Gras wächst.

Stavanger, das Synonym für den Reichtum des modernen Norwegens, die Ölhauptstadt des Landes, passieren wir am anderen Morgen: Tanker vor Anker, Tanker in Fahrt, Tanker in der Werft, Offshoreschiffe und starke Hochseeschlepper prägen das Bild. Und: Gigantische Stahlkonstruktionen werden vor der Stadt zusammengebaut, um sie später als Bohrtürme und Schlafstätten zu den Öl- und Gasfeldern in der Nordsee zu schleppen. Alles kündet unübersehbar von einem neuen Lebensstil, der freilich nicht überschwappt. Die Norweger schmeißen nicht mit dem Geld um sich. Die Suche nach Öl und die Vorbereitung der Förderung ist teuer. Für Bau und Ausstattung einer Plattform müssen unglaubliche sieben Milliarden Mark investiert werden.

Die Norweger zeigen sich aber großzügig. Zum Beispiel wurden bisher nirgendwo Liegegebühren erhoben. In Tananger, wo wir nach Stavanger landen, haben wir gegenüber vom Holzsteg ein brandneues Sanitärhaus mit Waschmaschine für uns gehabt – und keine Zeituhr beim Heißduschen.

Noch mal zurück nach Stavanger. Mit dem Bus sind wir in einer halben Stunde in der aufregendsten Stadt Norwegens. Ihre mittelalterliche Domkirche und die malerisch verwinkelte, einheitlich weiß getünchte Altstadt erinnern noch an die Zeit, da man die Bevölkerung dieser Region als besonders arbeitsam und gottesfürchtig kannte. Deswegen wurde Stavanger auch von Oslo als Zentrum der Ölindustrie ausgewählt. Doch zuvor sorgten ein Jahrhundert lang Heringe und Sardinen für das Überleben der Stadt. Um die Jahrhundertwende wurden um die fünfzig Millionen Dosen Sardinen in einem Jahr in alle Welt exportiert. Heute ist von dieser Lebensader der Stadt nur noch eine zum Museum ausgebaute Konservenfabrik übriggeblieben. Dort erfahren wir, daß 1910 fünfhundert Millionen Ölsardinen durch die flinken Hände der Frauen von Stavanger gingen. Auf sehenswerten Fotos werden die Sardinen einzeln in die Fischbüchsen gelegt.

Wie auch immer, wir laufen Straßen und Gassen ab. So viele Kneipen, so viele Restaurants und noch mehr Geschäfte hatte seit London
keine Stadt. Die Angestellten von 13 ansässigen Ölfirmen wollen
versorgt sein. Da wir beim Bootsausrüster Helge Myhre kein Geld
lassen, legt Astrid sich endlich ihr obligatorisches Kleid pro Reise zu.
Mit umgerechnet 420 Mark fällt es etwas teurer aus als geplant, ist
aber hübsch (grüngrundig) und von bester Qualität. Auf dem Markt
kaufen wir jeder ein Pfund norwegische Kirschen und spucken die
Kerne ins Hafenwasser von Vågen, dem Gästehafen von Stavanger,
wo nur ein einziges Besucherboot dümpelt. Es ermahnt uns: Der
Sommer ist vorbei, wird Zeit, daß ihr euch auf den langen Weg nach
Hause macht.

44 Hafsteinn

Warum tut einer das? Seine Reise in Großbuchstaben auf dem Rumpf
markieren? SOLO SAILAS JORDEN RUNDT UTAN STOP
1990–1991 241 DAGAR. „Noch ein Nonstop-Weltumsegler", ent-
fährt es Astrid spontan.

Ich bin neugierig. Astrid klopft aufs Deck. Die Luke springt förmlich auf. Heraus schaut ein Mann mit kantigem Kopf. Der Typ blickt
jugendlich drein, ist aber in Wirklichkeit älter als ich.

Der Alleinsegler heißt Hafsteinn Johannsson. Ein Isländer, der im
norwegischen Ölgeschäft sein Geld verdient und in der Tat allein um
die Erde gesegelt ist. Von Southampton nach Southampton am Englischen Kanal. ELDING, sein Schiff, eine 18,70 Meter lange Kutterslup,
hat er selbst gebaut. In Sunde, von Tananger praktisch um die Ecke.
Ein solider Knickspantbau aus Kunststoff im Handauflegeverfahren
laminiert.

Es dauert nicht lange, und wir stehen unter Deck. ELDING sieht man
das Selbstgezimmerte sehr an. Keinerlei Handwerksarbeit – was für
eine Nonstopfahrt um die Erde auch nicht unbedingt sein muß. Nur,

wie hat er sich bloß unter Deck bei Seegang bewegt? Große Räume ohne jegliche Handläufe. Ohne Stangen oder sonstige Griffe zum Festhalten. Vielleicht übertreibe ich es in der Richtung. Das alles Beherrschende in der Kajüte ist der Kartentisch. Hier breitet Hafsteinn seine Seekarten in voller Größe aus. Welcher Yachtsmann kann da mithalten. Anhand seiner alten Seekarten zeigt er mir Kurse und Wetter durch die antarktischen Breiten. Daß fette Maden mit aus dem Kartenfach kommen, stört Hafsteinn überhaupt nicht: „Meine Matrosen", nennt er sie schmunzelnd. Astrid denkt gleich weiter: „Hättest du mich nicht gefunden, würdest du jetzt auch so wirtschaften."

Wirklich schade, daß Hafsteinn nur wenige Vokabeln englisch spricht. Mein Norwegisch ist nicht ausreichend, um sich ausführlicher zu unterhalten und mehr zu erfahren.

Freilich, auch dieser Nonstop-Weltumsegler hat ein Buch geschrieben. Folglich tauschen wir unsere Bücher aus. Das hilft beim Erfahrungsaustausch. Während Astrid über die Nacktaufnahmen des Isländers staunt – sein Körper macht Eindruck, ist nämlich bodybuildinglike durchtrainiert – ist er überrascht von meinen Sturmfotos. Steile sechs und sieben Meter hohe brechende Wellen unmittelbar am Boot kann er nicht bieten. Klingt vermessen, muß aber mal gesagt werden: Auch andere „Kalte Breitensegler" können ebensolche Fotos von bedrohlichen Wellenkämmen nicht bieten. (Ich denke hier an Schenk, Fuchs, Wilts.) Dafür hat Hafsteinn wunderschöne Abbildungen seiner Ankunft: Begeistert schwingt er am Heck eine riesengroße Flagge. Wir stellen uns lieber nicht vor, wie es wäre, in Kiel so anzukommen. Aber in Skandinavien ist der Nationalstolz harmlos. Hier gehört er zur Folklore.

241 Tage mit dieser großen Yacht ist eine lange Segelzeit für die Strecke. Erstens, vermute ich, ist ELDING stark untertakelt. Zum anderen hatte Hafsteinn, wie auf den Fotos deutlich, eine Menge Riggprobleme. Eine Pressung nach der anderen löste sich. Der Mast war in Gefahr. Mit reichlich Seilklemmen reparierte er Wanten und Stage.

Etwas Außergewöhnliches? Nach dem Runden Kap Hoorns suchte er Schutz vor einem Orkan in der Bucht Bahia Buen Suceso. Doch während er trieb, geriet eine andere Yacht, die dort ankerte, in Seenot. Der roten deutschen Yacht BIRIBI war der Anker gebrochen, und in der Hast bekamen die beiden Männer an Bord die Dingileine in den Propeller. Mit Hilfe seiner Maschine nahm Hafsteinn die auf Küstendrift gehenden Deutschen in Schlepp, bis der schwere Orkan nachließ.

Isländisch ist eine seltsame Sprache. Wir können nicht eine Zeile seines Buches verstehen. Dafür ist das Bildmaterial eine Fundgrube: Hafsteinn in der Schule, als Seemann. Hafsteinn mit seinen Eltern und Geschwistern, mit Freunden, mit Frauen, Hafsteinn immer wieder beim Militär, beim Bodytraining. Offenbar ist er ein Held in Island.

Ach ja, warum tut einer das? Seinen abgesegelten Törn auf dem Schiffskörper plakatieren? Ganz simpel: Stolz – und zu bequem, die typischen Fragen am Kai zu beantworten. Bloß nicht zuviel erzählen müssen.

In 241 Tagen allein und nonstop um die Erde gesegelt: Hafsteinn Johannson an Bord seiner Kutterslup ELDING. Er ist natürlich der erste isländische Weltumsegler.

45 Ein Küstenstück

Morgennebel, die nur langsam vergehen. In Marsch gesetzt von einem Südwest, der vage nach See riecht. Segel abgetucht, Zündschlüssel klar und – „halt, ich muß noch schnell in den Supermarkt, einen Korb vollpacken".

Norwegen ist à la Postkartentext gesagt wunderschön. Norwegens Natur noch in einem unvergleichbaren Zustand. Norwegen ist ein Land mit hohem technologischem Standard. Und: Norwegen ist mit seinen Ölvorkommen auf der Sonnenseite. Indes: Norwegen ist bei allem Reichtum auch ein Land mit hohen Konsumpreisen. Ein Hundertkronenschein, 25 Mark, reicht uns gerade für Brot, Milch und Obst für einen Tag.

In Tanangar kaufen wir noch ein letztes Mal groß ein. Es ist eine Freude, in diesem modernen Supermarkt einzupacken. Die Kassiererin schaut einem in die Augen, sagt „takk" und wartet, bis man seine Sachen in der Tüte hat, bevor der nächste Kunde dran ist. In Norwegen nimmt man sich noch Zeit. Die norwegischen Lebensmittel sind durchweg von hoher Qualität. Einschließlich meiner geliebten Tomaten – Stück drei kroner. Astrids geliebte kulturmelk (Buttermilch) kostet zehn kroner. Das Bund Zwiebeln 15 kroner. Blue Cheese ist fast unbezahlbar. Astrid tröstet sich: „Dafür zahlen wir keine Hafengebühren."

„Und nichts für Duschmarken."

Der Himmel ist bedeckt, und es weht ein leidlicher Wind, als wir endlich von Tananger loskommen – für ein Küstenstück mit vorgelagerten Inseln und tief ins Land züngelnden Fjorden; für ein 100 Meilen Küstenstück von kargem, unwirtlichem Charakter, von äußerst hartem, schwer verwitterbaren Felsgestein.

Mit hoher Fahrt geht es zwischen den vielen schützenden Felseninseln ins tiefe blaue Wasser der Nordsee. KATHENA markiert bei Windstärke 4 von achtern rauschendes Kielwasser. Der Autopilot arbeitet mit kleinen Ausschlägen. Ich liege auf der Cockpitbank und schaue abwechselnd in die ausgebaumte blauweiß gestreifte Genua und dann wieder in die schäumende glasklare Bugwelle, die meterweit in hohem Bogen zerstäubt.

Fahrtensegeln, mit Betonung auf „Fahrten", ist eben doch eine herrliche Sache. Die vielen Motorstunden und Ausflüge der vergangenen Tage im Lysefjord, zur „Brent Spar" und nach Stavanger mit seinem Konservenmuseum sind vergessen.

Astrid schmiert frische Brötchen und belegt sie mit Bananen. Dazu gibt es kulturmelk. Und weiter genießen wir Segeln und Landschaft. An Backbord die braunen zerklüfteten Hänge. Voraus ein freier Horizont. Stunde um Stunde. Doch plötzlich geht es so fließend nicht mehr weiter. Den restlichen Tag – inzwischen haben wir einen strahlend blauen Himmel – schaukeln wir in der Dünung von Schandeck zu Schandeck und kommen dabei ohne Blasenbahn voran. Ich verstaue erst mal sorgfältig die Supermarkteinkäufe. Das Groß wird mit der Bullentalje gesichert. Die Genua mit Hilfe einer Vorholleine. Trotz aller Sorgfalt, jedesmal, wenn die Segel Wind fangen, geht ein knallender Ruck durch die Takelage, Blöcke klappern, der Mast wackelt.

Eigeröy liegt querab, und es ist früher Abend. Wir schauen uns an, dann auf die Dünung, und eine Stunde später liegen wir fest vertäut in Egersund. Praktisch im Herzen des geschützten Hafens. Holzhäuser, Bootsschuppen und Fischerboote im Päckchen, Lagerhäuser unmittelbar an der Wasserfront sowie eine hölzerne Kirche prägen das herrliche Bild des Städtchens. Nur (für meine Verhältnisse) stinkt es fürchterlich nach Fisch. Nicht verwunderlich: Egersund, das als Hafen schon in der isländischen Saga genannt wird, ist Norwegens größter Fischereihafen. Und der Fischerei geht es gut. Nach mageren Jahren sind die Küstengewässer wieder gut für Dorsch und Hering.

Für uns wird es bald Zeit, Norwegen Richtung Dänemark zu verlassen. Folglich bleiben wir nur eine Nacht. Viel zu kurz. Um irgend etwas mitzunehmen, kaufe ich bei einem Farbenhändler zehn Liter Farbe für unseren Holzschuppen zu Hause. Nicht irgendwelche, sondern den vertrauten skandinavischen Farbton Ochsenblut.

Fender verloren, Festmacherleine über Bord, Milch in der Pantry umgekippt, oh Schreck, und dann noch Wind von vorn. Aber dafür „pent vær", schönes Wetter, obschon uns Dünungsseen überraschen. Echter Hack, dagegen anzukreuzen. Nach 25 Meilen resignieren wir – beide.

„Muß ja nicht sein."

„Laß uns links abbiegen – nach Rasvåg."

Die Zufahrt in die Schärenbucht erweist sich als unübersichtlich. Ein kantiger Spalt von zehn Meter Breite mit einem meterhohen roten Lichtpfahl, daneben eine wesentlich breitere Öffnung. Ich will durch die breite Einfahrt, Astrid (natürlich an der Pinne) besteht auf der schmalen Durchfahrt. Logisch, warum sollte sonst das Licht dort stehen. Klar. Immerhin, die Enge hat sechs Meter Wassertiefe – und wir ohne Motorkraft durch, bei einem Hauch mit 2,8 Knoten.

Die kommunale „brygge" gehört uns allein. Die Bucht sowieso. Der Ort, idyllischer gelegen als jedes Dorf an der Schlei, ist wie ausgestorben. Wo geht es bitte zur nächsten Geschichte?

Wir kochen an Bord. Wegen der Rinderseuche wurde der Nordseetörn unsere Käse(tor)tour. Nicht nur auf Brot, auch auf Flamme. Als Logbuchführer notiere ich in Rasvåg das 21. Mal „Spaghetti oder Makkaroni mit Blauschimmelkäse". Es ist einfach zuzubereiten, schmeckt gut und die Zutaten sind allesamt ohne Kühlung an Bord haltbar.

Hier das Rezept:

Arbeitsaufwand 20 Minuten

Zutaten für zwei Personen: 200 Gramm Blauschimmelkäse, zum Beispiel Gorgonzola oder Roquefort, Salz, Pfeffer, 1 EL Öl, 300 Gramm Spaghetti oder Makkaroni, 50 Gramm Butter, 1/8 l Sahne, 2 TL Kräutermischung (Basilikum, Petersilie), 40 Gramm geriebener Parmesan.

Salzwasser zum Kochen bringen. Das Öl und die Makkaroni/Spaghetti (Hartweizen) hineingeben. Diese mit einer Holzkelle gut voneinander lösen. Wieder zum Kochen bringen, die Hitze etwas verringern. Die Hartweizennudeln neun bis zwölf Minuten lang kochen, bis sie „al dente" sind. Abgießen, mit Butter in eine vorgewärmte Schüssel geben und gut mischen.

Butter und Sahne in eine Pfanne geben. Langsam erwärmen. Den Käse in kleine Würfel schneiden und mit der Kräutermischung in die heiße Sahne geben. Die Pfanne sofort von der Heizplatte wegziehen. Gut schmelzen lassen. – Den Parmesan dazu reichen.

Tiefs haben hier in der Regel einen Durchmesser von 2000 Kilometern. Wir haben derzeit ein Hoch. Fabelhaft. Ferner das Wetter aus der Tageszeitung: nördliche Brise. Ich glaube an die Wetterberichte aus der (norwegischen) Zeitung. Folglich bin ich motiviert, schon mit den ersten Lichtstrahlen wegzukommen. Ohne Frühstück werfen wir die Leinen los. Mit vereinzelt in den Felskanten aufblitzenden Sonnenstrahlen motoren wir durch die Ausfahrt. Blendend, das Segeln durch die zahlreich vorgelagerten Steinbuckel.

Eine Schüssel Müsli, bei zehn Grad Lage begonnen, bei 40 Grad beendet. „Nicht schon wieder." Innerhalb von Minuten geht es richtig ran an den Wind. Der vorhergesagte Nord entpuppt sich als konstanter Südost. Schoten angeknallt, jeweils ein Reff in Groß und Fock, fahren wir eine Kreuz nach der anderen. Wie schon des öfteren und gerade erst gestern, nur heute absolut unerwartet. Um effektiver zu kreuzen, schaltet Astrid den Autopiloten ab. Der Wendewinkel, mit eingerechnet die Abdrift, beträgt 90 Grad. Einfach Klasse. Sofern Kreuzen überhaupt Vergnügen macht. Dehler 33? „Segelt Steuerbord wie Backbord." Ich hatte noch nie ein Boot, das auf beiden Bügen gleichmäßig gut am Wind segelt.

Es klatscht heftig. Das Vorschiff ist ständig von einer dünnen Schicht Wasser überspült. Gischt sprüht bis zum Heck. Der Mast zittert beim Einsetzen wie eine Pappel im Herbstwind. Doch es scheint die Sonne, und unser Ziel Korshavn ist auf direktem Kurs nur 30 Meilen entfernt.

Ich achte auf die vielen Untiefen. Sind zwar markiert, aber im gleißenden Gegenlicht sind die dünnen Pricken schlecht erkennbar. Ich kreuze nicht ungern, bestimmt nicht, nur, alle zwei Meilen eine Wende ist bei der übermäßigen Schräglage der KATHENA nicht nur mühsam, sondern vor allem langweilig, da man dem Meer und dem Land keine Aufmerksamkeit zollen kann.

Bemerkenswert der Seegang, je näher wir Kap Lindesnes kommen. Ungewöhnlich steile, kurze See. „Wo die nun wieder herkommt?" Zweimal fallen wir in ein Wellental, so daß das ganze Boot bebt. Beim dritten Sturz ins Wellental drehen wir zum Land hin ab und fahren die letzten Meilen innerhalb der Schären. Bizarr dieses Stück, und ich wage zu behaupten, daß bereits zwischen Lindesnes

und Erfjord der Segler einen großen Teil von Norwegens Schönheit, Wildnis, Städten und Dörfern findet.

Endlich Korshavn – nach 32 Wenden. Luft holen und sonnen. Leider nur für einen kurzen Augenblick. Es stinkt nach Diesel. An Bord? „So ein Mist. Der Kanister ist umgestürzt und hat Öl verloren." Und zwar in der Segelkammer. Das bedeutet stundenlanges Segelreinigen, Bilgesäubern und mein kostbares Werkzeug waschen, das darunter lag.

Der Wind hat auf Nord gedreht. Monoton plätschert das klare Hafenwasser unters Heck. Nachts wird es schon kälter.

46   Ein psychologisches Problem

In Korshavn, zwei Meilen vor Kap Lindesnes, liegen wir direkt vor dem Kaufmannsladen „Dagligvarer". Die Beine hoch, ein Glas Saft in der Hand, bestaunen wir vom Cockpit aus, was die Leute alles rausschleppen: Zeitschriften, Motoröl, Käse, Getränke, Zaundraht, Eiscreme, Angelzeug. Hier dreht sich alles um Fischfang im kleinen – hauptsächlich für Touristen. Einige Angler sind richtig mutig. Sie fahren mit offenen Angelkähnen und Außenborder weit hinaus auf See. Dort in der Strömung beißt der Dorsch am besten. Daher ist es nicht verwunderlich, als wir eine Woche später hören, daß einige Angler mit ihrem Boot verschüttgingen. Tödlich.

Im „Dagligvarer" geben wir unsere letzten norwegischen Kronen aus. Für eine Handvoll Kleingeld gibt es ein paar Tüten Chips und die Tageszeitung. Mit Korshavn verlassen wir Norwegen. Über den Skagerrak nach Thyborøn an der Einfahrt zum Limfjord. Ein „bißchen Dänemark" steht noch auf meiner Routenskizze. Doch

Uns fasziniert diese Weite und Stille der norwegischen Küste. Die Ausgewogenheit zwischen Meer und Land. Die unzähligen, von Fels umschlossenen Buchten.

bevor wir für den 100-Meilen-Schlag ablegen, entdecken wir für uns die Insel: kahle, fast völlig vegetationslose Felsbuckel, nur stellenweise aufgelockert durch Bäume, Gebüsch und Moorgras in den Niederungen; um den Naturhafen herum die typischen Holzhäuser mit Holzstegen und Angelkähnen längsseits, Fischernetzen und Körben und Netzbojen. Korshavn ist ganz hübsch, wenn auch nicht so hinreißend, wie es der englische Handbuchautor sieht.

Der Himmel ist kobaltblau, läßt die Fjells noch schärfer aussehen, als sie ohnehin schon sind. Wind um Nord. Die lokale Zeitung signalisiert „Oppholdsvær" – schönes Wetter. Obschon der Glaube an den norwegischen Wetterbericht Risse bekommen hat, bereiten wir uns auf eine Nachtfahrt vor. In Norwegen ist weder eine Ein- noch Ausklarierung fällig. Genauer: Sofern man nichts zu verzollen hat und keinen Menschenschmuggel betreibt, kümmert sich kein Beamter um die Besucheryachten.

Logbuch 7. September:
Verspäteter Aufbruch. Die Sonne ist schon durch den Zenit. Ein frischer Nordnordwest erwartet uns. Vor Kap Lindesnes diskutieren wir noch über den Eckeneffekt, da zwingt uns eine Bö zum Reff ins Groß. Die Fock habe ich erst gar nicht gesetzt. Wir rauschen so schon auf Südsüdostkurs davon. In rascher Folge wechseln plötzlich Licht und Schatten. Der Wind frischt merklich auf. Noch steuert der Autopilot. Und schon bildet sich eine steile, kurze See, vermischt mit einer alten Dünung und der Strömung aus dem Skagerrak. Eine widerliche Kreuzsee. Gischtfetzen wirbeln durch die Luft. Ich reffe das Groß ein weiteres Mal. Ist ja so bequem aus dem Cockpit heraus. Großschot loswerfen. Fall sacken lassen. Reffleine per Winsch dichtholen. Fall wieder durchsetzen. Ich muß nur darauf achten, daß die Latten nicht an den Salings hängenbleiben. Mit unverminderter Gewalt naht stürmisches Wetter. Nicht zu fassen. Alle Zeichen stehen auf gutes Wetter: Luftdruck (hoch und fest), Vorhersage, Beobachtung. Astrid wehrt Gespräche diesbezüglich konsequent ab. Wellenkämme mit brechenden Schaumkronen türmen sich auf. Wo kommen sie bloß so rasch her? Wind 7, vielleicht mal in Böen 8, mehr auf keinen Fall. Das Boot giert, läßt sich nicht vor den anrollenden

Wellen halten. Kommt zweimal in Folge quer zu den aus dem Nichts dastehenden Brechern. Das dritte Reff im Groß ist fällig. Geht relativ mühelos. Der Winddruck im Tuch ist nicht STURM. Das Meer rollt, und wir laufen mit 7 Knoten ab. Die Geschwindigkeit erscheint mir verträglich – für Boot und Crew. Außerdem denke ich, daß sich die aufgewühlte See beruhigt, wenn die norwegische Küste etwas achteraus liegt.

Astrid:

Eingepackt bis zu den Haaren gehe ich Ruderwache. Mit Bauchschmerzen, die sich nach der Abfahrt einstellen. Ich nehme zwei Tabletten, die die Sache ein wenig verlagern. W. ist aufmerksam und vorsichtig. Mir kommen kurz die Tränen, aus Verärgerung. Keine anständige Nacht ist mir auf der Nordsee vergönnt. Und das sich wiederholt einstellende psychologische Problem: W. hat zum Boot Vertrauen – ich nicht. Schon deshalb nicht, weil wir zu Hause ein Schiff auf der Wiese stehen haben, die KATHENA NUI *aus Aluminium, zu der ich grenzenloses Vertrauen habe. Ich vergleiche permanent die beiden Boote. Das ist ein schlimmes Handikap, mit dem ich nicht gerechnet hätte. Mir erscheint es undenkbar, daß dieses Boot kurzen anrollenden Sturmseen ebenso standhält wie* KATHENA NUI. *Eine Sache, mit der ich mich nicht abfinden kann. Dazu begleitet von unsäglichen Geräuschen. Irgendwo klopft und zittert, knallt und ruckelt es immer. Wer je bei stürmischem Wetter mit dem Kopf auf den Bodenbrettern eines Leichtdeplacement-Bootes genächtigt hat, wird nicht nur von Metallbooten träumen, sondern diesen Traum auch verwirklichen.*

Das Meer steht in keinem Verhältnis zur See. Alle Viertelstunde zieht eine Wellenserie durch, wobei jeweils eine übers Heck steigt oder fürchterlich gegen den Heckcontainer knallt. Und es erscheint mir wie ein Wunder, daß er nicht mitgerissen wird. W. hat noch den Hinweis parat: „Und wenn schon, den kriegen wir zurück, steht ja Schiffsname und Heimathafen drauf." Außer Spritzern und gelegentlich knöchelhohem Wasser in der Plicht ist es trocken an Bord. Daß unser blasendurchsetztes Kielwasser die brechenden Wellen dämpfen, kann ich nicht feststellen. Zumindest nicht die deftigen. Auch so eine

Theorie. Immerhin haben wir konstante 7 Knoten drauf. Und bevor die heftigen Wellenkämme uns treffen, surft KATHENA *und wirbelt daher eine verstärkte Blasenbahn auf.*

Bordroutine stellt sich ein. Astrid übergibt ihre Wache. Eingepackt in Weste und Gurt setze ich fort, was Astrid bisher gemacht hat: Kurshalten. In der Kajüte schimmert schwach das Licht der Petroleumlampe. Auf See nur wenige Lichtpunkte. Schiffe und Fischer, die fernab ihren Kurs ziehen. Wasser und Nacht sind pechschwarz. Zögernd reffe ich nach Mitternacht aus. War das der Skagerrak mit seinen Unterströmungen? Der Autopilot wird endlich wieder eingeklinkt. Brote kommen auf die Back. Eine Kanne Tee. Astrid schläft derweil mit Kissen festgekeilt in der Achterkoje.

Auch diese Nacht endet wie viele vorangegangene. Der Wind läßt rasch nach. Die See baut nur langsam ab. Es ist zum Durchdrehen: Das Rigg vibriert die ganze Zeit bei den Stößen des Lattensegels. Bisweilen schlägt eine Welle hart gegen den Rumpf. Und zu guter Letzt dreht auch noch der Wind. Zehn Meilen vor dem Ziel Thyborøn: Flaute aus unterschiedlichen Richtungen. Die Nordsee bewegt, der Wind zu schwach, um aufzukreuzen, bleibt uns nur Motoren mit dichtgeholtem Groß, das die Rollerei ein wenig hemmt. Mit den ersten Morgenstrahlen sind wir fest im leeren Hafen.

Ein ruhiger, sonnenklarer Morgen, der nur unterbrochen wird vom Klopfen und Rufen einer Frauenstimme. Die Touristikmanagerin möchte Liegegebühren kassieren. Verschlafen nehmen wir das zur Kenntnis – und sie, daß wir keine dänischen Kronen haben und es Sonntag ist. Was nun? Es hat Zeit bis Montag. Für die Dusche leiht sie uns die erforderlichen Münzen. Ich lächle. Sie lächelt zurück. Ich denke, wenn die Euro-Währung kommt, entfallen solche Situationen. Die flotte Dänin weist noch darauf hin, daß die Waschanlagen „total nyt" – total neu sind. Sie ist wahnsinnig stolz auf die richtungsweisenden Piktogramme. Was wir davon halten? Oh Dänemark. Eine Tasse Kaffee? Wir bitten sie ins Cockpit.

47   Auf dem Limfjord

Tags darauf scheint wieder die Sonne in Thyborøn. Der Himmel ist hoch und unendlich. Und ein Blau, blauer geht es nicht. Vielleicht wirkt er hoch und blau, weil hier alles platt ist und kein einziger Baum wächst. Die Westwindwetterlage und der feine Sand lassen das nicht zu.

Wir sitzen in der Pølserbude von „Annemette" mit Blick über Hafen und die Fischerboote. Vor uns auf dem Tisch: Huhn, Frika-dellen, Kartoffelsalat und Cola. Nachdem wir den Kaffee bestellt haben, breitet Astrid die Seekarte des Limfjords aus. Eine Kurve in den Fjord wäre zeitlich möglich. Ein bei jedem Wetter geschütztes Gewässer mit sehenswerten Häfen und wunderschöner weicher Landschaft. Sieht nach sorglosem Fahrtensegeln aus.

Der Limfjord durchschneidet das nördliche Dänemark und ist ein interessanter Weg von der Nord- in die Ostsee. Nun, wir wollen der Herausforderung Nordsee nicht ausweichen, deshalb planen wir, nur einmal rund Mors, der größten Insel im zentralen Limfjord, zu segeln.

Ich sage gerade zu Astrid, die steuert: „Ist doch schön, nicht nach vorgefaßtem Plan zu segeln", schon sitzen wir auf einer Sandbank fest. Genau innerhalb des grünen Tonnenstriches fjordeinwärts von Thyborøn. Mit Hilfe des stehenden Großsegels, das uns sofort Schräglage verschafft, motoren wir uns frei. Schuld sind natürlich die Dänen, sie haben die Fahrrinne nachlässig ausgebaggert. Damit haben wir ein Gesprächsthema bis zur Oddesundbrücke, einer Klapp-brücke, die bei Bedarf öffnet.

In Jedingø, nach 22 Meilen, vertäuen wir KATHENA für die Nacht wie sehr lange nicht – Bug am Steg und die Heckleinen an Pfählen. Und ganz allein in einer Boxenreihe. Mitte September ist die Segel-saison gelaufen. Nebenan im leeren Hafenbecken klaubt ein einzel-ner Fischer eine Plastikkiste Fische aus dem Netz. Er sagt, der Lim-fjord gebe kaum noch was her. Überfischung, Einleitung von Schad-stoffen und allem, was den Fjord beleben sollte, habe den Tod gebracht. Vor 20 Jahren waren hier noch 50 Fischerboote heimisch, heute sind es fünf.

Abends Strandwanderung: viele Kiesel, heller Sand, rundgeschliffene Steine, ein 15 Meter hoher Steilhang. „Nach Norwegen zum Lachen." Fürs Auge ist diese Ecke nicht gerade beeindruckend. Der Limfjord ist eine Endmoränenlandschaft mit vielen Inseln und Halbinseln, Sunden und Sandzungen. Versteckte Schönheiten sind allerdings nur für Jollensegler zugängig, da sehr flach. Die Wassertiefen betragen im Schnitt sechs Meter.

Ein neuer Tag im Limfjord. Mit einem nahen Ziel. Nykøbing. Idyllische Einkaufspassage mit baumbeschatteten Plätzen dazwischen. Kneipen und Restaurants und „til salg" Hinweise. In Dänemark habe ich immer das Gefühl, es ist Ausverkauf. Mit „Spiegel", „FAZ" und „Bild" als Einkauf zieht es uns weiter – zum Eiland Livø. Dort wollen wir in aller Ruhe nach monatelanger Abstinenz wieder deutsche Blätter lesen.

Allein in der Wärme des Inselhafens – 20 mal 30 Meter – stellt sich ein archaisches Höhlengefühl ein. Die Welt ist klein geworden. Die Wirklichkeit wird hier reduziert auf das Elementare: Stille, Wärme, Leere, Geborgenheit. Die ungewöhnliche, nahezu menschenleere Limfjordinsel Livø ist gerade so groß, daß wir sie in zwei Stunden umrunden können – über Sandstrände, Geröll, Baumwurzeln, eine tiefgrüne Marschwiese sowie über Felssteine, die bis ans Ufer reichen. Auf den Rundgang folgt für uns Guttrainierte noch eine Durchquerung der stark bewaldeten Insel. Verlaufen kann man sich nicht. Für die Sommertouristen wurden offizielle Wege angelegt mit gelben Punkten an Bäumen. Abseits vom Weg, wo sonst, stoßen wir auf Schmackhaftes: Brombeeren zuhauf. Da können wir nicht vorbeigehen. Ist der Bauch voll, kommt der Tupperbehälter zum Einsatz.

Auf Livø leben nur wenige Menschen. Ein Bauer, der Rinderzucht und Felderwirtschaft betreibt. Dann sind einige bei der Kommune und dem Fährbetrieb tätig. Immerhin befindet sich dort ein Købmand. Und sommers werden der „kro", ein Jugendheim, und eine Campingwiese bewirtschaftet.

Den wirklich „hyggeligen", soll heißen dänisch-gemütlichen Hafen verlassen wir ein bißchen unter Zwang. Ein schwerer Sturm ist angesagt. Der Luftdruck befindet sich im freien Fall. Wie der Himmel aussieht, kann man sich denken – tiefe, dunkle Wolken, eine rätselhafte und künstliche Kulisse. Thisted ist nur 18 Meilen entfernt. Aber es werden über 25 – durch den Feggesund und gegen den Wind mit allen Facetten. Weit und breit ist kein Boot zu sehen. Was Wunder. „Wer segelt auch schon bei Regen und Sturm auf dem Fjord?" Aber, aber, wie es einen manchmal so trifft: Wir haben in Thisted gerade unser zweites Frühstück mit Kaffee und Porridge auf dem Tisch, da zeigen sich Masten hinter der Mole. Holzmasten. Oldtimer auf Oldtimer schiebt sich bald danach durch die Einfahrt. Insgesamt um die 50 Stück – kleine und viele große. Es findet eine Limfjord-Rund-Regatta für Holzboote statt. Crews und Veranstalter sind nicht zu beneiden. Das stürmisch regnerische Wetter setzt sich anderntags fort.

Anderntags ist Freitag, der 13. Na, da bleiben wir doch im Hafen. Haben wir doch endlich Zeit, das Frühstück länger als eine Stunde dauern zu lassen – mit diesem unvergleichlichen sahnigen Joghurt in der Litertüte und dann noch einem puddinggefüllten „Chokladeboller". Kalorien? Aber sicher: Wenn man anschließend durch Stadt und Geschäfte ziehen will und den Strand entlang, dann braucht der Körper „Brennstoff". Auch andere jahrelange Rituale werden von uns in Dänemark eingehalten: Pølser-Essen zum Beispiel. Ein knallrotes Würstchen mit Senf, Mayonnaise, fritierten Zwiebeln und Ketchup muß sein.

So gestärkt, lassen wir Thisted (am 14.) hinter uns. Durch das Fahrwasser von Vilsund und andere verwindete Sunde erreichen wir wieder die Oddesundbrücke. Unterwegs zieht eine Landschaft vorbei, die uns – nach Norwegen und den schottischen Inseln – immer mehr langweilt: abgeerntete Felder, weidende Rinder, Windräder, vereinzelt Bauernhöfe, leicht gewellte Hügel mit sandigen Steilufern. Astrid ist ziemlich ungehalten, nachdem wir gen Thyborøn aufkreuzen: „Kannst du mir verraten, warum wir eigentlich in diesem langweiligen Limfjord herumkreuzen?" Meine Antwort ist vage, ich brumme etwas von „gehört doch auch zur Nordsee". Astrid aber drängt sich ein Verdacht auf: „Nur, damit du was zu erzählen hast."

48   Von Hafen zu Hafen

Gleich um die Ecke an der Westküste liegt Hvide Sande. Eine Tages-
reise entfernt. Der Kurs parallel zur Küste. Dieses Dicht-entlang-des-
Ufers-Segeln ist manchem zum Verhängnis geworden. Eine Seemeile
Abstand ist nichts, ein kurzes Schläfchen, eine Strömung, schon passiert's ... Überhaupt ist die Westküste Jütlands exponiert. Der vor-
herrschende Westwind bringt Schiffe immer wieder in Schwierigkeiten. Treibsände und Barren blockieren die Hafeneinfahrten bis hinunter zu den Nordfriesischen Inseln. Bei Starkwind ist da für unser
Boot kein Durchkommen.

Dennoch: Im Mittelpunkt dieses Tages steht nicht das Wetter, son-
dern der Mast. Leider. Er hat uns wieder die Nacht geraubt. Leichter
Wind, und er dröhnt – nicht ununterbrochen, sondern unregelmäßig.
Trotz durchsetzen, lösen, abbinden der Fallen ist er nicht zu bändi-
gen. Werden wir den Riggbauer darauf ansprechen, wird er mit
Sicherheit sagen: „Sie sind der erste, von dem ich das höre!"

Was ich an Backbord sehe: tiefgrünes Wasser. Sandige Ufer. Gras-
bewachsene Sanddünen. Buhnen. Zwei Leuchttürme. Windräder. Und
breite, weite, leere Sandstrände, die blendendweiß in der Sonne strah-
len. Sie laden zum Rüberlaufen ein.

Im Radio bringt die Deutsche Welle einen Bericht über 50 Jahre
Tupperware: „Hausfrauen können sich den Alltag ohne Tupperware
nicht vorstellen." Ich ergänze: „Ich an Bord auch nicht." All die sogenannten Kleinigkeiten werden darin verstaut. Von Ersatzteilen über
Lebensmittel bis zu Medikamenten. Es sind unbestreitbar zweck-
mäßige Behälter für Fahrtensegler. Auch in der Sendung wird noch
ein bißchen über die ulkigen Behälterbezeichnungen gesprochen:
„Julchen, Eidgenosse, Schneewittchen ...", und schon ist das nächste
Thema dran. Unser Sponsor hätte wahrhaftig mehr Aufmerksamkeit
verdient. Wer die Grundausstattung von Tupperware wählt, ist auf
Jahre hinaus diesbezüglich bestens versorgt.

Hvide Sande ist ein kleines Fischerstädtchen auf einem schmalen
Landstreifen zwischen Nordsee und Ringkøbing Fjord. Von den
Dünen hat man einen wunderbaren Blick auf den flachen Binnensee,
auf die Nordseeküste, die Ortschaft und die vielen Ferienhäuser und

Campingplätze. Das Geschäft mit dem Tourismus hat das Geschäft Fischerei verdrängt. Hvide Sande ist, wie der Name sagt, eine markante weiße Sand- und Dünenlandschaft.

Dichter Nebel am Morgen hat etwas Mystisches. Kein Windhauch rührt sich. Nur schemenhaft zeichnet sich der vor uns vertäute Fischkutter ab. Aus mehreren Richtungen im Hafen Deckwaschgeräusche. Ab und an ein Krächzen in der dicken „Suppe" – Möwen, die im Hafen vermutlich auf den Dalben sitzen.

Auf dem Steg klingen meine Schritte hohl, als ich zwei Mäuse zur Böschung bringe. Die haben wir in der Nacht mit einer dänischen Mausefalle gefangen. Das heißt: lebend gefangen in einem Holzkistchen mit Wippe. Seit Livø hatten wir die Störenfriede in der Backskiste, wo die Nager erste Tüten angefressen haben.

Nach einer Stunde Warten wird die Sicht leicht besser. Langsam hangeln wir uns mit KATHENA an den Molen entlang aus dem Hafen, ohne die Wellenbrecher zu erkennen. Spiegelglatt und hell liegt die Wasseroberfläche da, nur unser Bootsmotor tuckert gleichmäßig in der Stille. Horizont und Wasser verschwimmen zu einem einheitlichen grauen Vorhang. Es sieht so aus, als ob wir doch zu früh los sind. Die Sicht reduziert sich erneut. Unerbittlich liegt der pottendichte Nebel über uns. Zwei Augenpaare von Bug und Cockpit aus bohren sich in die Nebeldecke. Nichts. Kein Schraubengeräusch, kein Vogel. Nichts. Glücklicherweise.

Als sich die Sonne endlich durch den Schleier frißt, beginnt die spannende Nebelphase. Gelegentlich gibt der dichte Nebelschleier plötzlich für Sekunden einen Blick frei auf ein wenig bleigraue Weite. Es bilden sich Schwaden, Hügel, Tunnel und andere Gebilde. Sie verschwinden, tauchen an anderer Stelle erneut auf, und immer wieder folgt zwischendurch die triste Eintönigkeit. Es ist ein aufregender Moment, wenn sich die Sonne durch die Dunstglocke quält und der Nebel sich hebt, denn das sind sichere Zeichen des Auflösens.

Warum wir die Abfahrt bei Nebel begonnen haben, liegt ganz einfach am guten Windbericht, der uns erlaubt, die ausgedehnten Sandbänke der Horns Rev – gefährliche Flachs vor Esbjerg – zu passieren. Sie könnten uns um diese Jahreszeit bei einem auflandigen

Starkwind lange aufhalten. Doch wir haben Glück, nach der Nebelauflösung flutschen wir mit raumem Wind hindurch. Nach den Bänken, angesichts aller Gefahren im Kielwasser, zieht Astrid ein kurzes Nordseeresümee:

Astrid:
Ein Blick ins Logbuch zeigt, wir sind auf der Nordsee schon mehr als 3200 Meilen unterwegs gewesen. Ich bin ein bißchen segelmüde. Und nicht nur das: auch eindrückemüde. Die Nordsee zu umrunden, ist eben kein magischer Törn. Eher eine grundsolide Reise. Es werden sie nicht allzu viele nachsegeln. Sie erfordert viel Aufmerksamkeit. Vorrangig bestimmen Wetterberichte, Tidentabellen, Strömungen, steinige Strände und Häfen die Fahrt. Dagegen ist, insgesamt gesehen, die Ostsee ein leicht zu befahrendes Meer. Salopp gesagt, ein Segelrevier für Kleinmeersegler.

Die Sandbänke haben wir mit einer Handbreit Wasser unterm Kiel gepackt. Doch im Sportboothafen Nordby auf der Insel Fanø stehen wir metertief im Schlick. Das kann sich kein Mensch vorstellen: Kiel und Ruderblatt stecken genau einmeterfünfundvierzig in butterweichem Mud – ohne daß KATHENA Lage annimmt. Bei Niedrigwasser „lote" ich ganze 30 Zentimeter Wasser. Ich hole dabei einen hochhackigen Damenschuh mit dem Bleilot aus dem Schlamm. Dieser Schlick ist pechschwarz und läßt sich schwer von der Lotleine waschen.

Fanø ist eine Ferieninsel mit zwei schönen, typisch dänischen Orten: Sønderho und Nordby. Es scheint, als ob sich seit Jahrhunderten nicht viel verändert hat. Alte Seefahrerkirchen, sauber gemalte Fachwerkhäuser, enge Gassen, Kopfsteinpflaster, Nippes in den Fenstern, Miniwerkstätten. Erstaunlich jedoch, wie viele Lokale und Geschäfte bereits im Winterschlaf sind: „Lukket. Tak for Sommer." „Geschlossen. Danke für den Sommer", steht als Hinweis im Fenster.

Bei Hochwasser verlassen wir den idyllischen Hafen Nordby. Starkwind aus Ost ist angesagt. Dies in Verbindung mit der Mondphase läßt mit Sicherheit den Wasserstand weiter sinken. Wir haben Sorge, nicht aus dem Mauseloch Nordby zu kommen. Esbjerg liegt gegenüber. Das Problem dort ist, daß Yachten nur der Fischereihafen zur Verfügung steht: mit dem Risiko, sich dauernd verlegen zu müssen.

In Esbjerg löse ich endlich das Geschenk meiner Mutter zur Bootstaufe ein: Ein Rennrad sollte ich mir kaufen, wo doch der Platz dafür an Bord vorhanden ist. Mit 4000 Kronen in der Tasche mache ich mich auf. Nach drei Geschäften bin ich frustriert. Nur vermeintliche Billigware aus Taiwan oder superteure Eddy-Merckx-Modelle. Die meisten Räder sind importiert. Erst bei Silberbauer Cykler fassen Mann und Frau ein Herz für mich. Sie ahnen sofort, was ich suche: ein einfaches Rennvelo von guter Qualität. Und das gefällt mir. Eine Stunde später habe ich meine einfache Rennmaschine: Peugeot-Competition, Rahmengröße 56, schwarzrot. Schaltung, Bremsen und Tretlager sind von Shimano. Es ist zwar kein dänisches Fabrikat, wie gewünscht, aber es liegt fabelhaft auf der Straße. Ferner wurde ich von dem dänischen Ehepaar aufgeklärt, daß dänische Räder wenig taugen, da helfen auch die sportlichen Erfolge bei der Tour de France nichts. Ich weiß nicht, ob sie als Peugeot-Händler die Wahrheit sagen, aber Dänen glaube ich immer alles. Woher das kommt? Dänemark ist ein kleines Land. Für den empfindsamen Menschen ist das Kleine und das Wehrlose, das außerdem Geschichte hat, immer grundsympathisch. Ich habe im Laufe der Jahre festgestellt: Viele Dänen haben sich darauf eingerichtet, daß sie als sympathisch gelten. Man kann sich schulen: Wir wollen nichts. Wir wollen nur in Ruhe gelassen werden.

Kurs Deutschland (wie sich das liest): okay, Kurs Sylt und dort Hörnum. Ein makellos klarer, kühler Morgen. Wir starten mit dem Sonnenaufgang. Beeindruckend, wie die Sonne, ein einziger roter Ball, aus der Nordsee steigt. Nicht kitschig schön mit theatralischem Himmel wie in den Tropen, sondern nordseelike: schlicht, klar, deutlich.

Weniger toll der Empfang im Sylter Yacht Club e.V. Hörnum: Über Mikrophon, mit bestimmendem Tonfall, wird uns Platz 29 zugewiesen. Doch der ist schon 60 Meter vorher nicht möglich. Auch den Hörnumern ist das Wasser weggelaufen, nur haben sie es noch nicht bemerkt, und zudem will es der Liegeplatzanweiser nicht glauben. Wir trinken eine Flasche Bier im Club und bezahlen. Wie war der Sommer in Hörnum? Naß und windig. Deshalb kamen viele Norwegensegler nur bis hierher. Eingeweht. Wochenlang. Harte und stürmische Südwestwinde machten Abfahrten um die Südspitze Sylts unmöglich. Bei kräftigem Seegang stehen auch in den Rinnen Grundsee und Brandung.

Hörnum liegt am Südende von Sylt. Dort steht auch das hellste der vier Sylter Leuchtfeuer. Automatisiert und nicht zu besichtigen. Im Schatten des markanten rot-weißen Leuchtturms legen wir bei der Umrundung des Kaps eine Pause ein und lesen: Der gußeiserne Turm ist 90 Jahre alt, 33 Meter hoch und steht auf einer 18 Meter hohen Düne. Von 1918 bis 1933 befand sich in der dritten Etage die damals kleinste deutsche Schule. Größtes Problem: In dem runden Klassenzimmer konnte der Lehrer die Kinder nicht in die Ecke stellen. Eine Aufgabe, die ich allzu oft in meinen Schuljahren zu erfüllen hatte. Der Hinweis beschäftigt mich noch lange. In Gedanken gehe ich, wieder auf See, alle meine Lehrer und Lehrerinnen durch. Die meisten waren selbstverliebt, faul oder hatten wenig Lust. Ich war ein ziemlich aufsässiger Schüler.

Auf Helgoland schließt sich unser Kreis. Nie ist mir die Insel schöner erschienen. Fest am Schlengel genießen wir im stillen die Ankunft und haben es gar nicht eilig, an Land zu kommen. Der letzte 40-Meilen-Schlag auf der Nordsee war Bilderbuchsegeln: Genua und Groß mit aufgefierten Schoten.

Bummeln am Steg: Frage nur: „Wie war die Fahrt?", und dir wird begeistert geantwortet. Oder stelle fest: „Sie haben aber ein schönes Schiff", und es werden dir alle Schnelligkeitsrekorde mitgeteilt. Zwei ältere Männer unterhalten sich im Cockpit eines sehr beanspruchten Holzbootes: „Heute ist alles sehr gut, früher war alles gut – und das war besser."

49   Zu Ende in Cuxhaven

Und dann sichten wir Cuxhaven. Die steife Brise beißt im Gesicht. Dazu eine laufende Nase, Regenschauer, Tidenströmung. Das alles auf Am-Wind-Kurs und bei regem Schiffsverkehr auf der Elbe. An der Kugelbake, dem Wahrzeichen Cuxhavens, bergen wir die Segel. Genug gekreuzt. Wenig später, nach dem Runden des Molenkopfes, sind wir im Yachthafen der Segler-Vereinigung Cuxhaven fest, deren Namen wir um die Nordsee getragen haben: SVC Cuxhaven unübersehbar am Heck. Vorrangig, um etwas für das Image der Stadt zu tun, denn seltsamerweise ist der Yachthafen bei durchreisenden Seglern überhaupt nicht beliebt. Seit Jahrzehnten bin ich Mitglied beim SVC. Ebenso bei Trans-Ocean (TO), einem Verein, der sich von Cuxhaven aus ausschließlich um Hochseesegler kümmert.

Daher: An Bord eine Euphorie wie nach der Rückkehr von einer langen Blauwasserfahrt. Da sind wir! Die Arme hoch. Jedoch nimmt niemand uns zur Kenntnis. Eine Nordseeumrundung ist hier, wo schon so viele Atlantik- und Weltumsegler gefeiert wurden, kein besonderes Ereignis. Zweimal wurden wir durchaus beachtet. Das war zu einer Zeit, als Weltumsegler noch ganzseitig in der Tageszeitung abgehandelt wurden: 1968 und 1972. Selbst gemessen an diesen Törns war unsere Sommertour keine ganz alltägliche Leistung.

Astrid schrubbt noch rasch das Cockpit, legt die Handtücher auf Kante, wischt die Spüle. Aber niemand aus unseren beiden Vereinen läßt sich blicken. Selbst Helmut Bellmer heißt uns nicht am Steg willkommen. Bellmer ist Vorsitzender des Trans-Ocean und somit Herr über 4222 Mitglieder und 874 Yachten, die weltweit unter diesem Stander segeln. In der Regel begrüßt er alle rückkehrenden TO-Yachten mit Commodore-Mütze und Fotoapparat. Aber diese Aufmerksamkeit können wir uns nur denken, er ist schlichtweg überarbeitet.

Spaß beiseite. Bei einigen Glas Bier abends im Clubhaus erfahren wir von old Helmut, daß er schon 20 deutsche Weltumseglungen allein in diesem Jahr auf der Liste hat. „Nichts Anspruchsvolles darunter. Alles Barfußtörns. Beliebt ist jetzt die Route über Thailand, Malaysien, Rotes Meer", erzählt er uns. Helmut, der als ehemaliger

Funker herrlich Informationen mit Tratsch verbinden kann, weiter: „Rollo ist 75 geworden. Ich habe ihm telefonisch gratuliert. Mit D1. Er lag mit seinem Motorboot in irgendeinem finnischen See, war gerade beim Fotografieren seiner Angelika." Zu unserem Herbert mit TRAMP schüttelt er nur den Kopf: „Den habe ich erst mal zum Duschen geschickt, als er hier vorbeikam." Von Otto Zimmermann sagt er bewundernd: „Der schreibt mir fabelhafte lange Briefe und Berichte." Es ist ungerecht, daß Weltumsegler, die wesentlich weniger zu sagen haben, Bücher schreiben und er nicht. Das sagt Helmut nicht, deutet es aber an. Über Schwarzlose, Schenk, Wilts, Quix kommen wir auf Burghard Pieske. „Der plant mit einem Original-Nachbau die Captain-Bligh-Tour durch die Südsee." Um auch etwas zu sagen, unterbreche ich ihn: „Das finde ich gut." Er schaut mich verdutzt an: „Das finde ich auch gut." Irgendwann wird der Vater aller Trans-Ocean-Segler persönlicher: „Die Frau eines Weltumseglers ist schizophren geworden, also verrückt", setzt er nach, als ob ich nicht wüßte, was das bedeutet. „Ihr Mann will jetzt Tabletten haben, aber Meinhard (Arzt in Cuxhaven) kann doch keine Medikamente schicken, wenn er die Frau nicht gesehen hat. Das kann doch kein Arzt verantworten." Gemeinsam kommen wir überein: 14 Jahre Zusammenleben und Reisen ohne Aufgaben ausschließlich auf einer knapp neun Meter langen Segelyacht, dabei muß wohl einer verrückt werden. Helmut guckt Astrid an. Sie reagiert mit feinem Lächeln: „Ich nicht."

Sicher sprachen wir auch über ganz normale Segler und Seglertouren und die enorme Entwicklung des Ozeansegelns. „Heute macht vor allem der gewaltige Fortschritt in der Navigations- und Kommunikationstechnik das Kreuzen über die Ozeane erheblich komfortabler und sicherer. Der allgemeine Wohlstand und die zunehmende Frühverrentung haben die Voraussetzung für weite Segelreisen ebenfalls verbessert", so Commodore Bellmer.

Irgendwann am nächsten Vormittag geht es mit der Tide auf die Elbe. Eine letzte Notiz im Logbuch: „Wir segeln im brauntrüben Elbwasser wie eine Rakete." Für uns beide ist klar: Der Rest ist nur ein Katzensprung. Schleuse Brunsbüttel, Nord-Ostsee-Kanal, Schleuse Holtenau, Ostsee, Schlei. Um die Fahrt auf diese Weise zu beenden:

Drei Tage nach dem Auslaufen Cuxhaven kommen wir in Missunde an. Helmuth Jöns, dem der Naturhafen gehört, nimmt unsere Leinen an. „Na, da seid ihr ja wieder zurück." Ein guter Freund bei der Hand ist besser als ein Bruder im fernen Land.

Leichte Melancholie legt sich an diesem lauen Oktobertag wie Meeresdunst auf unsere Gesichter.

Das eigentliche Vergnügen dieser Rückkehr ist das Erstaunen: Die Nordsee mit einem Segelboot, das nicht unbedingt dafür konzipiert war – und trotzdem ist alles gut gegangen. Und beim Festmachen Goethe im Kopf: „Ins hohe Meer werd' ich hinausgewiesen ..." Faust, erster Teil, erschienen 1808. Und die Frage: Was machst du hier eigentlich? Ist doch klar. Eine neue Reise vorbereiten. Deshalb, liebe Leserin, lieber Leser, begegnen wir uns vielleicht irgendwo, irgendwann wieder.

50 Anhang

Eine Fahrt um die Nordsee und darüber hinaus aus erzählerischer Sicht war Sache dieses Buches. Das Segeln an diesen Küsten ist schwierig – rundweg und mit jederlei Maßstab gemessen. Also körperliche wie gedankliche Arbeit. Mal eben Leinen loswerfen und weg geht nicht. Dennoch segeln jedes Jahr mehr und mehr Menschen in der Nordsee. Dafür gibt es viele Gründe. Sportliche, allgemeine, persönliche Motive oder weil keine andere Möglichkeit vorhanden ist. Nicht wenige reisen weiter, um der engen deutschen Nordseeküste zu entkommen. 250 Seemeilen sind es bis an die englische Ostküste, ebensoweit an die norwegische, 500 Meilen bis zu den Orkneys.

Unsere Erfahrungen und ein paar praktische Gedanken zum Nordseesegeln auf diesen Seiten.

Das Boot: Warum gerade eine „Dehler 33" für die Nordsee? Warum diese Neue mit geradem Steven, langer Wasserlinie, tiefliegender Bleibombe und schmalem Vorschiff? Die mir am häufigsten gestellte Frage. Nicht nur hierzulande. Auch in Schottland und anderswo. Nun, zunächst hatte ich 1996 seglerisch nichts vor, als ich im Februar in einen Regattasegler rannte, der mir die „33" wortreich schmackhaft machte: „Die Segeleigenschaften werden dich beeindrucken ... na klar, auch für die Nordsee ... wie sie spielend Wind und Wellen bewältigt ... so einen Trimm mußt du mal gesegelt haben." Einen Monat später war ich Eigner einer „33 Cruising". Und ab Ende April mit Astrid auf Kurs Nordsee – rechtsherum. 3400 Seemeilen. 155 Tage. Alle Eigenschaften zum Thema Schnelligkeit trafen zu. Was Wunder bei der Kombination Dehler/Judel/Vrolijk und 15 Quadratmeter Segelfläche pro Tonne Schiffsgewicht. Wir haben das Boot nur wenige Male richtig rangenommen. Das heißt, von Hand gesteuert, andauernd an den Schoten gerissen, zu spät eingerefft, zu früh ausgerefft. Unter diesen Umständen segelten wir dann auch 80 Seemeilen von mittags bis zum Dunkelwerden. Auch ein Spiel mit dem Material. Das Log zeigte nicht nur kurzfristig zweistellig an, wie ich es mit einer Baltic 51 erlebte, nein, es lag häufig ganz ruhig und ausdauernd zweistellig. Vor dem Komma. Noch Fragen zur Schnelligkeit? Ich sage nur, die „33" ist schnell, schnell. Ein Schiff, das fliegt. Unser Topspeed lag bei fast 15 Knoten.

Doch. Da kann man auch von reden, die Schnelligkeit macht müde. Zum Beispiel: Der Bug hämmert vierkant in die Seen, Fallen und Kabel klötern erbärmlich im Mast, die Möbel knarren, als würde der Regenwald niedergemacht. Und nirgendwo kann man sich richtig festhalten. Konkret: Es fehlen Haltemöglichkeiten im wirklich großflächigen Cockpit, vor dem Mast, in der Kajüte und schlimmer – es fehlt die Seekoje. Aber das ist sicher keine Neuigkeit bei modernen innovativen Konstruktionen.

Als wir das Schiff zum ersten Mal sahen, waren wir beeindruckt von der Einrichtung und Aufteilung der Kajüte. Geweißte Kirschholzmöbel (hell), grüngestreifte Polster (frisch), extrem rutschfester Fußboden (sicher), dreiflammiger Herd mit Backofen (Brot) und vor allem: eine Kammer an der Steuerbordseite als Stauraum. Groß genug, um neben Segeln und Schlauchboot mein geliebtes Rennvelo unterzubringen – ohne es zerlegen zu müssen. An Deck begeisterte uns sofort die Pinne: schwungvoll designt, aus Aluminium und mit Teleskopausleger. Das Ding in der Hand, und man fühlt sich sofort jung und sportlich. Daß es unterwegs Fahrtensegleransprüchen nicht gerecht wurde, ahnten wir nicht. Alu ist furchtbar kalt in den Händen, und die Großschot verhedderte sich bei jeder Wende hinter dem Ausleger.

Von einer renommierten Werft, die über 10 000 Kajütboote gefertigt hat, haben wir nicht erwartet: keinerlei Klampen, außer den wirklich erforderlichen; ein Ankerkasten, der nur Raum für Kette und Tau bietet; eine Gasflaschengröße (1,8 kg), die überspitzt für einmal Brotbacken reicht; Segel, die in den Vorlieken eine Handbreit zu lang sind; ein durchgesteckter Mast, der Regenwasser durchläßt; Druckwassersystem mit zwei Pumpen bei vielleicht 85 Liter Wassertank; eine festmontierte Lenzpumpe mit Alibifunktion, sie ließ sich nicht

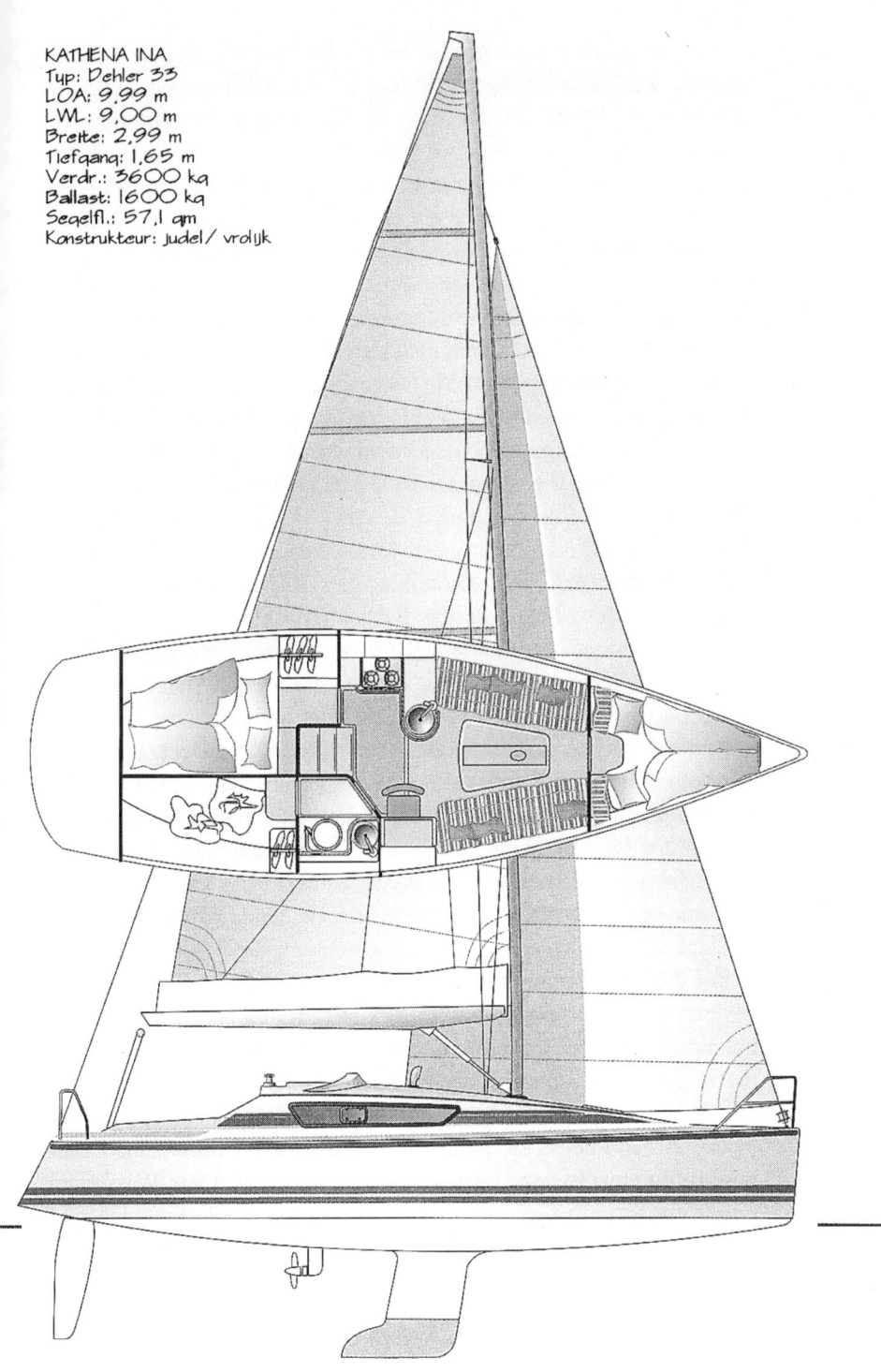

KATHENA INA
Typ: Dehler 33
LOA: 9.99 m
LWL: 9,00 m
Breite: 2,99 m
Tiefgang: 1,65 m
Verdr.: 3600 kg
Ballast: 1600 kg
Segelfl.: 57,1 qm
Konstrukteur: Judel / vrolijk

durchhebeln. Am Ende der monatelangen, regenreichen Fahrt um die Nordsee war das wichtigste „Werkzeug" der Schwamm.

Fazit: Die „Dehler 33" ist trotz sogenannter Kleinmängel eine hervorragende handwerkliche Konstruktion. Was bei Dehler stimmt, ist die einwandfreie GFK-Verarbeitung und die saubere Gelcoat-Beschichtung. Es bildete sich keinerlei Schmutzrand, trotz vieler öliger Häfen. Genaugenommen wirkt unser Boot auch nach dieser salzigen Reise wie neu. Der Motor arbeitete zuverlässig, das Deck und die Luken waren dicht, Montage und Qualität aller Beschläge einwandfrei. Kurzum: Wir haben unterwegs keinerlei Hilfe benötigt, schon gar nicht die gutsortierte Werkzeugkiste in Anspruch genommen. Danke. Was mich stutzig macht, ist das Verhältnis Preis (150 000 Mark, ausgerüstet) und Kundenwerbung (ein Boot für junge Leute). Haben die die Mittel? Soweit ich das beobachte, werden neun von zehn Booten dieser Preisklasse von Älteren gesegelt.

Lattensegel: Mit der „Dehler 33" konnte ich endlich ausreichend Erfahrungen mit einem Lattengroßsegel sammeln. Auf 3400 Seemeilen mit einem 30 m^2 großen Tuch unter allen erdenklichen Wetter- und Seegangsbedingungen. Annähernd 300mal setzen, reffen, ausreffen und bergen. Und? – Ich war angenehm überrascht.

Primär (mir geht es immer auch um Werterhaltung) war ich begeistert von der Qualität des Segels und seinem Zustand selbst nach der monatelangen Fahrt. Unumstritten. Es hält länger seinen Stand, denn durchgehende Latten beruhigen das Tuch. Es bleibt auch immer sauberer, da das Tuch durchs Lattengewicht automatisch beim Bergen statt auf Deck zwischen die Fangleinen auf den Großbaum fällt.

Und: Latten machen ein Segel effektiver und somit das Boot schneller. Vor allem bei flauen Winden und auf Am-Wind-Kursen. Wir wissen, bei Starkwind läuft's eh mit jedem einigermaßen geschnittenen Segel. Aber wie refft es sich bei Starkwind? Da bieten Latten durch ihr Gewicht unbeschränkte Vorteile. Das Segel rutscht leichter nach unten und knallt vor allem nicht im Wind. Überhaupt nicht. Und das führt zur längeren Lebensdauer. Das Reffen wird so mit Hilfe einer Zweigangwinsch und einem Einleinenreffsystem zur reinen Freude.

Dafür sind allerdings gute Mastrutscher nötig. Standardrutscher verklemmen sich in der Nut schon bei leichtestem Druck durch die Latten. Bei zunehmendem Wind wird es dann äußerst mühsam. Für Segelflächen ab 25 m^2 sollte man in kugelgelagerte Rutscher investieren. Die Mehrkosten lohnen sich.

Gute Rutscher erleichtern natürlich auch das Setzen. Bei unserem Rutschersystem (in der Mastnut geführt und außen auf dem Mastprofil kugelgelagert) mußten wir bei stärkerem Wind allerdings trotzdem möglichst in den Wind gehen, damit der Druck auf die Lattenrutscher nicht zu groß wurde.

Bei Rutschersystemen mit äußerer Mastschiene und voller Kugellagerung tritt dieses Problem nicht auf.

Auch der Umgang mit Lazy Jacks oder Fangleinen ist gewöhnungsbedürftig. Gerade die beiden oberen Latten verfangen sich gern in den Leinen. Nur durch einen Blick auf die Lattenenden und mit ein bißchen Geschick lassen sich bei ins Cockpit umgelenkten Fallen Schäden vermeiden. Also nicht einfach draufloskurbeln.

Die Pinne der „Dehler 33" wirkt handlich, sportlich, schnell.
Sie, der gerade Steven und die grüngestreifte Polste-
rung gaben uns beim Kauf das Gefühl: ein Schiff für uns.

Einen deutlichen Nachteil zeigen Lattensegel, wenn Schwachwind und Dünung zusammenkommen. Dann erschüttert das schlagende Segel das Schiff so sehr, daß man Angst um sein Rigg bekommt. Und: Halsen mit dem schweren Segel ist absolut keine Spielerei. Ich empfand durch das höhere Gewicht sogar deutliche Gefahr fürs Rigg.

Mein Fazit: Mit den Vorteilen des Lattengroß wurde unsere „Dehler 33" erst zum „Porsche unter den Fahrtenyachten."

Leinen und Festmacher: Schleusen und Vertäuen in tidenabhängigen Häfen erfordern lange Leinen. Außer den üblichen Festmachern, Schlepp- und Ankerleinen führten wir an Bord mit: zwei 60 m lange Leinen von 12 mm Stärke; zwei Festmacher von 25 m Länge und 14 mm Dicke; eine 30 m lange Wurfleine. Alles Polyestermaterial. Die langen Festmacher sind erforderlich, um bei erheblichem Tidenhub an einer Spundwand die Leinen über Kreuz zu scheren. Alle Festmacher waren schwarz, so daß sie immer makellos aussahen. Tip: eine Wurfleine vor dem Werfen so aufschlagen, daß die Buchten immer enger werden, also von außen nach innen kleiner werden lassen, damit sich keine Kinken bilden.

Anker: Am Ankergeschirr wird bei modernen Konstruktionen oft gespart. Im Ankerkasten der „Dehler 33" konnte man maximal einen 10-kg-Plattenanker mit ein paar Metern Kette und Tau verstauen. Damit loszusegeln wäre schlecht durchdacht und risikoreich gewesen. Zum einen: Der Plattenanker oder auch Danforth genannt hält nur zuverlässig, wenn er sich eingraben kann. Zum anderen ist das Geschirr schon gewichtsmäßig nicht ausreichend. Das trifft nicht nur für die Nordsee zu, sondern gilt natürlich ebenso für Ostsee, Mittelmeer und für Langfahrten allemal. Gerade ein Lightdeplacementboot erfordert eine solide Ankerausrüstung. Es schwoit vor Anker bei stürmischem Wind wesentlich mehr als ein Verdrängertyp. Unsere KATHENA kam sogar zeitweise quer zur Windrichtung, was zu einer enormen Zugkraft führt. Am angenehmsten, vor allem am sichersten, liegt man an langer Kette. Das Schiff setzt bei Welle in der Bucht weich ein, und der Zug auf den Ankerschaft bleibt immer horizontal zum Grund. Bei KATHENA und vergleichbaren modernen Bootstypen ist das leider nicht möglich. Mit beispielsweise 50 Meter Kette halst man sich zuviel Gewicht für den Bug auf. Das Boot würde kopfüber getrimmt werden und nicht richtig am Wind laufen. Der Kompromiß bei uns: 22 m 8 mm Kette und 30 m 16 mm gedrehtes Tau für den Hauptanker. Und 10 m 8 mm Kette und 70 m Leine für den Zweitanker.

Auf der Route durch die Nordsee hatten wir Ankergründe zu erwarten, die höchst unterschiedlich waren: Gras, Pflanzen, Steine, Geröll, Mud und Sand. Dafür eignen sich nur Allroundanker mit hoher Haltekraft – Original CQR oder Bügelanker. Wir wählten den Bügelanker, weil wir bisher gute Erfahrungen damit gesammelt haben und er sich außerdem bestens auf dem Vordeck festlaschen läßt. Das Ankergewicht habe ich nach dem Bootsgewicht (3,5 Tonnen) bemessen: 14 kg für den Hauptanker und 12 kg der Zweitanker.

Enttäuschungen gab es keine, obschon mehrmals Stürme KATHENA vor Anker heftig schwoien ließen. Wir steckten dann die fünffache Länge – und mehr, speziell zur Nacht hin, denn von uns mag keiner nachts Ankermanöver fahren. Die Wassertiefen in den meist geschützten Buchten betrugen nie mehr als zehn Meter.

„Man steckt fünf Meter Kette und danach die Leine mit einer Länge von zwei- bis vierfacher Wassertiefe." Vorsicht bei solcherlei Informationen zum sicheren Ankern. Hier fehlt der Zusatz: für einen Badeankerplatz.

Mit Firlefanz wie Ankerwirbel, Reitgewicht und Ankerboje mit Trippleine haben wir auch auf dieser Fahrt nicht hantiert. Kommt es zu Ankerproblemen, muß es zügig gehen, und dann ist vieles eher hinderlich:

Ankerleinen schamfilen oft in der Stevenrolle. Entweder bekleidet man sie mit Persenningtuch oder stülpt ein 40 Zentimeter Stück Schlauch über die Leine.

Fender & Fenderbrett: Fünf schöne weiße Yachtfender nahmen wir mit an Bord. Maße: 22 x 65 cm. Aber viele Nordseehäfen haben schwarze Autoreifen, rostige Eisenspundwände oder muschelbewachsene Dalben, an denen man längsseits gehen muß. Dafür und auch zum Schleusen eignen sich normalgroße Fender nicht. Für solche Zwecke haben wir ein Fenderbrett an Bord. Knapp 2 m lang, recht kräftig, genau 4 cm dick und 20 cm breit. Das Brett hat an jedem Ende ein fingerdickes Loch für Bändsel. Bei Gebrauch wird das Brett auf zwei an die Bordwand abgehängte Fender gebunden.

Reffen: Etwas anderes, einfaches, mechanisches. KATHENA wurde ohne Rollfock gefahren. Absichtlich. Uns genügte die Arbeitsfock mit Stagreitern und einer Bindereffreihe. Das war auch nicht gerade billig: Das Einnähen der Reihe mit sieben Löchern kostete 360 Mark. Vorteil gegenüber der Rollfock ist – logisch – der Stand des Segels, weniger Gewicht im Rigg und Funktionalität. Aufpassen, daß der Segelmacher die Reihe nicht parallel zum Unterliek einnäht, sondern etwas schräg nach oben zum Achterliek hin, damit der Schotholepunkt bestehen bleibt. Die reduzierte Segelfläche: bei uns rund ein Viertel.

Stauen und Verstauen: Ordnung an Bord ist das A und O. Deshalb sollte genügend Stauraum vorhanden sein. Mit der Kammer an Steuerbord und dem Heckcontainer war KATHENA daher bestens gerüstet. Segel, Beiboot, Fender, Kanister und Leinen sowie der Zweitanker wurden dort untergebracht. Für die häufig gebrauchten sogenannten Kleinteile sage ich nur Tupperware. Gerade auf einem Boot, das wenige unterteilte Backskisten und Schränke bietet, sind viele und solide Behälter notwendig. Kurzum: Ohne diese kleinen und großen Kunststoffbehälter könnte ich gar nicht mehr auf Fahrt gehen. Neben den schon erwähnten Lebensmitteln stauen wir in den zweckmäßigen Behältern Fotozubehör, Dokumente, Werkzeug, Schrauben, Trockenbatterien und anderen Kleinkram. Neu von Tupperware – und durchaus nicht witzig: Salzstreuer, in denen das Salz nicht feucht wird.

Tupperware ist außerdem sehr umweltfreundlich. Seit seinem Bestehen, nicht erst unter dem Druck der Gegenwart, verfügt das Unternehmen über ein eigenes Rücknahmesystem: Ausgediente Tupperware-Behälter werden über die Beraterinnen dem Recyclingprozeß zugeführt. Übrigens: Das Produkt wird ausschließlich von Beraterinnen verkauft. Gelbe Seiten.

Fotografieren und Schreiben: Alle Aufnahmen in diesem Buch wurden mit einer Nikon F3 und Nikon FM und Objektiven des gleichen Fabrikats gemacht. Das Erwähnenswerte an dieser Ausrüstung ist ihre Robustheit. Nie sind die Apparate ausgefallen. In allen Situationen (Sand, Salz, Feuchtigkeit) und unter allen Wetterbedingungen haben sie standgehalten. Mit eingeschlossen die Touren zuvor, denn die Geräte sind größtenteils ein Jahrzehnt in Gebrauch.

Die Frage nach der Kamera ist mir sehr geläufig, nicht die nach meinem Schreibgerät. Deshalb jetzt: Alle Texte in diesem Buch wurden mit einem Compaq Presario CDS 720 geschrieben. Nicht, weil es bequemer ist oder Spaß macht, sondern weil die Verlage Manuskripttexte gerne auf Diskette erfaßt angeliefert bekommen. Kapitelanfänge und diffizile Stellen, mit denen ich beim Abfassen nicht vorankam, habe ich vorgeschrieben. Wie üblich mit dem Füller. Texte habe ich durch Abstürzen des Computers nicht verloren, obschon wir hier im Norden Schleswig-Holsteins des öfteren Stromausfall haben. Jedes Kapitel wurde sofort ausgedruckt. Überrascht hat mich der hohe Papierverbrauch. Begeistert das wiederholte Ausdrucken, die Sauberkeit der Textseiten und die fortlaufenden Seitenzahlen auf dem Bildschirm (war ich fleißig?).

Seekarten: Seekarten haben in der südlichen Nordsee nur Sinn, wenn sie vom größten Maßstab und neueren Datums sind. Um ziemlich komplett für unser Reisegebiet ausgerüstet zu sein, muß man 2000 Mark hinlegen. Seekarten sind teuer. Nicht nur in Deutschland (Stück 34 Mark), in England kauft man British-Admirality-Charts nur zehn Prozent günstiger. Aber dafür sind sie überall erhältlich. Imray Seekarten, die Alternative, sind wohl kostengünstiger und besser zu verstauen, aber weniger detailliert. Die Norweger bieten Kartensätze im Maßstab 1 : 50 000 an. Es wäre geschmeichelt, wenn man ihre Deutlichkeit und Qualität in höchsten Tönen loben würde. Der erste Blick auf die Karten ist in der Tat verwirrend, aber man gewöhnt sich an die Vielzahl der Felsen und Eintragungen. Eine Lupe wäre hilfreich. Von Vorteil: Auch in Norwegen sind zumindest die örtlichen Seekarten überall erhältlich. Selbst in der kleinsten Stadt hat jeder Buchladen den Hinweis im Fenster: „Sjøkort".

RAMSGATE
10-3-18

Kent 51°19'·48N 01°25'·60E

CHARTS
AC 1827, *1828, 323*; Imray C1, C8; Stanfords 5, 9; OS 179

TIDES
+0030 Dover; ML 2·7; Duration 0530; Zone 0 (UT)

Standard Port DOVER (←—)

Times				Height (metres)			
High Water		Low Water		MHWS	MHWN	MLWN	MLWS
0000	0600	0100	0700	6·8	5·3	2·2	0·8
1200	1800	1300	1900				
Differences RAMSGATE							
+0030	+0030	+0017	+0007	–1·6	–1·3	–0·8	–0·4
RICHBOROUGH							
+0015	+0015	+0030	+0030	–3·4	–2·6	–1·7	–0·7

HW Broadstairs = HW Dover +0037 approx.

SHELTER
Good in marina, min depth 3m. Access approx HW ±2 via flap gate and lifting bridge. Outside and close NE of the marina ent, 107 pontoon berths (2m) are accessible H24, protected by wavebreaks; (273 more berths are planned).
Anti-Rabies Byelaw: Animals, inc dogs/cats, are totally banned ashore or afloat within the Royal Hbr limits.

NAVIGATION
WPT 51°19'·40N 01°27'·80E, 090°/270° from/to S bkwtr, 1·45M. Many ferries/jetfoils uses the well-marked main E-W chan (3·3M long, dredged 7·5m, 110m wide; as upper chartlet). Jetfoils are 'flying' at 40kn within the buoyed chan. For ent/dep yachts must use the Recommended Yacht Track parallel to, and on the S side of, the main buoyed chan.

Enter/dep under power; or advise Port Control if unabl to motor. Holding area to the S of the S bkwtr must be used by yachts to keep the hbr ent clear for ferry tfc. Beware Dike Bank to the N and Quern Bank close S of appr chan. Cross Ledge and Brake shoals are further S.

LIGHTS AND MARKS
Ldg lts 270°: front Dir Oc WRG 10s 10m 5M, G259°-269 W269°-271°, R271°-281°; rear, Oc 5s 17m 5M.
N bkwtr hd = QG 10m 5M; S bkwtr hd = VQ R 10m 5M.
IPTS at W Pier control appr chan, outer hbr and ent to Royal Hbr. Also at W Pier, depth between piers indicate by ® = >3m; ⑥ = <3m.
Ent to marina controlled by separate IPTS to stbd of en Siren sounded approx 10 mins before gate closes; non opening indicated by R ● or ®.
Quern Bank, 0·5M SE of the hbr ent, is marked on its N side by Quern Bank NCM lt buoy, Q, and on the W by a WCM lt buoy, Fl (9) 15s.

RADIO TELEPHONE
Call *Port Control* Ch 14 (H24) to enter/cross main chan & hbr; due to frequent tfc, yachts **must** comply with any orders. Also on Ch 14, call *Dock Office* for marina berth

TELEPHONE (01843)
Hr Mr 592277, Fax 590941; Broadstairs Hr Mr 861879; MRCC (01304) 210008; ☷ (01304) 202441; Marinecall 09 500456; Police 581724; Dr 852853; Ⓗ 225544.

FACILITIES
Marina (400+100 visitors) ☎ 592277, Fax 590941, AC, FW Slip, C (20 ton), Ⓔ, ME, EI, Sh, BH, CH, ACA, Gaz, SM, Ⓞ **Outer Hbr** (107 berths), 2m, access H24, AC, FW. P & D from Fuel Barge, *Foy Boat* Ch 14 or ☎ 592662.
Royal Temple YC ☎ 591766, Bar.
Town EC Thurs; Gas, Gaz, V, R, Bar, ⊠, Ⓑ, ⇌, ✈ (Manston

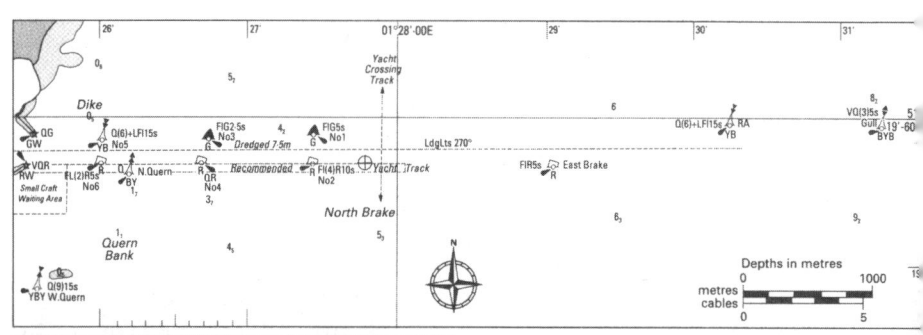

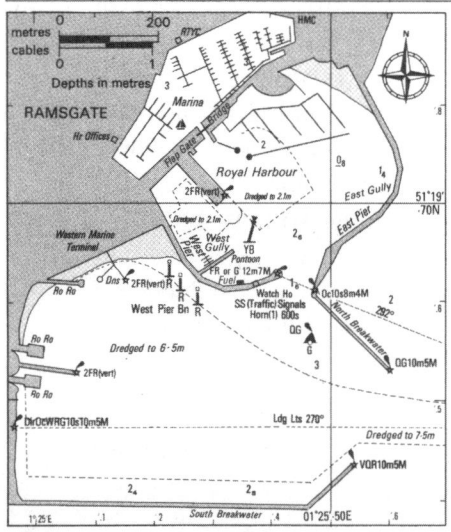

ADJACENT HARBOUR

SANDWICH, Kent, 51°16'·80N 01°21'·30E. AC *1828*. Tides above. Richborough ML 1·4m; Duration 0520. Access HW ±2 for draft 2m to reach Sandwich at sp; arrive off river ent at HW Dover. Sandwich is on the S bank of the River Stour, 3M SSE of the conspic cooling trs and chy at Richborough power stn. From Ramsgate the chy on with LH cooling tr leads approx 257° to the ent marked by SWM By, Fl 10s, 51°19'·10N 01°24'·60E. Thence past Shell Ness via bn Fl R 10s and lateral buoys, all with rotating reflective topmarks (spotlight needed, but night ent definitely not for visitors). Visitors' berths at Sandwich Town Quay ☎ (01304) 613283. Limited turning room before the swing bridge. Facilities: EC Wed; Slip; ☷ ☎ 202441; **Marina** (50+some visitors) ☎ 613783 (max LOA 18m, 2·1m draft), BH (15 ton), Sh, Slip, FW, SM, CH, ME, Gas; D & H (cans from garage); **Sandwich Sailing and Motorboat Club** ☎ 611116 and **Sandwich Bay Sailing and Water Ski Clubs** offer some facilities. Both ports are administered by Sandwich Port & Haven Commissioners.

Nautische Bücher: Das wichtigste Buch für die südliche Nordsee bis zur Biskaya sowie für Irland und die Britischen Inseln ist der „MacMillan – Nautical Almanac". Jede Planung eines Segeltörns in diesem Seegebiet sollte mit dem 900-Seiten-Wälzer beginnen. Die 76 Mark sind bestens angelegt. Auch wer nur leidlich Englisch spricht, kommt mit den unendlich vielen Informationen für die Sportschiff-fahrt zurecht. Fachausdrücke lernen sich zudem schnell, da sie sich wiederholen. In übersichtlicher Form sind im „MacMillan" enthalten: Ephemeriden, Gezeitentafeln, Stromkarten, Leucht- und Funkfeuer-verzeichnis, Wetterkunde, Bojensysteme, Navigation, Sicherheits-hilfe und so weiter. Alle Häfen und Marinas sind farbig dargestellt und mit Hinweisen zwecks Ansteuerung, Schutz, Tiefenangaben, Versorgung, UKW-Frequenzen, Tidenhub, Anschriften, Liegege-bühren versehen. Inzwischen erscheint auf deutsch: „Der Nautische Almanach Nordsee" (Edition Maritim). Er umfaßt alle wesentlichen Informationen für Dänemark, Deutschland, Niederlande und Belgien.

Neben dem „MacMillan" benutzten wir: zwei Nordsee-Hand-bücher vom BSH; drei Bände „The Yachtsman's Pilot of Scotland", sehr zu empfehlen; und „Nordseeküste" Band 1 und 2 von Jan Wer-ner (Delius Klasing). 58 Mark je Band. Verwundert stellte ich fest: Im allgemeinen sind höchst selten Tiefenangaben (das Wichtigste) in den zahlreichen farbigen Skizzen vorzufinden. Neu und empfehlens-wert für die wetterseitige Törnplanung: Kaufeld, Bauer, Dittmer – „Wetter der Nord- und Ostsee" (Delius Klasing).

Wetter: Das Nordseewetter wird beeinflußt vom Atlantik. Und das Wetter im Atlantik wiederum wird im wesentlichen durch die großen Aktionszentren – Azorenhoch und Islandtief – bestimmt. Das Azo-renhoch, das in der Regel als stabil gilt, ist an der Ostseite anfälliger. Es bricht in periodischen Abständen zusammen, so daß Störungen hindurchgelangen. Das Wetter an den Küsten der Nordsee gestaltet sich deshalb sehr unterschiedlich. Diese Störungen sind, grob gese-

Jede Reise hat ein Zubehör, an das man sich lange
erinnert. In der Nordsee war es der „MacMillan Almanach".
Hier eine Seite aus dem 902 Seiten dicken Wälzer.

hen, für den Kleinbootsegler herzlich ungünstig. Kein Monat ist frei von Starkwind oder Sturm. Selbst im Hochsommer ist mit heftigen Stürmen zu rechnen. Im Frühjahr dominiert der Ostwind, danach herrschen westliche Winde vor. Alle naselang regnet es, am schlimmsten in den Hochsommermonaten. Es gab Tage im Juni und August, an denen wir den Origo zum Heizen anmachten, so kalt und naß war es an Bord. Die Lufttemperaturen betrugen im Sommer selten über 20 Grad Celsius – Wassertemperaturen 12 bis 14 Grad.

Besonders rauh ist das Wetter der nördlichen Nordsee. Hier findet man die größten Windstärken, die höchsten Wellen. Nicht nur wegen der großen Windstärken sind die Wellen höher, sondern auch, weil die Atlantikdünung in dieses Seegebiet hineinläuft. Bei den Orkneys und vor allem im Pentland Firth kommen noch die außerordentlich starken Gezeitenströme als Gefahr hinzu. Stromgeschwindigkeiten von 10 Knoten sind keine Seltenheit. Es bilden sich Stromschnellen, die wie kleine Wasserfälle aussehen.

Mit Nebel ist im Mai und wieder ab September verstärkt zu rechnen. Dank GPS gibt es heute keine Standortprobleme, was bleibt, ist die Gefahr einer Kollision. Da heißt es schlicht: langsame Fahrt und aufpassen. Verschluckt die „Waschküche" alles, steht die Natur zur Seite: Nebel und viel Wind kommen selten gemeinsam vor.

Seewetterberichte: viermal täglich über BBC 4 zu empfangen. Außerdem besteht die Möglichkeit, ihn über UKW-Seefunk bei der Coastguard abzufragen. Für Norwegen, Holland, Belgien, Deutschland und Großbritannien stehen Sendefrequenzen und Zeiten im „MacMillan". In Norwegen und Dänemark segelt man gut mit den Wetterberichten aus der Tageszeitung. Eine leicht verständliche grafische Darstellung für den jeweiligen Tag und die darauffolgenden ermöglicht das „Lesen", auch ohne die Sprache zu verstehen. Neuerdings machen sich zwei Programme – Deutschlandfunk und DeutschlandRadio Berlin – für Seewetterberichte in Nord- und Ostsee stark: täglich 1.05 Uhr, 6.40 Uhr, 11.05 Uhr auf Langwelle 177 kHz, Mittelwelle 1269 kHz, Kurzwelle 6005 kHz. Außerdem ist es möglich, sie über Telefon abzufragen: (01 80) 3 25 46 08.

Wetterkleidung: Wer sich als Neuling mit Ölzeug ausrüsten will, ist nicht zu beneiden. 17 renommierte Hersteller bemühen sich um 100 000 Segler. Folglich wird in der Werbung primär vom „Blickfang an Deck" gesprochen, erst danach über „100 % Schutz vor Nässe und Tragekomfort im Cockpit". So ist dann auch nicht jede Ölzeugkombination, die maritim und modisch im Design ist, zweckmäßig – und wasserdicht. Das gilt besonders für atmungsaktive Materialien. Nach DIN reicht bereits eine geringe Wasserdichtigkeit, um ein Kleidungsstück als wasserdicht bezeichnen zu dürfen.

Das Ölzeug muß sehr sorgfältig ausgewählt werden. An Bord eines Sommertörns ist mittelschweres Ölzeug, Jacke und Hose getrennt, die beste Lösung. Eine funktionelle Segeljacke sollte gefüttert sein, über einen 2-Wege-Frontreißverschluß verfügen, an den Handgelenken verstellbare Neoprenmanschetten sowie eine eingerollte Kapuze im hochgeschnittenen Kragen haben. Schwierig bleibt stets die Dichtigkeit am Hals. Ein Polartecschal bewährte sich auf unserer Tour. Die Hose muß genügend hoch geschnitten sein – am besten mit Hosenträgern. Knie- und Gesäßflächen sollten verstärkt sein. Eine Kombination mit diesen technischen Details und aus robustem Material bekommt man für rund 300 Mark. Tip zur Größe: Im Zweifelsfall immer eine Nummer größer kaufen. Das Ölzeug, in dem man sich sicher bewegen will, muß locker sitzen. Preisgünstige Jacken aus leichten Materialien, die zum Wandern und Radfahren angeboten werden, eignen sich nicht für einen mehrwöchigen Törn – zumindest nicht im Norden.

Schuhwerk: Bayern mögen sich hier und da über unsere Bergwanderungen mokiert haben, aber für uns Schleswig-Holsteiner ist ein 400 Meter hoher Hügel eben schon ein richtiger Berg. Die vielen Inseln und Küsten in Schottland „querbergein" zu erkunden, war ein großes Erlebnis. Etwas Übung, Kondition und gutes Schuhwerk sind Voraussetzung. Genauer: knöchelhohe Schnürschuhe. Gerade auf schwierigem Boden muß der Knöchel abgestützt werden. Wichtig ist auch, daß das Schuhzeug den Fuß an keiner Stelle abdrückt oder abschnürt. Beim Kauf der Schuhe ziehe man gleich dicke Wollsocken an, damit sie nachher nicht zu klein sind. Immer muß einkalkuliert werden, daß der Fuß im Laufe der Wanderung anschwillt. Beim Anprobieren daher auf genügend Spielraum achten. Noch zwei Regeln: Die Sohle muß griffig sein und vorn möglichst über die Schuhspitze hinausreichen, damit ist die Trittsicherheit größer, und im Gelände wird die Kappe nicht dauernd beschädigt. Der Schaft sollte bis über die Knöchel reichen, nicht weiter. Jedes zusätzliche Gewicht am Fuß macht sich bei einer mehrstündigen Wanderung bemerkbar. Das Material: Leder und Nylon.

Einklarieren: Fällt für Sportbootsegler unter EU-Flagge, die nichts zu verzollen haben, generell aus. Nur Frankreich fordert weiterhin ein behördliches Flaggenzertifikat. Seine Küstenwache verlangt kompromißlos dieses Dokument.

Dankeschön: Wie im Text und auf Abbildungen nicht zu übersehen, hat Tupperware uns in großzügiger Weise unterstützt. Mein Dank geht an die Firma und deren -zigtausende Tupperberaterinnen, die die exzellenten Produkte auf Tupperpartys präsentieren. Ebenso danke ich folgenden Firmen für die kostenlose Überlassung von Material und Ausrüstung: Dimension-Polyant – Segeltuche, Secumar – Rettungsmittel, Liros – Tauwerk, Jeantex – Sport- und Wetterkleidung. Vielleicht sollten Astrid und ich uns auch mal selbst danken. Wir sind wirtschaftlich gesehen unsere eigenen Mäzene. Das Honorar dieses Buches sowie zwei, drei Berichte in Magazinen bringen die Kosten der Fahrt nicht ein. Punkt.

Kleines Glossar

BBC – British Broadcasting Corporation
BSE – Abkürzung für Rinderseuche
BSH – Bundesamt für Seeschiffahrt und Hydrographie
Deplacement – Wasserverdrängung eines Schiffes
Echolot – Gerät zur Messung der Wassertiefe durch Schallwellen
Englisches Pfund – 1996 Wechselkurs 2,50 Mark
Fjell – (norwegisch) Bergrücken
Fock – Vorsegel, vor dem Großsegel
Genua – den Mast überlappendes, großes Vorsegel
GFK – Abkürzung für glasfaserverstärkten Kunststoff
Glen – Tal in Schottland
GMDSS – weltweites Seenot- und Sicherheitssystem
GPS – Global Positioning System, Navigationsgerät
Halse – Segelmanöver: mit dem Heck durch den Wind
Knickspanter – Bootsrumpf mit einem oder mehreren Knicken
Knoten – 1 Knoten gleich 1 Seemeile pro Stunde
Laundrette – Waschsalon
Loch – Binnensee oder Fjord in Schottland
Log – Gerät zur Messung der Fahrtgeschwindigkeit
Origo – schwedischer Spiritusofen
Reffen – Verkleinerung der Segelfläche
Rigg – Bezeichnung für die Takelage
Seemeile – 1852 Meter
Spinnaker – ein großes, ballonähnliches Vorsegel
Toppnant – ein Tau am Mast, das den Spibaum waagerecht hält
VEAB – volkseigener Aufkaufbetrieb in der ehemaligen DDR
Voe – Name für Bucht auf den Shetlands
Wende – Segelmanöver: mit dem Bug durch den Wind

Bücher für die Freiwache

WOLF-ULRICH CROPP
Die Batavia war ihr Schicksal
Seeabenteuer eines Ostindien-
fahrers
256 S. mit 45 Farbfotos,
60 Abb., geb.
ISBN 3-7688-1020-8

WOLF-ULRICH CROPP
Gletscher und Glut
Auf Cooks Spuren durch den
Pazifik
248 S. mit 43 Farbfotos und
62 S/W-Abb., geb.
ISBN 3-7688-0908-0

WILFRIED ERDMANN
Ostsee-Blicke
Ein Segelsommer mit
»Kathena 7«
272 S. mit 43 Farb- und
42 S/W-Fotos, 12 Karten
und Zeichnungen, geb.
ISBN 3-7688-0855-6

ARVED FUCHS
Abenteuer zwischen
Tropen und ewigem Eis
Sea, Ice & Mountains
384 S. mit 65 Farbfotos,
22 Karten, 4 Rissen, geb.
ISBN 3-7688-0970-6

ANGELIKA UND ROLLO GEBHARD
Wellen, Wind und Abenteuer
Angelikas Tagebuch einer
Weltumseglung
304 S. mit 68 Farb- und
33 S/W-Fotos, geb.
ISBN 3-7688-0907-2

WOLFGANG HAUSNER
Atolle und Taifune
Taboo III zwischen Sturm und
Paradies
272 S. mit 54 Farbfotos, 10 Kar-
ten, 1 Schiffszeichnung, geb.
ISBN 3-7688-1022-4

KLAUS NÖLTER/JOHANNA MICHAELIS
Der erfüllbare Traum
Eine Weltumseglung
280 S. mit 42 Farfotos,
32 Zeichnungen, geb.
ISBN 3-7688-0956-0

BURGHARD PIESKE
Expedition Wiking Saga
Im offenen Boot über den
Nordatlantik
264 S. mit 47 Farbfotos,
27 Zeichn., 1 Karte, geb.
ISBN 3-7688-0772-X

PAUL POLLACK
Segelschein mit Eselsohren
Hauptsache heiter – Abenteuer
eines Charterskippers
208 S. mit 27 Zeichn., geb.
ISBN 3-7688-0828-9

DAWN RILEY/CYNTHIA FLANAGAN
Mit Power um die Welt
Die Frauencrew im
Whitbread-Rennen
264 S. mit 35 Farbfotos, geb.
ISBN 3-7688-0957-9

BOBBY SCHENK
80000 Meilen und Kap Hoorn
Ein Seglerleben
400 S. mit 50 Farbfotos,
2 Karten, geb.
ISBN 3-7688-0522-0

BOBBY SCHENK
Transatlantik in die Sonne
Ocean ohne Compass & Co.
384 S. mit 49 Farbfotos, 28 Abb
1 Karte, geb.
ISBN 3-7688-0811-4

VICTOR SLOCUM
Joshua Slocum
Sein Leben – seine Reisen –
seine Abenteuer
336 S. mit 53 Abb., geb.
ISBN 3-7688-0876-9

CLARK STEDE
Rund Amerika
Die erste Umseglung des ameri-
kanischen Kontinents
264 S. mit 36 Farb- und
53 S/W-Fotos, 12 Karten, geb.
ISBN 3-7688-0862-9

HEIDE WILTS
Auf der Route der Albatrosse
336 S. mit 91 Farbfotos,
23 Karten, geb.
ISBN 3-7688-0927-7

SUSANNE ZELLER
Fahr weiter bis zum Horizont
272 S. mit 37 Farbfotos,
5 Schiffsrissen, 6 Zeichn., geb.
ISBN 3-7688-0782-7

Erhältlich im
Buch- und Fachhandel

DELIUS KLASING